Milton Keynes UK
Ingram Content Group UK Ltd.
UKHW041740161124
451235UK00001B/92

بِسْمِ اللَّهِ الرَّحْمَنِ الرَّحِيمِ

د سکون ښار

لیکوال: عبیدالله حسام

خپرندوی: میزان اکاډمي

د چاپ کال: 2024

وېب سایټ: www.sukoonkhaar.com

اېمېل ادرس: info@sukoonkhaar.com

واټس اپ: 0093 77 205 1025

که خوشحالي، سکون او کاميابي غواړې؛ همدا کتاب در سره مرسته
کوي، ان شاء الله!

د کابل هوايي ډګر کې يو ځوان ودرولم، ځو نور همکاران يې هم ورسره وو، د يوه هوايي شرکت کارکوونکي وو، تر روغبړ وروسته يې را څخه غوښتنه وکړه چې له ملګرو ګوښه ورسره خبرې وکړم.
کله چې ګوښې ته لاړو، احساساتو پرې غلبه وکړه او په ژړا شو.
ويل ژوند مې له ناخوالو ډک دی، ډېرې ستونزې لرم، زړه مې له هر څه تور دی، ډېر بې جرأته يم، هر کار ته لاس اچوم نتيجه يې منفي وي، سرګردان يم او هېڅ نه پوهېږم څه وکړم او له ورته نورو ناخوالو يې شکايت کاوه.
ما ورته ځو لارې ښودې او وعده مې ترې واخيسته چې زما د سپارښتنو تر عملي کولو وروسته به د نتيجې په اړه احوال راکوي.
شاوخوا ۱۵ ورځې وروسته لا هم په سفر کې وم چې اړيکه يې وکړه او سخت خوشحال او منندوی و او همدا جمله يې تکراروله "ستا مشورو زما ژوند بدل کړ".
همداراز هغوی چې ما په ټولنيزو شبکو کې تعقيبوي، کله چې ورسره مخامخ شم، ډېری يې همدا راته وايي چې ستا ويډيوګانو د الله پاک په فضل زموږ ژوند بدل کړی دی.
په دې کتاب کې مې د همدغو ويډيوګانو او نور مطالب ليکلي چې زما په ګډون يې د ډېرو کسانو ژوند بدل کړی او ستاسې ژوند هم بدلولی شي، ان شاء الله!

د دې کتاب لړلیک یا فهرست په پای کې لیکل شوی.

د سکون ښار د لیکلو ښه د څېړنیزو او تخصصي علمي کتابونه په څېر نه ده چې فصلونه ولري او عنوانونه او موضوعات يې يو له بل سره نښتي وي یا تسلسل ولري.

هر مطلب مې په یوې ځانګړې موضوع لیکلی، په دې نیت چې ډېر موضوعات په یوه کتاب کې را ټول کړای شم.

ډېری مطالب يې له هغو ویډیوګانو او لیکنو راخیستل شوي چې له تېرې شاوخوا یوې نیمې لسیزې راهیسې يې زه پر ټولنیزو شبکو (سوشل میډیا) خپروم.

ځینو مطالبو ته مې جزیات ور زیات کړي یا له ځینو مې کم کړي چې په کتابي بڼه برابر شي.

د دې کتاب د ځینو مطالبو لپاره مې مفکوره او معلومات د لسګونه تکړه علماوو له کتابونو او علمي بیانونو یا ویډیوګانو هم راخېستي او ورسره مې خپل معلومات هم ور زیات کړي.

که د هر يو نوم مې لیکلی وای ښايي لېست ډېر اوږد شوی و او که د څو تنو نومونه مې لیکلي وو، د نورو په حق کې به بې عدالتي وي.

هغوی ته په دې دعا بسنه کوم چې الله پاک دې علمي هڅې ورته په جاریه صدقه کې قبول کړي.

باوري یم چې ان شاء الله د دې کتاب قواعد او معلومات که زده او عملي کړئ، ستاسې پرمخ د کامیابي او نېکمرغي دروازې پرانیزي.

زه يې په بدل کې له تاسې دعا غواړم او بس!

د دې کتاب علمي بیاکتنه د شرعي علومو دوکتور استاد اسدالله حسام او د شرعي علومو ماسټر ګلاب ګل عزیزي کړې ده.
د ژبې بیاکتنه یې شاعر او د پښتو ادبیاتو ماسټر ګل رحمان رحماني، خبریال سید ولي ناصر او لیکوال او شاعر کرامت الله وردک کړې ده.
د ټایپ په برخه کې راسره نصرت الله الکوزي مرسته کړې.
د کتاب پوښ بخت منیر فاروقي ډیزاین کړی.
د ورور په شان ملګري جاوید ابراهیمي د دې کتاب لیکلو او چاپ په برخه کې ښکلې مشورې راکړې او سټړیا یې راسره ګاللې.
له دوی ټولو مننه کوم او له پاک رب څخه ورته جنت غواړم!
موږ هڅه کړې چې دا کتاب له تېروتنو خالي وي خو بیا هم انسان ضعیف مخلوق دی، که تاسې کوم څه ته متوجه کېږئ چې باید اصلاح شي، د مهرباني له مخې یې له موږ سره شریک کړئ.

سریزه

داسې انسان نه شي موندلی چې د ناروغي لپاره درمل ونه کاروي. که بېغوري وکړي ښايي ژوند له لاسه ورکړي.
څنگه چې زموږ بدني ناروغۍ طبي درملنې ته جدي اړتيا لري، همداسې مو روح هم له معنوي ناروغيو اغېزمنېږي او درملنه يې حتمي ده.
د بېلگې په ډول ريا (ځان ښودنه) تکبر، کينه يا حسد، منفي فکر، بد نيتي، ناشکري، شهرت طلبي، له دنيا سره مينه او داسې نور هغه څه دي چې د انسان روح او زړه ناروغوي.
بدني ناروغۍ له مرگ سره ختميږي، خو روحي هغه بيا د دې ترڅنگ چې په دنيا کې انسان بدبخته کوي، ناوړه پايلې يې له مرگ وروسته هم دوام کوي او آن کوای شي دوزخ ته د انسان د تللو لامل شي.
د ژوند ډېرې ناخوالې او بدبختۍ د روح او زړه له ناروغيو سرچينه اخلي.
که يې سمه درملنه ونه شي؛ د ناکامۍ، زړه تنگوالي، غم، تشويشونو، بېلارۍ، فساد، تنبلۍ او گنو نورو ستونزو لامل کېږي چې انسان له ژونده بېزاره کوي او يو ناکام انسان ترې جوړوي.
خو له دې هر څه د بچ کېدو يوه درملنه ده، هغه دا چې خپل زړه او نفس پاک او سپيڅلي کړو.
﴿قَدْ أَفْلَحَ مَنْ زَكَّاهَا﴾[1]

ژباړه: په رښتيا سره بريالی هغه څوک شو چې (نفس) يې پاک کړ.

۱: الشمس، ۹ آت

﴿وَقَدْ خَابَ مَنْ دَسَّاهَا﴾[۲]

ژباړه: او هغه څوک ناکام شو چې (نفس يې په ګناهونو کې) پټ کړ.

بل ایت مبارک کې الله پاک فرمايي:

﴿الَّذِينَ آمَنُوا وَتَطْمَئِنُّ قُلُوبُهُمْ بِذِكْرِ اللَّهِ ۗ أَلَا بِذِكْرِ اللَّهِ تَطْمَئِنُّ الْقُلُوبُ﴾[۳]

ژباړه: هغو کسانو چې ایمان راوړی دی او د هغو زړونو ته د الله په یاد سره اطمنان ور په برخه کېږي؛ خبردار اوسئ! همدغه د الله یاد هغه شی دی چې په هغې سره زړونو ته ډاډ یا اطمنان ور په برخه کېږي.

په دې کتاب کې مې درته د الهي دین په رڼا کې داسې لارې ښوولي چې د زړه او نفس د درملنې، په دنیا او آخرت کې د بریالي کېدو، له ګڼو ستونزو سره د مقابلې او د ریښتینې خوشحالۍ او سکون ترلاسه کولو کې درسره مرسته کوي.

د سکون ښار د کتاب له لیکلو اصلي هدف دا دی چې څنګه کولای شو الهي دین په خپل نني عصري ژوند کې تطبیق کړو او د مسلمان په توګه بریالی او نېکمرغه ژوند ولرو او اخرت کې جنت وګټو.

۲: الشمس، ۱۰ آیت

۳: الرعد، ۲۸ آیت

د زړه بار دې سپک کړه

الله پاک د اسلام دين زموږ لپاره د ژوند لارښود ټاکلی.

د دې مبارک دين په تګلارو او سپارښتنو عمل کول زموږ لپاره دنيوي او اخروي ښېرازي او سعادت تضمينوي.

د دې سپېڅلي دين په مټ موږ په دنيا کې ارامه او نېکمرغه ژوند درلوداى او په اخرت کې پرې جنت ګټلی شو.

يو مهم شی دی چې هر انسان يې ترلاسه کولو لپاره سرګردان دی.

داسې انسان نه شئ موندلی چې د دې نعمت ترلاسه کول نه غواړي.

ځينې يې په مال، ځينې يې په قدرت او يو شمېر يې په شهرت يا ورته نورو شيانو کې لټوي.

دا سکون يا د زړه اطمنان دی چې د سعادت او نېکمرغه ژوند مهم اصل دی.

که انسان د زړه ډاډ ترلاسه کړي، په مټ يې ژوند او مافيها څخه ريښتينی خوند اخيستلی شي.

الله پاک د دې نعمت د موندلو دقيق او يوازينی ادرس موږ ته راښودلی:

﴿الَّذِينَ آمَنُوا وَتَطْمَئِنُّ قُلُوبُهُم بِذِكْرِ اللَّهِ ۗ أَلَا بِذِكْرِ اللَّهِ تَطْمَئِنُّ الْقُلُوبُ﴾[٤]

ژباړه: هغه کسانو چې ايمان راوړی دی او د هغو زړونو ته د الله په ياد سره اطمنان (ډاډ) ورپه برخه کېږي؛ خبردار اوسئ! همدغه د الله ياد هغه شی دی چې په هغه سره زړونو ته اطمنان ورپه برخه کېږي.

٤: الرعد: ٢٨ آيت

ابن القيم رحمة الله عليه څومره ښه ويلي:

"فَفِي الْقَلْبِ شَعَثٌ، لَا يَلُمُّهُ إِلَّا الإِقْبَالُ عَلَى اللَّهِ. وَفِيهِ وَحْشَةٌ، لَا يُزِيلُهَا إِلَّا الأُنْسُ بِهِ فِي خَلْوَتِهِ. وَفِيهِ حُزْنٌ, لَا يُذْهِبُهُ إِلَّا السُّرُورُ بِمَعْرِفَتِهِ وَصِدْقِ مُعَامَلَتِهِ، وَفِيهِ قَلَقٌ, لَا يُسَكِّنُهُ إِلَّا الاِجْتِمَاعُ عَلَيْهِ، وَالْفِرَارُ مِنْهُ إِلَيْهِ"[٥]

ژباړه: په زړه کې ګډوډي يا پراګندګي ده چې يوازې الله تعالی ته په رجوع کولو او هغه ته په نږدې کېدو راټوليدای شي. او په زړه کې وېره يا ډار دی چې يوازې له الله تعالی سره په خواله (راز او نياز) او محبت کولو له منځه تللی شي. او په زړه کې غمونه دي چې هېڅ شی يې له منځه نه شي وړلی مګر دا چې د الله تعالی د پېژندلو او هغه سره د اخلاص په مټ له منځه يوړل شي او خوشحالي ترلاسه شي. او په زړه کې تشويش يا انديښنه ده چې هېڅ شی يې نشي لرې کوای مګر دا چې الله تعالی سره ملاقات وشي او له هر څه هغه ته پناه يوړل شي.

---

٥ : مدارج السالكين [١٥٦/٣]

لږ فکر وکړه

دا هیڅ د منلو نه ده چې ته له ستونزو کړېږې او شپه او ورځ دربانده تېرېږي خو یو وار خپل رب ته سجده نه کوې!

د مسلماني دعوه کوې او په الله پاک ایمان لرې خو سجده ورته نه کوې؟!

دا بېخي د منلو نه ده چې ته دې په ځان دومره ظالم شې!

لږ فکر وکړه، الله تعالی څومره نعمتونه درکړي، په همغه نعمتونو د الله پاک نافرماني کوې؟

ایا الله تعالی ته سخته ده چې دغه نعمتونه در څخه واخلي؟

څوک چې دنیا کې الله پاک راضي ساتي، نا ممکنه ده چې الله تعالی يې په آخرت کې یوازې پرېږدي.

خو څوک چې له خپل رب څخه بې پروا شو، تر دغه انسان بل لوی تاوان کوونکی نه شته!

د زړه سکون

تر ټولو نیکمرغه انسان هغه دی چې د الله پاک تقدیر ته تسلیم او په دې ډاډه وي چې الله تعالی د ده په چارو تر ده ښه پوهېږي.

همېشه په دې ډاډه اوسه چې الله پاک ته پیدا کړی يې او ښه پوهېږي چې څه شی ستا په ګټه او کوم شیان دې په تاوان دي.

ټول تشویش په دې کوه چې خپل رب سره فاصله پیدا نه کړې.

له دې سره دې زړه او ژوند ته لوی سکون راځي.

ته باید ځان پیاوړی کړې

په دنیا کې هر څه د پیاوړو خلکو په خدمت کې دي، کمزوري پکې ځای نه لري. نو ځکه ته باید د ژوند په هره برخه کې پیاوړی، بریالی او په حالاتو برلاسی شې. له دې پرته تر پښو لاندې کېږې!

د هر کار له پیل مخکې له الله تعالی مرسته غواړه

مخکې له دې چې درس پیل کړې، مخکې له دې چې په روغتون کې عملیات یا درملنه پیل کړې، وړاندې تر دې چې د آزموینې په لور ورشې، یا د هر کار تر پیلولو مخکې لومړی له الله تعالی مرسته غواړه.
د آسمانونو او ځمکې خاوند ته مخ واړوه او عذر ورته وکړه چې ربه: زه په دې کار کې کمزوری یم، ماته قوت راکړه، زه د دې کار په پایله او ګټه نه پوهېږم، ته مې پوه کړه، په حکمت یې نه پوهېږم، ته پکې خیر واچوه. لویه ربه! که دا کار زما په ګټه وي ته یې د ترسره کولو توفیق راکړه او که زما په خیر نه وي نو د زړه صبر راکړه.
کله چې الهي مرسته وغواړې، هر کار به دې سم پر مخ لاړ شي، له ټولو خلکو به پیاوړی شې او هېڅکله به دې کار ناوړه پایله ونه لري، الا ما شاء الله!
دا باید زموږ د هرې دقیقې او هرې شېبې تګلاره وي چې د هر کار له پیلولو مخکې له الله پاک مرسته وغواړو او بیا کار پیل کړو.

تل پر درې اړخونو پام ساته

د حرامو کارونو پرېښودل، پر فرضي عبادتونو دوامداره عمل کول او د وسې په اندازه نفلي عبادتونه ترسره کول، که دې د ژوند محور پر دغو درې برخو څرخېده؛ نو ته په دنیا کې تر ټولو نېکمرغه يې او آخرت کې به دې سعادت په برخه شي!

هر انسان تاواني دی؛ مګر چې دا صفتونه ولري

انسان د څو ورځو ټولګه ده چې د هرې ورځې په تېرېدو يې عمر کمېږي. بلکې کوای شو ووایو چې انسان د ثانیو ټولګه ده چې د هرې ثانيې په تېرېدو يې د عمر یوه برخه کمېږي چې بیا هېڅکله نه راستنيږي.

فکر وکړه که ستا عمر سل کاله، یوه میاشت، یوه اونۍ، یوه ورځ، یو ساعت او څو ثانيې وي، د هرې ثانيې په تېرېدو دې عمر د پای په لور په چټکۍ درومي. یوه ورځ هغه ټاکل شوې نیټې ته ور رسېږي چې اجل دی او یوه ثانیه هم مخته او وروسته کيږي نه مګر دا چې الله پاک وغواړي. د ژوند د هرې ثانيې قدر وکړه او بې ځایه يې مه تېروه. د وخت په تېرېدو ستا د عمر یوه برخه ضایع کيږي او په یوه نامعلومه ورځ به ستا د ژوند ساعت ودريږي او له دنیا به لاړ شې! بیا به درسره هېڅ موقع نه وي چې ځان بدل کړې او د آخرت لپاره توښه برابره کړې. له دغو ثانیو د آخرت پانګه جوړه کړه چې په ابدي ژوند کې دې بریالیتوب نصیب شي.

که نه خدای مه کړه بیا به دا ارمان کوې:

﴿يَا لَيْتَنِي قَدَّمْتُ لِحَيَاتِي﴾[6]

ژباړه: (هغه انسان چې په دنیا کې یې نېکي نه وي کړې، قیامت کې به وايي چې) کاشکې ما د خپل ژوند لپاره مخکې څه برابر کړي وای.

یا، الله مه کړه د هغه چا له ډلې نه شې چې وايي به:

﴿وَيَقُولُ الْكَافِرُ يَا لَيْتَنِي كُنْتُ تُرَابًا﴾[7]

ژباړه: او کافر به د افسوس فریاد وکړي چې کاشکې زه خاورې وای.

دا چې په رتبه کې د الله تعالی لومړی مخلوق انسان د ثانیو یوه ټولګه ده، ځکه ورته الله تعالی په زمانه قسم کړی.

﴿ وَالْعَصْرِ ﴿١﴾ إِنَّ الإِنْسَانَ لَفِي خُسْرٍ﴾[8]

ژباړه: (الله تعالی فرمایي) زما دې په زمانه قسم وي، بېشکه انسان په تاوان کې دی.

ولې تاوان کې دی؟

ځکه د وخت تېرېدل انسان ته تاوان اړوي. که انسان پکې خیر ښېګڼه ونه کړي، زمانه یې تباه کوي، ځکه په ده پسې بد کارونه لیکل کېږي او وخت پرې چټک تېرېږي.

که په دې یقین لرې چې یوه ورځ به له دې دنیا ځې، یعنې ژوند به دې پای مومي، باید له مرګ څخه وروسته د جنت ګټلو لپاره داسې توښه برابره کړې چې هلته دې بریالی کړي.

٦: الفجر: ٢۴ آیت

٧: النبأ: ۴٠ آیت

٨: العصر: ١-٢ آیتونه

د الله تعالی قسم ته بیا پام وکړه چې په زمانه قسم کوي چې انسان تاوان کوونکی دی.

نو ریښتیني تاوان کوونکي هغوی دي چې ناڅاپه یې مرګ راګیر کړي او له دوی نه ټول امکانات او وخت تېر شوی وي.

خو هغه خلک له دغه تاوانه بچ دي چې الله تعالی یې په اړه وايي:
﴿إِلَّا الَّذِينَ آمَنُوا وَعَمِلُوا الصَّالِحَاتِ وَتَوَاصَوْا بِالْحَقِّ وَتَوَاصَوْا بِالصَّبْرِ﴾[9]

د الا کلمه د الله تعالی د رحمت نه ډکه ده. هغه کسان یې مستثنی کړي چې نېک عملونه کوي، د حق وینا کوي او خلکو ته د حق او صبر سپارښتنې کوي.

څنګه د دنیا تر ټولو خوشبخت انسان شم!؟

یو اسلامي بیان مې اورېده، یوه جمله مې پکې ومونده چې له کلونو راهیسې یې د معنی په لټه کې وم. په داسې څه یې وپوهولم چې له مودو پسې سرګردانه وم. ډېره آسانه او ارزانه لار شته چې موږ پرې ځان د نېکمرغۍ تر آخري حده رسولی شو. شاید تاسې هم د دې نعمتونو ترلاسه کولو لپاره ډېرې لارې تجربه کړې وي.

دا هغه نعمتونه دي چې ځینې خلک یې د ترلاسه کولو لپاره بې حسابه پیسې یا مال لګوي، شته امکانات ټول مصرفوي چې دا لوی نعمتونه پیدا کړي، خو بالاخره نه پوهیږي چې ورته د رسېدو لار ډېره آسانه او ارزانه ده.

۹: العصر: ۳ آیت

دا نعمتونه کوم دي چې دومره مهم دي؟

خوشحالي، سکون او نېکمرغي!

اوس به مو پام شوی وي چې د دې نعمتونو ترلاسه کولو لپاره هر انسان شپه او ورځ ستړی وي، خو ترلاسه کول یې ډېر ستونزمن نه دي.

پیاوړی سوریایي عالم محمد راتب النابلسي خپل یوه بیان کې یوه لنډه او له معنی ډکه جمله وایي:

"اذا اردت ان تکون اسعد الناس، فاسعد الاخرین"

ژباړه: که غواړې د دنیا تر ټولو نېکمرغه انسان اوسې یا سعادت او خوشحالي ترلاسه کړې؛ نور خوشحاله کړه.

یو غریب ته د څو پیسو په ورکولو، له یوه اړمن کس سره مرسته، په لار کې د یو کمزوري یا عمر خوړلي کس نه د پېټي یا بار اخیستل او تر یو ځای یې ورسره وړل، په خپل موټر کې د سړک پر سر د یو ولاړ کس را پورته کول او تر یو ځایه یې رسول، چا ته حسنه قرض ورکول، خلکو ته د علم ښودل، له چا څخه تشویش لرې کول، مالي او بدني مرسته کول او بالاخره هر هغه شرعي کار چې بل انسان پرې خوشحاله کېدای شي او زړه یې د آرامۍ احساس کوي، په حقیقت کې له دې کار سره الله پاک د بدلې په توګه تا خوشحاله کوي.

آن له حیواناتو سره مرسته او پر هغوی ترحم د خوښۍ احساس درکوي. ځکه دا ټول د الله تعالی مخلوق دي او کله چې ته د رب عزوجل له مخلوق سره نېکي کوې، الله تعالی به یې څو چنده بدله درکړي.

که دې انسان خوشحال کړ، الله تعالی به تا څو چنده خوشحال کړي، ځکه د هغه یو صفت "الشکور" دی او د نېکي بدله څو چنده ورکوي.

﴿مَنْ جَاءَ بِالْحَسَنَةِ فَلَهُ عَشْرُ أَمْثَالِهَا ۖ وَمَنْ جَاءَ بِالسَّيِّئَةِ فَلَا يُجْزَىٰ إِلَّا مِثْلَهَا وَهُمْ لَا يُظْلَمُونَ﴾[١٠]

ژباړه: څوك چې د الله حضور ته له يوې نيکۍ سره راشي؛ د هغه له پاره لس چنده ثواب دی. او څوك چې له بدۍ سره راشي؛ هغه ته به همغومره بدله ورکړل شي څومره چې هغه گناه کړې (په گناه کې زيادت ورته نه شته) او پر هغوی به ظلم و نه کړای شي.

جليل القدر صحابي عبدالله بن عباس رضي الله عنهما په مسجد نبوي کې اعتکاف کړی و، يو کس يې وليد چې اندېښمن دی، خنگ ته يې ورغی او ترې يې وپوښتل چې وروره خيرت خو به وي خپه ښکارې؟

سړي ځواب ورکړ: د فلاني راباندې پور (قرض) دی، هغه يې را څخه غواړي او زه يې د پرې کولو وس نه لرم؛ ځکه اندېښمن يم.

ابن عباس رضي الله عنهما ورته وويل، غواړې چې زه درسره د قرض خاوند ته ورشم او مهلت درته ترې وغواړم؟ سړي وويل خوښه مې ده.

ابن عباس رضي الله عنهما ورسره روان شو. په نبوي جومات کې نور کسان هم وو، له ابن عباس رضي الله عنهما يې پوښتنه وکړه چې ته خو اعتکاف کې يې څنگه له جوماته بهر وځې؟

هغه ځواب ورکړ، ما د دې قبر له خاوند څخه (اشاره يې د رسول الله ﷺ قبر ته وه) اورېدلي چې فرمايل يې: «ولأن أمشي مع أخي المسلم في حاجة أحب إلى من أن أعتكف فى هذا المسجد شهرا»[١١]

١٠: الانعام: ١٦٠ آيت

١١: أخرجه ابن أبى الدنيا فى كتاب قضاء الحوائج (ص ٤٧، رقم ٣٦) وحسنه الألباني (صحيح الجامع، ١٧٦).

ژباړه: په الله تعالی قسم دی، له یوه مسلمان ورور سره د اړتیا پر وخت مرسته کول په دې جومات (مسجد نبوي) کې له یوې میاشتې اعتکاف او روژې غوره دي (ثواب یې ډېر دی).
دې لوی اجر ته په کتو هېڅکله له خلکو سره کوچنۍ مرسته کمه مه ګڼه او د ثواب په نیت هر ډول مرسته چې دې له وسه پوره وي؛ له خلکو سره یې کوه.

د ریښتینې بریا څلور اساسي ارکان

امام شافعي رحمة الله علیه په دنیا او آخرت کې د ریښتینې بریا لپاره څلورو رازونو ته اشاره کړې، هغه رازونه چې الله تعالی یې په اړه قسم کړی. دا د بریا ارکان دي.
په دې څلورو کارونو انسان له لویې تباهۍ او تاوان څخه بچ کېږي.
الله تعالی په العصر سورت کې فرمایي:
﴿وَالْعَصْرِ﴾[12]
ژباړه: زما دې په زمانه قسم وي.
﴿إِنَّ الإِنسَانَ لَفِي خُسْرٍ﴾[13]
ژباړه: بې له شکه، انسان په تاوان کې دی.
له دې مبارک ایت څخه ښکاري چې انسانان په تاوان کې دي، مګر الله پاک ترې ځینې کسان بېل کړي او هغوی دا ځانګړنې لري:
﴿إِلَّا الَّذِينَ آمَنُوا وَعَمِلُوا الصَّالِحَاتِ وَتَوَاصَوْا بِالْحَقِّ وَتَوَاصَوْا بِالصَّبْرِ﴾[14]

۱۲: العصر: ۱ آیت
۱۳: العصر ۲ آیت
۱٤: العصر، ۳ آیت

ژباړه: هغوی چې ایمان راوړی او نېک کارونه کوي او په حق باندې خلکو ته سپارښتنه او نصیحت کوي او خلکو ته د زغم سپارښتنه کوي.
د دې مبارک سورت په پیل کې پر زمانه د الله تعالی قسم یادول او ورپسې دا ویل چې انسان په تاوان کې دی، په حقیقت کې دا ښیي چې زمانه انسان بربادوي.
خو هغه خلک له دې تباهي په امان کې دي چې ایمان یې راوړی، نېک کارونه کوي، په حق او صبر خلکو ته سپارښتنې کوي.
همدا د ریښتیني بریا څلور ارکان دي چې هر انسان یې باید د ژوند قواعد وټاکي او عمل پرې وکړي.
نېک عملونه یوازې لمونځ، روژه، زکات او حج نه دي، د دې ترڅنګ له انسانانو سره په خوش اخلاقۍ چلند، دروغ نه ویل، حرام مال نه خوړل، رشوت نه اخیستل، ښه اولاد تربیه کول، له مېرمنې او اولادونو سره ښه چلند، علم حاصلول، صدقه ورکول او د اړتیا پر وخت له مسلمان سره مرسته کول هم نېک عملونه دي.
د حق سپارښتنه دا هم ده چې د الله تعالی لارې ته خلک دعوت کړې یا دین خپور کړې او آن که یوازې یو آیت یا یو حدیث دې زده وي، خلکو ته یې ورسوې.
دا هم دعوت دی چې ته یوه دیني ویډیو ګورې، خپلې کورنۍ، اولادونو یا مېرمنې ته یې معلومات ورسوې، یا یې خپلو ملګرو سره شریکه کړې.
په صبر سره سپارښتنه دې ته وایي چې ته خپل مسلمان ورور ته د سختۍ پر وخت د صبر او زغم کولو سپارښتنه وکړې.

ولې دعوت پر هر مسلمان لازم دی؟

د الله تعالی لور ته دعوت یا د دین خپرول پر هر مسلمان لازمي کار دی! زموږ په ټولنه کې باید داسې یوه ډله وي چې د الله تعالی دین ته دعوت یې اصلي دنده وي، دوی باید خپل وخت او ژوند د همدې خیر کار لپاره وقف کړي.

ته د مسلمان په توګه باید خپل دین ته دعوت وکړې، تر هغې اندازې چې پوهه پکې لرې، هغه چا ته چې چار چاپېر یې پېژنې.

د بېلګې په ډول د جمعې د لمانځه په خطبه کې دې یوه دیني مسئله زده کړه د کورنۍ غړو، ملګرو، ګاونډیانو، د دفتر همکارانو او نورو کسانو ته یې ورسوه همدا هم دعوت دی.

پر فیسبوک دې دیني ویډیو وکتله یا کوم ګټور معلومات دې ولوستل، تر نورو یې ورسوه او خپلې مېرمنې او اولادونو یا د کورنۍ نورو غړو سره یې شریک کړه یا هغه ویډیو ورته ولېږه، همدا هم دعوت دی.

که دا کار وکړې، د دین د خپرولو مسؤلیت به دې ادا کړی وي، که یې ونه کړې تاوان دې خپل دی چې د دین خپرولو کې دې خپل مسؤلیت نه دی ادا کړی.

ځکه الله تعالی په زمانه قسم کوي چې زما دې په زمانه قسم وي چې انسان په تاوان کې دی، مګر له دې حکم څخه هغوی مستثنا دي چې ایمان یې راوړی او نېک عملونه کوي، په حق سپارښتنه کوي، خلکو ته حق وینا او په صبر او زغم خلکو ته سپارښتنه کوي.

د زمانې له تباه کولو څخه هغه څوک مستثنی دي چې ایمان یې راوړی وي، نېک عملونه کوي او دعوتګر وي، ان شاء الله!

هر مسلمان لازمه ده چې د خپلې پوهې په اندازه دعوت وکړي.
ځکه خو رسول الله ﷺ امر کړی چې: « بَلِّغُوا عَنِّي ولو آيَةً »[15]
ژباړه: له ما څخه یې خلکو ته ورسوئ که د یو آیت په اندازه هم وي.
تکړه علماء چې په دین کې ښه پوهه او ژوره مطالعه لري، کله چې دوی دعوت کوي، له تا نه د دین ژور دعوت چې ستا له توان څخه پورته وي، فرضیت یې ساقطیږي او مسؤلیت یې جیدو علماوو ته راجع کیږي، خو د خپلې پوهې په اندازه دین ته دعوت پر تا هم لازم دی.

هره ورځ د ژوند نوی پیل دی

که ته هر سهار راپاځیږې او د پرون پرتله نن ورځ خپل علم کې زیاتوالی نه راولې، نېک عملونه یا ښه کارونه پکې نه زیاتوې، د الله تعالی دین ته د خلکو بلنه کې لا زیاتې هڅې نه کوې او د حقیقت موندلو او په دغه کارونو سختې نه زغمې، حقیقت کې ته تاوان کوونکی یې او تا زیان کړی.
ځکه الله تعالی درته په زمانه قسم کړی چې اې انسانه که ته دا کارونه ونه کړې، خاسر (تاوان کوونکی) یې.
﴿وَالْعَصْرِ﴾[16]
ژباړه: زما دې په زمانه قسم وي.
﴿إِنَّ الإِنسَانَ لَفِي خُسْرٍ﴾[17]
ژباړه: بې له شکه، انسان په تاوان کې دی.

۱۵: البخاري: د حدیث شمېره ۳۴۶۱.
۱۶: العصر: ۱ آیت
۱۷: العصر ۲ آیت

کوم انسان په تاوان کې دی؟
هغوی چې دا ځانګړنې نه لري:
﴿إِلَّا الَّذِينَ آمَنُوا وَعَمِلُوا الصَّالِحَاتِ وَتَوَاصَوْا بِالْحَقِّ وَتَوَاصَوْا بِالصَّبْرِ﴾[۱۸]
ژباړه: هغوی چې ایمان راوړی او نېک کارونه کوي او په حق باندې خلکو ته سپارښتنه او نصیحت کوي او خلکو ته د زغم سپارښتنه کوي.
که ته د هرې ورځې په پیلولو سره ورځ تر بلې دا څلور کارونه نه دېروې، ته تاوان کوونکې یې.

الله تعالی ته د رسېدو لار

الله تعالی ته د رسېدو لارې بې حسابه دي.
یوه له مهمو لارو چې انسان په آسانۍ پرې الله تعالی راضي کولای شي صدقه ده.
که دې ګناه وکړه او پرې پښېمانه شوې، ژر توبه وباسه او صدقه ورکړه. که دې بیا ګناه وکړه بیا هم توبه وکړه او صدقه ورکړه.
که دې کوم انسان آزار کړ یا دې داسې کار وکړ چې الله تعالی در څخه ناراض شو، ژر صدقه ورکړه او الله تعالی راضي کړه.
ځکه صدقه داسې راز دی چې د الله تعالی غضب په رضایت بدلوي.

۱۸: العصر، ۳ آیت

د خوشبخته او بریالي ژوند لپاره پنځه نبوي سپارښتنې

رسول الله ﷺ موږ ته پنځه ګټورې مشورې راکړې چې که عمل پرې وکړو؛ بریالی، نېکمرغه او خوشحاله ژوند لرلای شو.

«عَنْ أَبِي هُرَيْرَةَ -رضى الله عنه- قَالَ: قَالَ رَسُولُ اللَّهِ -صلى الله عليه وسلم-: "مَنْ يَأْخُذُ عَنِّي هَؤُلاَءِ الْكَلِمَاتِ فَيَعْمَلُ بِهِنَّ، أَوْ يُعَلِّمُ مَنْ يَعْمَلُ بِهِنَّ؟". فَقَالَ أَبُو هُرَيْرَةَ -رضى الله عنه-: فَقُلْتُ: "أَنَا يَا رَسُولَ اللَّهِ". فَأَخَذَ بِيَدِي، فَعَدَّ خَمْسًا وَقَالَ: "اتَّقِ الْمَحَارِمَ تَكُنْ أَعْبَدَ النَّاسِ، وَارْضَ بِمَا قَسَمَ اللَّهُ لَكَ تَكُنْ أَغْنَى النَّاسِ، وَأَحْسِنْ إِلَى جَارِكَ تَكُنْ مُؤْمِنًا، وَأَحِبَّ لِلنَّاسِ مَا تُحِبُّ لِنَفْسِكَ تَكُنْ مُسْلِمًا، وَلاَ تُكْثِرِ الضَّحِكَ، فَإِنَّ كَثْرَةَ الضَّحِكِ تُمِيتُ الْقَلْبَ».[١٩]

ابو هریره رضي الله عنه روایت کړی چې رسول الله ﷺ را ته وفرمایل: څوک به له ما څخه دا کلمې واخلي او عمل پرې وکړي او هغه چا ته یې وښيي چې هغه هم پرې عمل کوي؟

ابوهریرة رضي الله عنه وايي، ما غږ وکړ چې زه غواړم دا کار وکړم اې د الله رسوله، نو زه یې له لاسه ونیولم او پنځه شیان یې را زده کړل:

له حرامو ځان وساته، تر ټولو ډېر عبادت کوونکی یا عابد به شې.

هغه څه چې الله تعالی درکړي قناعت پرې وکړه، تر ټولو غني انسان به شې. له ګاونډي سره نېکي کوه، پیاوړی مؤمن به شې.

هغه څه چې ځان ته خوښوې، بل مسلمان ورور ته هم همغه شان شی خوښوه، له دې سره به واقعي مسلمان شې او ډېره خندا مه کوه، ځکه ډېره خندا زړه وژني.

١٩: رواه الترمذي وحسنه في صحيح الجامع

لومړی: «له حرامو ځان وساته، تر ټولو ډېر عبادت کوونکی یا عابد به شې» د حدیث مبارک د دې برخې هدف دا دی چې که ته ټوله شپه په قیام اللیل او ورځ د جماعت په لمونځونو تېروې او نورو شعائري عبادتونو باندې عمل کوې خو ورسره رشوت خورې، د سود کاروبار کوې یا نور هغه کارونه چې الله پاک حرام کړي ترسره کوې ته رېښتینی عابد یا عبادت کوونکی نه یې او نه هغه پوره عابد دی چې ښه لونګۍ یې وهلې وي، د عالمانو جامې یې آغوستې وي، خو خلک یې له خولې، له لاسونو یا له نورو ضررونو څخه په تکلیف وي، ځکه په اسلام کې اخلاق عبادت دی، ځنګه چې دې ځان دینداره جوړ کړی، همداسې دې باید اخلاق وي.

که دې ظاهر یو څه وایي او باطن بل څه؛ ته ښه عابد نه یې.

اسلام یوازې ظاهري ښه یا جامې نه دي چې واغوستل شي یا څېره نه ده چې بدله شي، بلکې اسلام اخلاص او عملونه دي.

ښه عبادت کوونکی او عابد انسان هغه دی چې د الله تعالی له منع کړای شویو څېزونو یا محارمو څخه ځان وساتي او د دین سپارښتنې عملي کړي.

دویمه: «هغه څه چې الله تعالی درکړي قناعت پرې وکړه یا پرې راضي شه، ته به تر ټولو غني انسان شې».

ابو هریره رضي الله عنه له رسول الله ﷺ نه روایت کړی چې فرمایي: «لَيْسَ الغِنَى عَنْ كَثْرَةِ العَرَضِ وَلَكِنَّ الغِنَى غِنَى النَّفْس».[۲۰]

۲۰: متفق علیه

ژباړه: «غنا د مال ډېروالي ته نه وايي (انسان د مال په زياتوالي نه شتمن کيږي)، بلکې اصلي غنا دا ده چې زړه غني يا مطمئن وي»
يعنې اصلي شتمني دا نه ده چې ته ميليونونه پيسې ولرې، بلکې اصلي شتمني دا ده چې ستا زړه موړ وي او احساس دې د غني وي.
که ته څومره شتمني ولرې او زړه کې دې بې حده حرص وي، ته نه مړيږې او نه غني يې.
که ته د خلکو له مال، جايداد، موټر، طلا او هر څه نه ځان بې پروا کړې او غم کې يې نه شې، زړه به دې په دې ډاډه وي چې دا هر څه دومره د تشويش او غم ارزښت نه لري.
دا ستا جدي اړتياوې نه دي؛ د سيالۍ اسباب دي. که دې اړتيا وي خو خير، مگر ته خو ښايي د تربور او له خپلوانو او ملگرو سره د سيالۍ او ځان ښودلو لپاره نوی ماډل گاډی يا ورته نور قيمتي شيان اخلې.
د دې نعمتونو په کارولو کې ستونزه نشته، خو هر څه ستا په نيت پورې تړلي چې په کوم نيت مخکې ځې.
د گڼو خلکو ستونزه دا ده چې منصب، مقام او لوړ موقف درلودل د دوی تړول ارمان وي، د همدې لپاره يې په ځان ژوند تريخ کړی وي او له همدې امله خپلو کې د دښمنۍ تر حده رسيږي.
ولې فلانی داسې دی او زه نه يم؟
باور وکړئ که د ژوند په ريښتينې معنی پوهېدای او اصلي هدف مو پېژندلی وای، هېڅکله به په داسې شيانو پسې سرگردان نه وو.
د خلکو پروا مه کوه، هر څه چې لري، لري دې يې، ما او تا ته يې گټه او تاوان څه دي؟ له کومه ځايه يې ترلاسه کړي، څه پرې کوي؟

د دې هر څه ځواب به هغه وايي، ته يې پروا مه ساته او زړه مه خوره.
که ته له دې سياليو ځان وژغورلی شې او قناعت وکړې، ته په حقيقت کې غني يې!
خو که هر څه درسره وي او قناعت نه لرې، ته تر ټولو فقير انسان يې.
که په خپلو شته نعمتونو شکر وباسې نه يوازې دا چې غني کېږې بلکې الله تعالی به يې درته لا پراخ او زيات کړي.
څه چې الله تعالی درته په تقدير کې ليکلي، هغه څه چې يې درکړي، په اولاد او کورنۍ، وظيفې او هر څه چې اوس يې لرې، قناعت وکړه، تر ټولو خوشبخت او غني انسان به شې!
رسول الله ﷺ درته د کانې کربښې خبره کړې چې د سرو زرو په اوبو يې بايد وليکو او ځانګړې ځای کې يې د ټابلو په شان وځړوو:
«هغه څه چې الله تعالی درکړي قناعت پرې وکړه يا پرې راضي شه، ته به تر ټولو غني انسان شې».
الله تعالی رسول الله ﷺ ته فرمايي:
﴿وَوَجَدَكَ عَائِلًا فَأَغْنَىٰ﴾[٢١]
ژباړه: او ته الله تعالی بېوزله پيدا او بيا يې غني کړې.
په دې آيت کې مطلب د زر او د مال نه دی، يعنې الله پاک د خير البشر نفس د خلکو له مال او دارايي خوښولو څخه غني يا بې پروا کړ او له دې سره هغه ﷺ ځان تر ټولو شتمن ګڼلو.
بېوزله يا فقير هغه انسان دی چې ټوله ورځ د نورو شته وو ته ګوري او زړه خوري چې ولې يې دی نه لري.

٢١: الضحی: ٩ آيت

اصلي غنا معنوي او د انسان په داخل کې وي.
شتمني او بېوزلي مادي چارې دي.
د نورو په شان کېدو لپاره خپل وجدان او دين مه پلوره.
که غواړې چې له معنوي او مادي لحاظه غني انسان و اوسې، د رسول الله ﷺ په سپارښتنه عمل وکړه او په درکړل شويو نعمتونو شکر وباسه او قناعت وکړه. خو دا چې انسان طبيعتاً موقف، مال او منصب خوښوي او غواړي چې تر نورو په لوړ مقام کې وي؛ که د بل چا په پرتله ځان درته کم ښکاري؛ د رسول الله ﷺ دا وينا ځان ته تکراروه، زړه پرې داده او آرامېږې.
«اللهم لا عيشَ الا عيشُ الاخرة»[٢٢]

ژباړه: ربه، اصلي ژوند نه دی مگر د آخرت ژوند.
درېيمه: له گاونډي سره نېکي کوه، پياوړی مؤمن به شې.
د گاونډي د حق په اړه چې کله انسان شرعي نصوص لولي، دومره ټينگار پرې شوی لکه گاونډی چې د انسان په ميراث کې شريک وي.
الله تعالی فرمايي:
﴿وَاعْبُدُوا اللَّهَ وَلَا تُشْرِكُوا بِهِ شَيْئًا ۖ وَبِالْوَالِدَيْنِ إِحْسَانًا وَبِذِي الْقُرْبَىٰ وَالْيَتَامَىٰ وَالْمَسَاكِينِ وَالْجَارِ ذِي الْقُرْبَىٰ وَالْجَارِ الْجُنُبِ وَالصَّاحِبِ بِالْجَنْبِ وَابْنِ السَّبِيلِ وَمَا مَلَكَتْ أَيْمَانُكُمْ ۗ إِنَّ اللَّهَ لَا يُحِبُّ مَنْ كَانَ مُخْتَالًا فَخُورًا﴾[٢٣]

٢٢: متفق عليه
٢٣: النساء: ٣٦ آيت

ژباړه: خاص د الله تعالی عبادت کوئ او هېڅ شی ورسره مه شریکوئ. د مور او پلار سره نېکي کوئ، له خپلوانو، یتیمانو، مسکینانو، نژدې او لرې ګاونډیانو، د څنګ ملګرو، مسافرو او خپلو غلامانو سره نېکي کوئ. الله تعالی کبرجن او ځانخوښي خلک نه خوښوي.

رسول الله ﷺ فرمایي:

«مازال جبريلُ يُوصِينِي بالجارِ حتَّى ظننتُ انَّهُ سيُوَرِّثُهُ»[٢٤]

ژباړه: جبرئیل علیه السلام ما ته تل د ګاونډي سره د ښه چلند نصیحت کاوه، تر دې چې ما ته داسې ښکاره شوه چې شاید ګاونډی په مېراث کې شریک کړای شي.

بل حدیث مبارک کې راځي چې رسول الله ﷺ فرمایي:

«والله لايُؤمنُ، والله لايُؤمنُ، والله لايُؤمنُ، قيل من يا رسول الله؟ قال: الذي لا يامَنُ جارُهُ بوائِقَهُ»[٢٥]

ژباړه: په الله قسم چې مسلمان نه دی، په الله قسم چې مسلمان نه دی، په الله قسم چې مسلمان نه دی.

وویل شول څوک اې د الله رسوله؟ ویې ویل: هغه څوک چې ګاونډی یې له شر څخه په امان نه وي.

څلورمه: هغه څه چې ځان ته خوښوې، بل مسلمان ورور ته هم همغه شان شی خوښوه، له دې سره به واقعي مسلمان شې.

داسې مه کوه چې خوسا شوي او پاتې شوني دې په نورو پېرزو وي. ته چې له خلکو کومه تمه لرې، له خلکو سره همغه کوه.

٢٤: متفق علیه

٢٥: متفق علیه

که له خلکو احترام غواړې او د ته ورته احترام نه کوې، دا نصاف ندی.

که غواړې ستا آبرو او عزت خوندي وي، ته د نورو ابرو مه تویوه.

که له خلکو د صداقت تمه لرې؛ باید لومړی ته رېښتینی و اوسې.

په یوه بل حدیث مبارک کې هم راغلي:

«لَا يُؤْمِنُ أَحَدُكُمْ، حتَّى يُحِبَّ لأخِيهِ ما يُحِبُّ لِنَفْسِهِ».[٢٦]

ژباړه: په تاسې کې یو کس تر هغې مؤمن کېدای نه شي؛ تر څو هغه څه چې ځان ته خوښوي، خپل (مسلمان) ورور ته یې هم خوښ کړي.

پنځمه: ډېره خندا مه کوه، ځکه ډېره خندا زړه وژني

ډېره خندا، لړه نه. بې ځایه خندا، موسکا نه.

پام مو وي، د حدیث شریف د دې برخې مفهوم دا نه دی چې بېخي مه خاندئ، بلکې خپل ژوند سرسري کوئ مه.

یعنې سطحي او بې ارزښته ژوند مه کوئ.

په اسلام مبارک دین کې د خلکو په شونډو موسکا رواستل، یا خلکو ته موسکا کول صدقه او عبادت دی.

خو داسې نه چې ځان ته یو بې ارزښته ژوند غوره کړئ.

شپه او ورځ په بې ځایه لوبو، بې ځایه خنداګانو او ګپ شپونو مه تېروه.

د هر څه لپاره وخت بېل کړه. داسې مه کوه چې ژوند کې دې هېڅ جدیت نه وي او هره خبره دې مسخره وي.

په هغه مجلس کې چې د دین او دنیا ګټه نه وي، هېڅ پکې مه کېنه.

دا ځان ته قاعده وټاکه، هر مجلس ته چې ورځې؛ وګوره چې د دین یا د دنیا لپاره یې ګټه څه ده؟

---

[٢٦]: متفق علیه

ډېری مجلسونه له پیل تر پایه خنداګانې وي او هېڅ ګټه درته نه کوي.
دا ستا د زړه د سختوالي یا قسوة القلب لامل کیږي چې زړه به دې ورو ورو له هر څه تور شي او یوازې به لهو او لعب پسې ور روان یې او سر سري او بې ګټې او بې پروایی څخه ډک ژوند به دې وي.

ناهیلی کېږه مه

که د خوښیو او نېکمرغی یوه دروازه دې پر مخ وتړل شي، ګڼې نورې پرانیستل کېږي.
کله چې ستا پر مخ د ځمکې دروازې وتړل شوې، پام دې وي، الله تعالی درته د آسمان دروازې پرانیزي.
دا د دې لپاره چې الله تعالی ته ور ستون شې، ځکه کېدای شي ستا او د خالق تر منځ دې فاصله پیدا شوې وي او پروردګار دې غواړي ستا غږ واوري او تا بېرته خپل لوري ورتلو ته اړ کړي.
که تا له ستونزو الله تعالی ته پناه ور وړه، هغه به ستا ضعف په قوت، فقر په مالداری، ډار په ډاډ بدل او ټولې ستونزې به دې حل کړي.
دا کار یوازې او یوازې الله تعالی کوای شي.
رحمان بابا ښومره ښه ویلي:

که دې تمه د بنده له دره پرې کړه
پادشاهي دې مبارک شه که ګدا یې

په ژوند کې دې برکت نشته؟

په مال، کاروبار، رزق او په ټوله کې ژوند کې دې برکت نه شته؟

یوه آسانه حل لار لري.

کور او ژوند ته د برکت راستنولو لپاره درې کارونه دوامداره کوه او که دا درې کارونه دوامداره وکړې؛ ډاډه اوسه چې هر څه کې به د برکت له نعمته برخمن شې ان شاء الله.

لومړی: هر سهار یوه پاڼه قرآن کریم لوله، پوره پاڼه لوستل یې دوه دقیقې وخت نیسي. که یې نه شې کولای، حد اقل لس آیتونه خو روزانه لوله. که د کورنۍ ټول غړي دا کار وکړي څه فکر کوې جنتي کور او نیکمرغه کورنۍ به نه شي؟!

دویم: د ورځې یو حدیث لوله او مفهوم یې له کورنۍ سره شریکوه.

د صحیح بخاري او صحیح مسلم له کتابونو څخه هر سهار یو یو حدیث لوله او له نورو سره یې شریکوه. د دې مبارکو کتابونو پښتو او دري ژباړې اکثرو کتاب پلورنځیو کې ترلاسه کولای شې.

ریاض الصالحین هم د حدیثو معتبر کتاب دی چې د ټولنیزو او نورو مهمو مسائلو په اړه پکې حدیثونه راټول شوي دي او پښتو او دري ژباړې یې هم کتاب پلورنځیو کې شته.

دریيم: هره ورځ حد اقل سل وارې استغفر الله او سل وارې پر رسول الله ﷺ درود شریف وایه.

د استغفار لپاره ډېر کلمات دي چې خو یې په لاندې ډول دي، په دوی کې چې هره یوه درته آسانه وي همغه د ذکر په ډول هره ورځ حد اقل سل سل وارې وایه.

- أَسْتَغْفِرُ اللهَ العَظِيمَ.
- أَسْتَغْفِرُ اللهَ العَظِيمَ الَّذِي لَاَ إِلَهَ إِلاَّ هُوَ، الحَيُّ القَيُّومُ، وَأَتُوبُ إِلَيهِ.
- اللَّهُمَّ أنْتَ رَبي لا إِلَهَ إِلَّا أَنْتَ، خَلَقْتَنِي وأنا عَبْدُكَ، وأنا على عَهْدِكَ ووَعْدِكَ ما اسْتَطَعْتُ، أعوذُ بكَ مِن شَرِّ ما صَنَعْتُ، أبُوءُ لكَ بنِعْمَتِكَ عَلَيَّ، وأَبُوءُ لكَ بذَنْبِي فاغْفِرْ لِي؛ فإنَّه لا يَغْفِرُ الذُّنُوبَ إلَّا أنْتَ.[27]

درورد شریف:

- اللَّهُمَّ صَلِّ على مُحَمَّدٍ وعلَى آلِ مُحَمَّدٍ، كما صَلَّيْتَ على إبْرَاهِيمَ وعلَى آلِ إبْرَاهِيمَ؛ إنَّكَ حَمِيدٌ مَجِيدٌ، اللَّهُمَّ بَارِكْ على مُحَمَّدٍ وعلَى آلِ مُحَمَّدٍ، كما بَارَكْتَ على إبْرَاهِيمَ وعلَى آلِ إبْرَاهِيمَ؛ إنَّكَ حَمِيدٌ مَجِيدٌ.[28]

که دا خپله ورځنۍ وظیفه کړې، الله تعالی به دې په مال، عیال، کور، خوراک او څښاک او د ژوند نورو برخو کې برکت واچوي، ان شاء الله. هر هغه څه کې چې برکت وي، که لږ وي ډېر دی او هغه څه کې چې برکت نه وي که څومره ډېر هم وي، په نشت حساب دي.

۲۷: دې ته سید الاستغفار (د استغفار یا بخښنې غوښتلو تر ټولو لوړ مرتبه لرونکي کلمات) ویل کیږي. په صحیح بخاري کې د دې په اړه حدیث روآیت شوی چې که څوک دغه کلمات په پوره یقین سهار ولولي او په همغه ورځ تر ماښام مخکې مړ شي د جنت له خاوندانو څخه به وي او که څوک یې ماښام په پوره باور او یقین ولولي او په همغه شپه تر سهار مخکې مړ شي د جنت له خاوندانو به شي. (حدیث بخاري روایت کړی او ریاض الصالحین کې د حدیث نمبر: ۱۸۷۵).

۲۸: متفق علیه

ځومره غوره ژوند به وي

د جبرائیل امین په واسطه نازل شو، جبرائیل تر ټولو ملائکو غوره شو.

پر محمد ﷺ نازل شو، محمد ﷺ تر ټولو غوره او خیر البشر شو.

د اسلامي اُمت لپاره نازل شو، دا اُمت تر ټولو اُمتیانو غوره شو.

په کومه میاشت کې چې نازل شو، هغه روژه او تر ټولو غوره شوه.

په کومه شپه چې نازل شو، هغه د قدر شپه او تر زرو شپو غوره شوه.

په کوم ځای کې چې نازل شو، هغه مکه او د ځمکي پر سر تر ټولو سپېڅلی ځای شو

دا قرآن کریم دی چې په واسطه یې الله پاک دومره لوی عزت او فضیلت ورکوي!

که دا مبارک کلام زما او ستا په زړه کې وي، ځومره غوره زړه به وي؟!

که یې د ژوند تګلاره وټاکو، ځومره بهتر او نېکمرغه ژوند به مو وي!

که ته هره ورځ د قرآنکریم یوه برخه نه لولې، بیا ولې باید له بې خونده ژونده ګیله وکړې؟ ځکه تا یې اصلي لامل پرېښی.

لویه خوشبختي

د هر انسان لپاره لویه خوشبختي دا ده چې دی مړ شي او ګناهونه یې هم ورسره مړه شي. بدبخته هغه دی چې دی له دنیا لاړ شي خو ګناهونه یې ترې ژوندي پاتې وي.

هغوی چې د خیر کارونه کوي یا خیر خپروي، له مړینې سره به یې د ثوابونه ور رسېدو بهیر جاري وي.

که غواړې له مرگ وروسته هم دوامداره ثوابونه در ورسیږي، د جاریه صدقې لپاره همداوس پرېکړه وکړه.

جاریه صدقې د حدیث شریف په بنسټ درې ډوله کارونه دي:

نېک اولاد تربیه کول، علم خپرول او کوهي کېندل یا قرآن کریمونه جومات کې ایښودل. یا ورته نور کارونه چې خلکو ته یې په دوامداره ډول خیر او گټه رسیږي او نېکه استفاده ترې کیږي.

مسلمان ته طلایي زیری

یو زیری درته لرم، ډاډه اوسه چې ارزښتناک او ریښتینی زیری دی.

هغه ځوان چې د الله تعالی له وېرې د حرامو څیزونو د لیدو په وخت کې خپلې سترگې ټیټوي، باور وکړئ ډېر لوی، لوی او لوی اجر لري!

هر ځل چې ته د نامحرمه ښځو له کتلو سترگې ټیټوې، د عملونو په صندوق کې دې نېکۍ زیاتیږي. په پای کې چې څومره نېکي لرې، د واده په وخت به دې قسمت کې همغومره پاکه او باعزته مېرمن نصیب شي، ان شاء الله.

رسول الله ﷺ فرمایي:

«إِنَّكَ لَنْ تَدَعَ شَيْئًا لِلهِ عزوجل إِلاَّ بَدَّلَكَ اللهُ بِهِ مَا هُوَ خَيْرٌ لَكَ مِنْهُ»[٢٩]

ژباړه: ته هېڅ شی د الله عزوجل لپاره نه پرېږدې مگر دا چې الله پاک تا ته تر هغې ښه او بهتره بدله درکوي.

٢٩: مسند الإمام أحمد (٣٨/ ١٧٠) برقم (٢٣٠٧٤)، وقال محققوه: إسناده صحيح، وقال الألباني رحمه الله في السلسلة الضعيفة (١/ ١٩): وسنده صحيح على شرط مسلم.

د علماوو په نظر ځيني خلکو ته د دوی د عمر او مجال پر وخت ځينې نفلي عبادتونه لومړيتوبونه وي.

مثلا: د سوداګر لپاره تر ټولو ښه نفلي عبادت دا دی چې حلاله روزي وګټي او صدقه ورکړي.

د نجونو لپاره حجاب دی.

ځوانانو ته په داسې سخته زمانه کې چې فحشا او فساد پکې اوج ته رسېدلي او موبايلونه له هر ځوان سره شته او د نړۍ هرې ناکردې او انټرنټ له لارې ناروا فلمونو ته لاسرسی لري او له نامحرمو نجونو سره اړيکې جوړول ډېر آسانه شوي دي، په داسې وخت کې لومړی عبادت ستا لپاره تر شعائري عبادتونو وروسته دا دی چې له ناروا او نامحرمو خپلې سترګې او بدن لرې وساتې.

په تقوا کې بايد موږ يوسف عليه السلام خپل الګو وټاکو.

د ځوانۍ په اوج کې و او د پاچا مېرمنې ترې ناروا غوښتنه وکړه، له دوی دواړو پرته نور هېڅوک نه وو او دروازې هم بندې وې.

که يې د هغې غوښتنه منلې وای، يوه شېبه داسې فکر وکړه چې د دربار تر ټولو نږدې کس به شوای و او که نه؟ ځکه د پاچا مېرمنې به يې ملاتړ کاوه او هغه ته به يې ټول امکانات ورکړي وو.

کله چې د مصر د عزيز مېرمنې يوسف عليه السلام څخه نا روا غوښتنه وکړه د هغه ځواب څه و؟

الله پاک يې په اړه فرمايي:

﴿وَرَاوَدَتْهُ الَّتِي هُوَ فِي بَيْتِهَا عَنْ نَفْسِهِ وَغَلَّقَتِ الْأَبْوَابَ وَقَالَتْ هَيْتَ لَكَ ۚ﴾[30]

ژباړه: د کومې ښځې په کور کې چې هغه (یوسف) و، هغې مېرمنې خپل ځان ته د هغه توجه جلبوله او یوه ورځ یې دروازې وتړلې او ویې ویل چې"زر راشه".

یوسف علیه السلام یې په ځواب کې وویل:

﴿قَالَ مَعَاذَ اللَّهِ ۖ إِنَّهُ رَبِّي أَحْسَنَ مَثْوَايَ ۖ إِنَّهُ لَا يُفْلِحُ الظَّالِمُونَ﴾[31]

ژباړه: ویې ویل(یوسف علیه السلام) زه الله تعالی ته پناه وړم (له دې بد کار نه)، هغه زما رب دی او ما ته یې ښه منزلت راکړی. (که زه دا کار وکړم، ظالم به شم) او داسې ظالمان هېځکله بری نه شي موندلی.

کله چې یې الله تعالی ته پناه یوړه، الله پاک همدغه بېوځله او د دربار خدمتګار د مصر د وخت د پاچاهي مهم چارواکی کړ.

که ته په داسې موقف او حالت کې برابر شې او د ځواني په اوج کې هم اوسې او د پاچا مېرمن در څخه داسې ناروا غوښتنه وکړي،

له ځان سره فکر وکړه چې د الله تعالی رضا به لومړی کړې او که خپلو خواهشاتو ته به تسلیم شې؟

د یوسف علیه السلام له شان او دب دبې ډک کاروان روان و، یوې وینځې د هغه په لیدو وویل:

۳۰: یوسف: ۲۳ آیت

۳۱: یوسف: ۲۳ آیت

"الحَمْدُ للّٰهِ الَّذي جَعَلَ المُلُوكَ بِمَعْصِيَتِهِ عَبِيدًا وجَعَلَ العَبِيدَ بِطاعَتِهِ مُلُوكًا."[۳۲]

ژباړه: ثنا او ستاینه ده د هغه رب چې په خپل طاعت یې غلامان پاچایان کړل او د گناه له امله یې پاچایان غلامان کړل.

تاسې چې کله د الله تعالی اطاعت کوئ او د هغه لپاره ناروا پرېږدئ، الله تعالی درته څه فرمايلي؟

باور وکړئ چې که په قرآن کریم کې یوازې همدا آیت وای بسنه یې کوله، خو گڼ داسې آیتونه شته چې تاسې د ناروا پرېښودو ته هڅوي.

﴿أَمْ حَسِبَ الَّذِينَ اجْتَرَحُوا السَّيِّئَاتِ أَن نَّجْعَلَهُمْ كَالَّذِينَ آمَنُوا وَعَمِلُوا الصَّالِحَاتِ سَوَاءً مَّحْيَاهُمْ وَمَمَاتُهُمْ ۚ سَاءَ مَا يَحْكُمُونَ﴾[۳۳]

ژباړه: آیا هغه کسانو چې بد کارونه یې کړي دا انگېرلې ده چې مونږ به هغوی او ایمان راوړونکي او نیك عمل کوونکي سره برابر کړو چې د هغو ژوند او مرگ یو شان شي؟ دا د دوی ډېره ناوړه فیصله ده.

آیا تاسې گومان کوئ، هغه ځوان چې د الله تعالی لپاره له ناروا څخه ډډه کوي، له محارمو سترگې پټوي او نېک کارونه کوي، د هغه چا په شان دی چې بدکاره دی او گناهونه کوي؟

میلیاردونه وارې ډاډه اوسئ چې داسې نه ده.

د ځوانۍ دورې د عبادت په اړه چې درته ښومره ووایم کمه ده.

خو دومره وایم د چا چې د ژوند پیل ښه نه وي، د هغه به د ژوند پای روښانه نه وي.

۳۲: الدر المنثور، جلال الدين السيوطي (۹۱۱ هـ)

۳۳: الجاثية: ۲۱ آیت

هغه ځوان چې ډېرى لمونځونه يې په جومات کې وي، علم کوي، خپلې سترګې، ژبه، غوږونه، لاسونه پښې او د بدن نور غړي له ناروا ساتي، د داسې انسان راتلونکې روښانه ده. د هغه لپاره دا آيت بس دی چې پرې ډاډه شي:

﴿مَنْ عَمِلَ صَالِحًا مِنْ ذَكَرٍ أَوْ أُنْثَىٰ وَهُوَ مُؤْمِنٌ فَلَنُحْيِيَنَّهُ حَيَاةً طَيِّبَةً ۖ وَلَنَجْزِيَنَّهُمْ أَجْرَهُمْ بِأَحْسَنِ مَا كَانُوا يَعْمَلُونَ﴾[٣٤]

ژباړه: هرڅوك چې ښه عمل وکړي، که هغه نارينه وي او که ښځينه، او (په دې شرط چې) مؤمن وي، په هغه به موږ په دنيا کې سپېڅلی ژوند تېرکړو او (آخرت کې به) دغسې خلکو ته د هغو اجر له ډېرو ښه عملونو سره سم ورکړو.

د دنيا له منځه تګ الله تعالی ته تر دې آسانه دی چې خپله وعده دې پوره نه کړي. يعنې ټريليونونه وارې يقيني خبره ده چې د الله تعالی وعده پوره کيږي، نو ډاډه اوسه.

که په دنيا او آخرت کې بريا غواړې

مخکې له دې چې حساب درسره وشي، تاسې په خپله له ځان سره حساب کوئ. په دوامداره توګه له ځان څخه حسابي غواړئ چې د خير کارونه مو ډېر کړي که د شر.

که د نېکيو په حساب کې باقي شوئ او ګناهونه مو ډېر و، توبه مو تور حساب سپينوي!

٣٤: النحل: ٩٧ آيت

خپل عملونه وتلئ، مخکې له دې چې ستاسې عملونه وتلل شي. داسې نه چې په بې پروايۍ ورځ تر بلې د نېکو عملونو تله سپکيږي او بله ورځ گورئ چې د الله تعالی پر وړاندې مو د نېکو عملونو تله سپکه او د بديو هغه درنه وي.

بريالي انسانان هره شپه له ځان سره حساب کتاب کوي. او تل خپل عملونه تلي.

هره شپه چې د خوب بسترې ته ورتللئ، مخکې له دې چې ويده شئ، يوه حسابي له ځان سره کوئ.

دا مبارک حديث د خپل ژوند لپاره قانون وټاکه

امام احمد بن حنبل او امام الترمذي په خپلو کتابونو کې صحيح حديث روايت کړی چې د الله پاک حبيب ﷺ په درې داسې شيانو قسم کوي چې زموږ لپاره ډېر زيات مهم دي.

« ثلاثٌ أُقسِمُ عليهنَّ وأُحدِّثُكم حديثًا فاحفظوه قال ما نقص مالُ عبدٍ من صدقةٍ ولا ظُلِم عبدٌ مظلمةً صبر عليها إلَّا زاده اللهُ عزًّا فاعفوا يُعزَّكم اللهُ ولا فتح عبدٌ بابَ مسألةٍ إلَّا فتح اللهُ عليه بابَ فقرٍ». [٣٥]

ژباړه: په درې شيانو درته په الله تعالی قسم کوم او يوه خبره درته کوم په ياد يې ساتئ: صدقه د بنده مال نه کموي، او په هر بنده چې ظلم وشي او هغه يې په مقابل کې صبر وکړ، الله تعالی به عزت ورکړي

٣٥: الراوي : أبو كبشة الأنماري | المحدث : المنذري | المصدر : الترغيب والترهيب | الصفحة أو الرقم : ٢٨٥/٣ | خلاصة حكم المحدث : [إسناده صحيح أو حسن أو ما قاربهما] | التخريج : أخرجه الترمذي (٢٣٢٥)، وأحمد (١٨٠٦٠) مطولاً.

او عزتمن به شي او څوک چې د سوال لپاره د بنده دروازه پرانيزي يا وټکوي، الله تعالی به ورته د بېوځلۍ يا فقر دروازه پرانيزي.

د دغه مبارک حديث درې جملو کې کتابونه خبرې دي:

لومړی: ما نَقَصَ مالُ عبدٍ من صَدَقة.

ژباړه: صدقه د بنده مال نه کموي.

سبحان الله! د الله تعالی حبيب په خپل خالق درته قسم کوي چې صدقه د انسان مال نه کموي؛ بلکې درته پکې برکت اچوي او څو چنده بدله يې درکوي!

ډېری مسلمانان د دې لپاره صدقه نه کوي چې فکر کوي صدقه اقتصادي بوج دی او مال يې ورسره کمېږي.

چېرته دی زموږ يقين او ايمان؟ د الله تعالی او د هغه د رسول ﷺ په خبره مو يقين نه راځي؟

ستا نبي درته قسم کوي او د قرآن کريم ګڼ آيتونه پر دې دلالت کوي چې د صدقې بدله څو چنده ده، خو ته پرې باور نه لرې، د نتيجې د ترلاسه کولو لپاره يې بې صبره يې او دا نه منې چې صدقه د مال کمولو پر ځای په حقيقت کې مال زيات او برکتي کوي.

د حديث شريف مقدمې ته مو پام شو؟

په پيل کې ستا پام د موضوع اهميت ته ور اړوي او رسول الله ﷺ په الله تعالی قسم کوي چې د موضوع اهميت او تا ته يې د ګټې رسولو باندې دلالت کوي!

دویم: و ما ظُلِمَ عبداٌ مَظلمةً فَصَبرَ علیها الا زادَهُ اللهُ بها عزا!

ژباړه: او هر بنده چې د ظلم پروړاندې صبر وکړ، الله تعالی به عزت ورکړي او عزتمن به شي.

بخښنه وکړه، د خلکو له تېروتنو تېر شه، صبر وکړه او سینه پراخه ساته.

د دنیا ژوند لنډ او د دښمنیو او کینې لپاره نه دی. د دې عادت په بدل کې به الله تعالی عزت او اجر درکړي.

ځینې خلک ظلم کوي چې تا له پښو وغورځوي، خو الله تعالی تا لا پسې لوړوي او پیاوړی کوي دې.

درېیم: «و ما فتحَ عبداٌ بابَ مسألَةٍ الا فتحَ اللهُ علیهَ بِهِ بابَ فقرٍ!»

ژباړه: او چا چې د سوال لپاره (د بنده) دروازه پرانیسته یا وټکوله، الله تعالی به ورته د بېوزلۍ یا فقر دروازه پرانیزي!

پام دې دی؟ رسول الله ﷺ دې هڅوي چې غیرتمن، با عفت او با عزت اوسې!

او د دې درې شیانو تر یادونې وروسته چې رسول الله ﷺ پرې قسم کړی، د حدیث په پای کې یې فرمایلي چې څو ښوونې درته کوم په یاد یې ساتئ:

«انما الدُّنیا لاربَعَةِ نفرٍ»:[36]

ژباړه: په دنیا کې څلور ډوله خلک ژوند کوي.

د دغه مبارک حدیث په دوام کې ددغه خلکو ځانګړتیاوې بیان شوي:

۳۶: رواه الترمذي وقال: حدیث حسن صحیح.

لومړی: «رجُلٍ اتاهُ اللهُ مالاً و آتاهُ علماً فهوَ يَعملُ بعلمِهِ في مالِهِ»
هغه کس چې الله تعالی مال او علم ورکړی وي او دی خپل علم په خپل مال کې کاروي. يعنې په هره سوداګريزه معامله کې الله تعالی په ياد ساتي او رضايت يې غواړي.
په خپلې سوداګرۍ کې ظلم نه کوي، خراب مال په چا نه پلوري، شرکت ته نه وايي چې د دوا کيفيت ټيټ کړه، د سړک جوړونې موادو کيفيت د ډېرې ګټې لپاره نه خرابوي، حرام کاروبار نه کوي، هر کار چې کوي الله تعالی حاضر ګڼي او په هر کار کې له الله تعالی څخه ډارېږي او په هر کار کې د هغه رضا لټوي.
د دې ډول انسان مقام به الله تعالی ډېر لوړ کړي او په کاروبار کې به يې ګټه او برکت وي. له ده او کورنۍ څخه به يې ناروغۍ لرې وي، په زړه کې به يې سکون وي او له ژونده به خوند اخلي. که د دې برعکس و، له دې نعمتونو به محروم او در په در خاورې پر سر وي.
د قرآن کريم دې مبارک آيت ته دقيق پام وکړئ:
﴿ وَيَسْأَلُونَكَ مَاذَا يُنفِقُونَ قُلِ الْعَفْوَ﴾[٣٧]
ژباړه: له تا پوښتنه کوي (اې محمد ﷺ) څېڅه شی صدقه ورکړي؟ ته ورته ووايه هغه څه چې ستاسې له اړتيا څخه زيات وي.
دويم: «و رجُلٍ اتاهُ اللهُ علماً ولم يُوتِيهِ مالاً فهو يقول: لو ان الله تبارك و تعالی لاتاني مالاً لَفَعلتُ فيهِ كما يفعلُ فلانٌ. قال، فهو بنِيَّتِهِ و هما في الاجرِ سواءٌ».

٣٧: البقرة: ٢١٩ آيت

ژباړه: هغه انسان چې الله تعالی علم ورکړی وي، خو مال یې نه وي ورکړی او هغه وایي: که الله تعالی ماته مال راکړی وای د فلاني په شان به مې لګولی و (صدقه به مې ورکړې وه یا د خیر په کارونو به مې لګولی و، د یتیمانو کفالت به مې په غاړه اخیستی و، څاه به مې کیندلې وه، د علم په خپرولو او دعوت به مې لګولی و او داسې نور خیریه کارونه به مې پرې کړي وو).

رسول الله ﷺ فرمایي: دا کس په خپل نیت همدومره اجر ترلاسه کوي لکه دا کار چې یې کړی وي او د دوی دواړو لپاره یو اندازه اجر دی.

سبحان الله! په نیت باندې دومره لوی اجر!

نه یې مال لګولی وي، نه یې زحمت ګاللی وي، یوازې نیت پاک ساتي او د خیر اراده لري، په همدې د هغه چا په اندازه اجر لري چې دا کار یې کړی وي!

څکه انسان که بېوزله وي یا هغه څه چې د ده په تقدیر کې نه وي، دی پرې ملامت نه دی او یوازې دې خپل نیت سم کړي.

په خالص نیت هم الله پاک خپل بنده ته اجر ورکوي او د قیامت په ورځ به دغه د پاک نیت لرونکي مسکین او هغه مالداره ته یو شان اجر ورکوي چې خپل مال په نېکه لار مصرفوي.

امام ابو حامد الغزالي په خپل کتاب احیاء علوم الدین کې یو روایت را نقل کړی چې د بني اسرائیلو یو سړی چې خپله ډېر فقیر و، یو ځل په یوه شګنه غونډۍ باندې و او له ځان سره یې وویل چې که الله تعالی دا شګې (ریګ) مال کړی وای او واک یې له ما سره وای، په دې

مال به مې ټول فقیران ماړه کړي وو. الله تعالی خپل نبي ته وحیه وکړه چې فلاني نېک بنده ته مې ووایه: ته الله تعالی ریښتینی بللی یې او ستا له نېک نیت څخه یې مننه کړې او د همدې شگو په اندازه د مال د صدقې ورکولو اجر یې درکړی دی.

الله اکبر! دا ځکه چې په نیت کې یې اخلاص و، ریښتینی و، نیت یې خالص کړی و او دا یې ارمان و چې کاش ډېر مال یې لرلای چې صدقه کړی یې وای. دا چې خپله بېوزله و، نو الله تعالی یې نیت باندې هم اجر ورکړ.

که د خیریه کارونو وس نه لرې، حد اقل دا نیت کوه چې که الله پاک ما ته امکانات راکړي وای نېک کارونه به مې پرې ترسره کړي وو.

درېیم: «و رجلٍ اتاه الله مالً و لم یُؤتیهِ علما فهو یخبِطُ في ماله علی غیرِ هداه، فهو بنیته».

ژباړه: هغه انسان چې الله تعالی مال ورکړی، خو علم یې نه دی ورکړی، دی خپل مال په ناروا لگوي، نو دی به هم په خپل خراب نیت مؤاخذه کېږي.

یعنې مال په داسې لار لگوي چې الله تعالی پرې راضي نه وي او له الله تعالی څخه نه ډارېږي. په دې نه پوهېږي چې په دې مال کې الله تعالی حق لري او کله چې یې ته د خیر لپاره وکاروې، د الله پاک حق اداء کېږي.

دا ډول انسان سره له دې چې ښه شتمن دی، خو دا چې بخیل دی او خپل مال په ناروا لگوي نو د همدغه نیت له کبله ورسره الله پاک حساب کوي.

څلورم: «و رجُلٍ لم یُوتیهِ اللهُ علماً و لا مالاً فهو یقول، لو انَّ اللهَ اتاني مالا لفعلتُ مثلَ فلان، قال فهو بنیتِهِ و هما في الوِزرِ سواء».

ژباړه: هغه انسان چې الله تعالی نه علم او نه هم مال ورکړی وي، (جاهل غریب وي) او دی وایي که پیسې مې درلودای، نو د فلاني په شان کارونه به مې پرې کړي وو (ناروا لارو باندې به مې لګولي وای).

نو (رسول الله) وویل: دی به په همدغه ډول نیت مسؤل ګڼل کیږي او دی له هغه مالداره بخیل سره په ګناه کې یو شان دی.

داسې انسانان چې کبرجن وي، په خپلو پیسو بې ځایه غرور کوي او عاید او مصرف یې دواړه ناروا وي.

دوی دواړه هغه چې بدکاره وي او هغه چې د بدکارۍ نیت لري، دواړه په ګناه کې برابر دي. یوه ته په بد عمل او بل ته په ناوړه نیت سزا ورکول کیږي.

ډېره سخته نه ده؟ تا ګنا کړې هم نه وي خو یوازې په ناوړه نیت او د بدنیتۍ او ناسمې ارادې له امله بدبخته کیږې!

نیت پاک ساتئ، په نیت مو هم الله تعالی بخښي او په بدنیتۍ مو مواخذه کوي.

د ژوند لپاره څو مهمې قاعدې

که غواړې الله تعالی درسره نرمي وکړي، د هغه په بندګانو مهرباني او لطف کوه.

که غواړې الله تعالی مال درکړي، بندګانو ته یې صدقه ورکړه.

که غواړې الله تعالی تا وبخښي، بندګانو ته یې بخښنه کوه.

ته چې له الله تعالی هر څه غواړې، د هغه له بندګانو سره همغه کوه. که غواړې الله تعالی پر تا مهربان وي، ته د هغه پر مخلوق مهربان شه، ځکه الله تعالی شکور ذات دی، ستا د هر کار بدله ښو چنده او په اخر کې لویه بدله یعنې جنت درکوي.

پنځه کارونه مو له نظر یا حسد څخه ساتي

آیا د انسانانو سترګې اغېز لري او خلک اغېزمنولی شي؟

ډېری خلک پر خپل جسد فکر کوي او تل د خپل بدن درملنه کوي. که ویټامین اخلي د جسد لپاره، که ورزش کوي د جسد لپاره او بلاخره ټول پام یې پر جسم او د هغې په پیاوړي کولو ورټول وي. دوی د روح د پیاوړي کولو او د درملنې او ساتنې لپاره توجه نه کوي، حال دا چې څومره پام چې پر بدن کېږي، تر دې ډېر باید پر روح وشي. د انسان روح دومره پیاوړی دی چې پر نورو انسانانو اغېز کوي.

په ځانګړې توګه سترګې داسې ځواک لري چې انسان اغېزمنوالی شي. قرآن کریم هم دې موضوع ته اشاره کړې.

کله چې د یوسف علیه السلام وروڼه د هغه څنګ ته ورتلل، پلار یې ورته نصیحت وکړ چې الله پاک یې په اړه فرمایي:

﴿وَقَالَ يَا بَنِيَّ لَا تَدْخُلُوا مِنْ بَابٍ وَاحِدٍ وَادْخُلُوا مِنْ أَبْوَابٍ مُتَفَرِّقَةٍ ۖ وَمَا أُغْنِي عَنْكُمْ مِنَ اللَّهِ مِنْ شَيْءٍ ۖ إِنِ الْحُكْمُ إِلَّا لِلَّهِ ۖ عَلَيْهِ تَوَكَّلْتُ ۖ وَعَلَيْهِ فَلْيَتَوَكَّلِ الْمُتَوَكِّلُونَ﴾[۳۸]

---

۳۸ : یوسف: ٦٧ آیت

ژباړه: يعقوب (عليه السلام له شفقته) خپلو زامنو ته وويل، اې زما زامنو! تاسې (مصر ته) له يوې دروازې مه ننوځئ، (تفسير کې يې راځي: د دې لپاره چې نظر نه شئ) او ننوځئ (دوه دوه يا درې درې) له بېلابېلو دروازو څخه. او نشم دفع کولی زه تاسې د الله تعالی له (قضاء) څخه (په انساني تدبير سره). حکم يوازې د الله تعالی دی او پر الله پاک ما توکل کړی او پر هغه دې توکل وکړي توکل کوونکي.

په حديث مبارک کې زموږ قائد ﷺ فرمايي:

«العينُ حقٌّ، ونَهى عن الوَشْم»[٣٩]

ژباړه: سترګې حق دي او له ټاپو (ټټو يا په بدن د ټاپو لګولو) څخه يې منع کړې.

له ابن عباس رضي الله عنهما څخه روايت شوي حديث کې رسول الله ﷺ فرمايلي:

«العين حق، ولو كان شيء سابِقَ القَدرِ لسبَقَتْه العين»[٤٠]

ژباړه: سترګې حق دي، او که کوم شی له قدر نه مخکې کېدای شوای نو هغه به سترګې (د سترګو تاثير) وای.

علماء وايي په دې مبارک حديث کې د سترګو د تاثير په اړه مبالغه ده د دې لپاره چې د انسان په زړه کې د سترګو د تاثير په اړه شک لرې کړي او د سترګو د تاثير په قوت ټينګار وکړي.

٣٩: رواه البخاري

٤٠: رواه مسلم في كتاب السلام، باب الطب والرُّقى

د سترګو اغېز په خپله په قدر کې راځي؛ خو دا د مبالغې اسلوب دی چې د زړه د ډاډ لپاره کارېدلی.

په یو بل مبارک حدیث کې رسول الله ﷺ فرمایي:

«استعيذوا باللهِ من العينِ فإنَّ العينَ حقٌّ». [٤١]

ژباړه: د سترګو له اغېز څخه الله تعالی ته پناه وړئ. ځکه سترګې (تاثیر یا اغېز یې) حق دي.

د سترګو اغېز دومره پیاوړی وي چې کېدای شي ته خپل اولاد، خپل د کورنۍ کوم غړی او ان خپل ځان هم په خپلو سترګو زیانمن کړې.

د سترګو له تاثیر څخه د بچ کېدو طریقه زده کړو.

څنګه د سترګو له تاثیره په امان کېدای شو؟

لومړۍ طریقه: قرآن کریم په ښه ډول ښودلې:

﴿وَلَوْلَا إِذْ دَخَلْتَ جَنَّتَكَ قُلْتَ مَا شَاءَ اللَّهُ لَا قُوَّةَ إِلَّا بِاللَّهِ ۚ إِنْ تَرَنِ أَنَا أَقَلَّ مِنْكَ مَالًا وَوَلَدًا﴾ [٤٢]

ژباړه: او کله چې ته خپل بڼ ته ننوتلې، نو په هغه وخت کې ستا له خولې نه دا ولې را ونه وتل چې مَا شَاءَ اللَّهُ لَا قُوَّةَ إِلَّا بِاللَّهِ (دا هغه څه دي چې الله تعالی غوښتي، له الله تعالی پرته بل قدرت نشته) که ته ما په مال او اولاد کښې له خپله ځانه ټیټ وینې.

د کهف په سورت کې د دې ایت په تفصیل کې راځي چې دوه کسان وو چې یو یې په خپله شتمنۍ مغرور شوی او له خپل رب څخه بې پروا

٤١: رواه ابن ماجه، وصححه الألباني في صحيح الجامع

٤٢: الكهف: ٣٩ آیت

شوی و او خپل ملګري ته چې مؤمن و او دومره مال یې نه درلود ویاړ کاوه چې زه هر څه لرم ته یې نه لرې.

نو مؤمن ملګري هغه شتمن ته همدا ویلي چې ته څه شي له دې منع کړې چې کله خپلو باغونو ته د ننه کیدې او دا و وایې چې دا هغه څه دي چې الله تعالی غوښتي، له الله تعالی پرته بل قدرت نشته.

یعنې دا هر څه چې ما ته یا تا ته الله تعالی راکړي، دا د هغه قدرت دی چې ساتنه یې کوي.

کله چې الله پاک په نعمتونو نازولی وې، تل د هغې شکر ادا کوه او منندوی اوسه، ور سره به دې نعمتونه دوام وکړي او لا به زیات شي.

له دې آیت مبارک نه ښکاري چې کله دې پر کوم څه سترګې لګیدلې یا دې د بل چا کوم څه خوښیدل یا غواړې چې ځان او خپل اولاد د خلکو د سترګو له اغیز خوندي کړې، همیشه وایه: مَا شَاءَ اللّٰهُ لَا قُوَّةَ إِلَّا بِاللّٰهِ.

د سترګو له اغیز څخه د خوندیتوب دویمه طریقه: پر رسول الله ﷺ درود ویل.

کله چې مو پر یو څه سترګې خوږې لګیدې یا ډاریدئ چې د چا سترګې پر تاسې اغیزه ونه کړي، په رسول الله ﷺ درود وایئ.

ځینې علماء وايي چې درود ویل حسد، کینه او سترګو اغیز ردوي.

یوڅه ته مو پام وي چې هره ستونزه یا ډیری ناروغۍ د سترګو له اغیزه نه وي.

مور، د مسلمانانو په توګه ایمان لرو چې د سترګو اغېز حق دی او سحر شته. خو هره ستونزه سحر پورې تړلې ځکه نه شو چې دا غیبي مسائل دي او انسان يې ترمنځ په آسانۍ توپير نه شي کولای.

خو د زړه د داد لپاره دا غوره ده چې الله تعالی ته له هر شر څخه پناه یوسو او دوامداره مسنونه دعاګانې او د سهار او ماښام اذکار ووایو.

له نظر څخه د خوندیتوب دریمه طریقه: تل په اوداسه اوسېدل.

تل په اوداسه اوسه، له کوره چې بهر وتلې اودس کوه، ډېر سخت کار خو نه دی. هغه انسانان چې تل په اوداسه ګرځي، پر هغه سحر یا سترګې په اسانۍ تاثیر نه شي کولای. هغوی چې ډېری وخت په اوداسه وي بله ګټه يې دا ده چې قیامت کې به يې مخونه روښان وي.

د سترګو له اغېز څخه د خوندیتوب څلورمه طریقه: صدقه.

صدقه یوه مهمه وسیله ده چې تاسې پرې ځان خوندي ساتلی شئ.

باور وکړئ د صدقې په اړه چې څومره ووایم کمه ده. ډېرې زیاتې مالي او معنوي ګټې لري. د صدقې په ورکړې، یو خو به د سترګو، حسد او سحر له اغېز خوندي شئ، بل دا چې ستاسې په حق کې به د الله تعالی غضب په رحمت بدل شي.

د سترګو له اغېز څخه د خوندیتوب پنځمه طریقه: د قرآن کریم ځینې ایتونه دوامداره سهار او ماښام لوله.

که دې حس وکړ چې سترګو درباندې اغېز کړی، سملاسي سورة الفاتحه یا د قران کریم لومړنی سورت ووایه، ورپسې آیت الکرسي، بیا د بقرې سورت وروستي آیتونه (آمَنَ الرَّسُولُ بِمَا أُنْزِلَ إِلَيْهِ...

بيا د نهه ويشتمې سپارې د دويم يا القلم سورت وروستی آيت (فَاجْتَبَاهُ رَبُّهُ فَجَعَلَهُ مِنَ الصَّالِحِينَ...).

او ورپسې د قرآن کريم درې آخري سورتونه (سورة اخلاص (قل هو الله احد) الفلق سورت (قل اعوذ برب الفلق) او الناس سورت (قل اعوذ برب الناس) درې درې وارې ووايه.

ځينې نبوي دعاګانې هم شته چې د سهار او ماښام د اذکارو په ډول يې هره ورځ ويلی شې چې د هغې په برکت به دې الله پاک له هر ډول شر او ضرر څخه ساتي.

دين څېرې دی؟

يوه ډله خلک په دې باور دي چې دين يوازې په جومات کې دی. دا بشپړه خبره نه ده. دا له دين څخه سرسري برداشت دی.

حقيقت دا دی چې دين د جومات ترڅنګ په نورو ځايونو کې دی. دين ستا په دفتر کې دی، ستا په دوکان کې دی. دين په بازار کې په راکړه ورکړه کې، په توليد کې، له خلکو او ګاونډيانو سره په چلند کې، دين ستا په کور کې او بلاخره دين د ژوند په ټولو چارو کې دی. که ستا ټول ژوند ديني نه وي يوازې د جومات دينداري دې د آخرت په لوی امتحان کې نه شي بريالی کولای! دينداري ستا په اخلاقو او چلند کې نغښتې. ښه اخلاق د دين درېيمه او د ديندارۍ بشپړوونکې برخه ده.

د دنيا عمر لنډ دی، ژوند ګران، وخت کم، مسؤوليت لوی او د آخرت امتحان سخت دی. هغه سخت امتحان ته چمتوالی مه هېروه!

که غواړې په دغه لويه آزموينه کې بريالی شې، د جومات ترڅنګ دينداري د ژوند په ټولو اړخونو کې ولټوه.

زموږ د اُمت د اوسني وضعیت د بدلون حل لار

زموږ د اُمت اوسنی وضعیت د درې اصطلاحاتو له پامه غورځولو له امله دی: حلال، حرام او عیب.

که په ماشومتوب کې موږ ته دغه درې اصطلاحات په سم ډول را زده شوي وای، نن به مو ښايي ډېرې ستونزې حل وې.

که نن هم موږ د خپل ښوونيز او روزنيز نظام بنسټ په همدې درې کلمو ودروو، راتلونکې ته به مو د ډېرو ستونزو مخنیوی کړی وي .

حلال هغه چې الله تعالی او د هغه رسول موږ د هغې ترسره کولو ته هڅولي يوو.

حرام هغه چې الله تعالی موږ ته د هغې د نه ترسره کولو امر کړی.

عیب بیا هغه چې زموږ له کلتور او ټولنيزو اصولو سره په ټکر کې وي.

کله چې يو انسان د حلالو او حرامو څخه بې پروا شي، يو بل شی چې د ورانکارۍ او بد اخلاقۍ مخه نيسي عیب دی.

ځکه ټولنيز محدوديتونه هم د دې لامل کېدای شي چې ځينې انسانان د ناوړه کار له ترسره کولو ډډه وکړي.

نو موږ باید خپلو اولادونو او نسلونو ته د عیب په ورښودلو کې پوره هڅه وکړو. ځکه تاسې کفري هېوادونه وګورئ حلال او حرام نه مني خو ټولنو کې يې ځينې ښېګنې وي، دا ځکه چې دوی خپل نسلونه په کلتوري لحاظ روزلي او خپل ارزښتونه يې ورته په ګوته کړي.

مثلاً ماشومانو ته ښوونځي کې ورزده کول کيږي او مينډې او پلرونه هم ورسره په دې کې کار کوي چې دروغ ويل ناسم کار او عیب دی.

قرآن کریم زموږ د ژوند تګلاره

پر مخلوق د الله تعالی د کلام فضلیت همدومره لوړ دی لکه د الله تعالی برتري په بنده باندې!

قرآن کریم د دنیا او آخرت د ښېرازی بنسټ او جنت ته د تلو یوه مهمه وسیله ده. له دې پرته دا لوړ نعمت او لویه بریا ترلاسه کول ناشوني دي. کلام الله زموږ د ژوند تګلاره ده. زموږ قانون دی. قرآن کریم جنت ته نېغه لار ده. هر سهار یې تلاوت کوئ، ډاډ اوسئ چې نېکمرغه دنیوي او اخروي ژوند به ولرئ، ان شاء الله.

تنبلي او وخت ضایع کول د نه بخښنل کېدو وړ ګناه ده

له بده مرغه چې په اوسني وخت کې زموږ د اکثره خلکو ډېر مهم وخت په بې ګټې خبرو، د سریالونو یا فلمونو په کتلو او نورو بې ګټو کارونو ضایع کېږي. شپې تر سهاره بې فایدې مجلسونه کوي. په دې ډول شیانو د دوی انرژي مصرفېږي او لټان ترې جوړېږي!

تر څو به موږ په دې عیاشیو اخته یوو؟

کله به علمي کارونه کوو او د دې اُمت او د خپلې ټولنې لپاره به خپل مسؤلیت ادا کوو؟

پوهېږئ تاسې نه یوازې خپله دنیا او آخرت بربادوئ، بلکې د خپل اُمت او ټولنې پر وړاندې مسوول یاست او د دوی په حق کې ظلم کوئ.

زموږ د پیدایښت علت څه شی دی؟ همدا چې شپه په ساعت تېریو او ورځ په خوبونو تېره کړو؟ او بیا دا نارې وهو چې ولې زموږ هر څه برباد دي او ولې الله تعالی زموږ د هېواد او ټولنې حالت نه بدلوي؟

پوهېږئ چې ولې موږ ځان دومره بدبخته کړی دی؟
ځکه چې موږ د وخت په ارزښت نه پوهېږو، ځوانان مو ځانونو ته روښانه هدفونه نه ټاکي او هر فرد خپل مسؤلیت په سم ډول نه اداء کوي.
موږ باید ځان ته برنامه جوړه، لومړیتوبونه مشخص او خپل وخت منظم کړو. ځکه وخت هېچاته انتظار نه کوي او هره ثانیه چې موږ یې ضایع کوو، الله تعالی به یې پوښتنه کوي.
څومره ځوانان پېژنئ چې هدف ته له رسېدو مخکې پرې ژوند وروستی شوی او هره ورځ یې په دې باور ژوند کړی چې زه سبا به یو څه وکړم او هغه سبا پرې نه دی راغلی؟
حسن بصري رحمه الله تعالی وايي: «الانسان بضعة ايام، کلما انقضی یوما انقضی بضع منه» یعنې انسان د ورځو یوه ټولګه ده، د هرې ورځې په تېرېدو د انسان یوه برخه کمېږي.
زموږ د ستونزو یو لوی لامل کسالت یا تنبلي ده. همدا تنبلي انسان بېوزله کوي او راتلونکی یې بربادوي.
ته باید د خپلې کورنۍ، اولادونو، مور پلار او نورو خپلوانو لپاره وخت بېل کړې. د عبادت لپاره باید وخت بېل کړې، د مطالعې، چکر، خیر ښیګڼې او ملګرو لپاره وخت ځانګړی او منظم کړې.
تنبلي انسان او په ټوله کې ملتونه ناکاموي. نو ځکه ته باید سهار وختي راپاڅېږې، عبادت وکړې، علمي کارونه وکړې او د روزي ګټلو لپاره ووځې. ته حرکت وکړه الله تعالی برکت کوي ان شاء الله.
د مؤمن وخت قیمتي دی او باید په دې ځان او خلک وپوهوي چې وخت تر سرو زرو هم ډېر ارزښت لري.

رسول الله ﷺ تنکی ځوان و او ملګرو لوبو ته دعوت کړ، خو ځواب یې دا و چې "انا لم أُخلَق لهذا" یعنې زه د دې کار لپاره نه یم پیدا شوی! زموږ ځوانان د ورځې لخوا کاروبار کوي او د شپې لخوا بیا داسې لوبې کوي چې ساعتونه نیسي او ورپسې ویده کېږي.

مطالعه، ځانګړي عبادتونه او نور خیر ښېګنه ترې پاتې وي.

د انسان وخت او ژوند هغه وخت ضایع کېږي چې دی د ځان لپاره لوی هدف ونه لري او یوازینۍ موخه یې دا وي چې ژوند تېر کړي او خپل وخت په ساعت تېرۍ ضایع کړي، وخوري، وځښي او ویده شي او بس. همدا د دوی روال دی!

دوی په دې ځان هېڅ نه پوهوي چې دنیا ته د دوی د راتګ هدف څه دی او د څه لپاره پیدا شوي دي!؟

کېدای شي ځینې درته ووایي چې موږ الله تعالی د عبادت لپاره پیدا کړي یوو. دا بلکل سمه ده او الله تعالی یې په اړه فرمایلي:

﴿وَمَا خَلَقْتُ الْجِنَّ وَالإِنْسَ إِلاَّ لِيَعْبُدُونِ﴾[43]

ژباړه: ما پیریان او انسانان له دې پرته د بل څه کار لپاره نه دي پیدا کړي چې هغوی زما بندګي وکړي.

خو آیا د دې لپاره عملي تګلاره لرې؟

عملي تفصیلي پلان دې ورته جوړ کړی؟

ځکه له عمل پرته هدفونه یوازې هیلې دي او بس.

۴۳: الذاریات: ۵۶ آیت

که ته پلان نه لرې او ځان ته دې د هدف ترلاسه کولو لپاره مهال وېش نه وي جوړ کړی، په حقیقت کې ته یوازې د هیلو پر بنسټ ژوند کوې او هدف ته د رسېدو نیت نه لرې. ستا هدف گونگ دی او مشخص کړی دې نه دی.
ډېر داسې کسان به مو لیدلي وي چې هیله لري تر ټولو ښه مؤمن، لوی سوداگر، مشهوره کس او بالاخره بریالی انسان اوسي، خو دا یوازې هیلې دي. په دې برخه کې عمل تر ټولو مهمه ونډه لري.
﴿وَمَنْ أَرَادَ الْآخِرَةَ وَسَعَىٰ لَهَا سَعْيَهَا وَهُوَ مُؤْمِنٌ فَأُولَٰئِكَ كَانَ سَعْيُهُم مَّشْكُورًا﴾[44]

ژباړه: او څوك چې د آخرت هیله من وي او د هغه لپاره هلې ځلې وکړي هغسې هلې ځلې چې د هغه لپاره په کار دي او هغه مؤمن وي، نو د هر دغسې وگړي هلو ځلو ته به د قدر په سترگه وکتل شي.
په بل آیت کې الله سبحانه و تعالی فرمایي:
﴿وَالَّذِينَ آمَنُوا وَلَمْ يُهَاجِرُوا مَا لَكُم مِّن وَلَايَتِهِم مِّن شَيْءٍ حَتَّىٰ يُهَاجِرُوا ۚ وَإِنِ اسْتَنصَرُوكُمْ فِي الدِّينِ فَعَلَيْكُمُ النَّصْرُ إِلَّا عَلَىٰ قَوْمٍ بَيْنَكُمْ وَبَيْنَهُم مِّيثَاقٌ ۗ وَاللَّهُ بِمَا تَعْمَلُونَ بَصِيرٌ﴾[45]

ژباړه: چا چې ایمان راوړی دی خو هجرت یې نه دی کړی، نو له هغو سره ستاسې کومه دوستانه اړیکه نشته تر څو پورې چې هغوی هجرت نه وي کړی. هو که هغوی د دین په باب له تاسې نه مرسته وغواړي نو د هغوی مرسته کول پر تاسې فرض دي، خو د یو داسې قوم پر

---

٤٤ الاسراء: ١٩ آیت

٤٥: الانفال: ٧٢ آیت

خلاف نه چې له هغه سره ستاسې تړون وي. تاسې چې څه کوئ الله هغه ويني.

له دې آيتونو ښکاري چې پر ما او تا حرکت لازم دی، يوازې په هيلو او دعاګانو نه کيږي، الله تعالی له تا حرکت غواړي.

له خپلو ګناهونو توبه وباسه او پنځه وخت لمونځ کوه، قرآن کريم ولوله، د رسول الله ﷺ لار ونيسه، علم او په ځانګړې توګه ديني زدکړې وکړه، نيک ملګري وټاکه او د خپل ژوند لپاره هدف وټاکه.

ته بايد د خپل خالق د پېژندلو، عبادت کولو، قرآن لوستلو، مطالعې، دوستانو او کورنۍ، خلکو ته د خير رسولو، حلالې روزي ګټلو او زدکړې لپاره وخت منظم او ځانګړی کړې. بايد دا کار وکړې!

د وخت د ضايع کولو بل لوی لامل همدا د وخت نه تنظيمول دي.

ځينې انسانان دا عادت لري چې هر څه پخپله کوي او پر بل چا اعتبار نه کوي، دا لويه ستونزه جوړوي، ځکه خپل قيمتي وخت په کوچنيو شيانو ضايع کوي او لوی کارونه ترې پاتې کيږي. په پايله کې وخت ضايع شوی وي، خو پايله يې چندان نه وي.

کېدای شي دغه کوچني کارونه ستا ورور، زوی، مېرمن، ملګري او يا کارکوونکي وکړي چې د دوی د کچې يا د استعداد مطابق وي. دوی ته يې پرېږده او ته لويو کارونو ته لاس واچوه.

ته بايد په خپل ژوند کې له تنبلۍ او وخت ضايع کېدو سره جدي مبارزه وکړې او له ځانه يو فعال انسان جوړ کړې.

ته اړ يې چې ځان ته موخې او هدفونه وټاکې او هغې ته د رسېدو لپاره عملي پلان ولرې.

بل لامل چې ستا وخت ضایع کوي؛ هغه ملګري دي چې بل کار ترې ورک شي، ستا له خبرولو پرته راځي او بې فایدې خپل او ستا وخت ضایع کوي. هېڅ نه غواړي مګر دا چې له تا سره وخت تېر کړي او دې ته پام نه کوي چې ته به ضرور او ګټور کار لرې. ته باید دوی وپوهوې چې ستا وخت قیمتي دی او بې وخته او د بوختیا پر وخت ستا وخت ضایع نه کړي، باید دوی ته په نرمۍ د دې خبرې د ویلو جرأت ولرې. لیدلي به مو چې کله ځینې ملګري زنګ وهي ساعتونه یا لسګونه دقیقې په ټلیفون په داسې موضوعاتو غږېږي چې په څو دقیقو کې ټوله خبره او موضوع راټولېدای شي.

که ته خپل وخت پر هغه څه تېر کړې چې الله تعالی پرې راضي کیږي، ستا وخت به له برکته ډک وي او الله تعالی به په لږ وخت کې د ډېر کار توفیق درکړي.

که یې خلاصه کړم څلور شیان د انسان وخت ضایع کوي او ژوند بې معنی کوي: ټنبلي یا کسالت په ژوند کې د لوی هدف نه ټاکل او د هغې لپاره عملي پلان نه درلودل، د وخت نه تنظیمول، د نورو لخوا ستا وخت ضایع کول.

لور څه ډول انسان ته واده کړم؟

یوه پوښتنه چې ډېرو پلارانو او میندو سره وي دا ده چې لور څه ډول شخص ته واده کړم؟

له حسن بن علي رضي الله عنه څخه پوښتنه وشوه: زه لور لرم او غواړم چاته یې نکاح کړم، څه ډول شخص سره یې باید نکاح وکړم؟

هغه رضي الله عنه ورته وفرمایل: له داسې چا سره یې نکاح وکړه چې له الله تعالی نه ویره ولري.
ځکه که یې ورسره مینه درلوده، اکرام او احترام به یې کوي او که یې ورسره مینه نه وه، د الله تعالی له ویرې به پرې ظلم نه کوي.
لونې له والدینو سره د الله تعالی امانت دی، که ورته د نېک مېړه په غوراوي کې پوره پام ونکړي، د الله تعالی په امانت کې به یې خیانت کړی وي.

څومره توپیر دی د اوس او د پخوا ترمنځ؟

الله تعالی دې پر عمر رضي الله عنه ورحمیږي ډېر عادل شخصیت یې درلود. په واکمنۍ کې یې یو وخت قحطي راغله او طبیعي غوړي یا ژیړ غوړي کم شول. عمر رضي الله عنه هم د دغو غوړو خوراک بند کړ. یوه ورځ یې ګېډې قر قر غږونه کول.
امیر المؤمنین و او هر څه یې په واک کې وو، خو د دې په ځای چې تر ټولو ښه خواړه وخوري، خپلې خیټې ته یې وکتل او ویې ویل: "قرقر ما شئت فوالله لاتأكل السمن حتى يأكله الناس). [٤٦]
ژباړه: څومره چې غواړې غږونه کوه، خو په الله قسم تر هغې به غوړ ونه خورې تر څو نورو خلکو نه وي خوړلی.

٤٦: دا روآیت د اما احمد بن حنبل په کتاب الزهد کې راغلی

ریښتیني زیان کوونکي

الله تعالی د العصر سورت په پیل کې په زمانه قسم کوي او فرمايي چې بې له شکه انسان په تاوان کې دی، ورپسې ایتونو کې يې ځینې کسان له دې تاوانه مستثنا کړي دي چې دا صفات ولري:

﴿إِلَّا الَّذِينَ آمَنُوا وَعَمِلُوا الصَّالِحَاتِ وَتَوَاصَوْا بِالْحَقِّ وَتَوَاصَوْا بِالصَّبْرِ﴾[٤٧]

ژباړه: مګر هغه کسان چې ایمان يې راوړی، ښه عملونه کوي، او په خپلو کې يو بل ته د حق او د صبر نصیحت یا ښودانه کوي.

د ژوند لپاره مهمې قاعدې

د الله تعالی له ښکلي دین څخه مې عجیبې قاعدې زده کړې چې ما د خپل ژوند لپاره د تګلارو په توګه ټاکلي. ته يې هم زده کړه او د هر عمل لپاره يې بنسټ وټاکه.

لومړۍ قاعده: هر څه چې کوې ويې کړه، خو دې ته پام ساته چې الله تعالی سره مخامخ کېدونکی يې او د هر عمل حساب حتماً ورکوې.

نو د هر کار له ترسره کولو وړاندې همدا ځان سره وایه چې د دې کار حساب به الله تعالی ته حتماً ورکوم. آیا د دې کار ځواب ویلی شم او که نه؟ که دې ځواب مثبت و، ترسره يې کړه، که نه پام کوه چې د الله تعالی حساب ډېر سخت دی.

دویمه: چا چې د یوه مسلمان تشویش لرې کړ، الله تعالی به د ده تشویش په دې دنیا او په آخرت کې لرې کړي.

٤٧: العصر، دریم آیت

دریمه: چا چې د مسلمان پرده وکړه، الله تعالی به په دنیا او آخرت کې دده پر کړنو پرده وغوړوي.
څلورمه: د ځمکې په خلکو رحم وکړئ چې د آسمان خاوند پر تاسې رحم وکړي.
پنځمه قاعده: الله تعالی به تر هغې له یو چا سره مرسته وکړي تر څو چې دی له خپل مسلمان ورور سره مرسته کوي.
شپږمه: ابن مسعود رضي الله عنه وايي: چا چې د الله تعالی په خاطر خپل مسلمان ورور ته خوراک ورکړ، الله تعالی به دی وږی پرینږدي.
اوومه: چا چې د الله تعالی په خاطر د چا تنده ماته کړه، الله تعالی به هغه تږی پرینږدي.
اتمه: چا چې د الله تعالی په خاطر بل ته بخښنه وکړه، الله تعالی به ده ته بخښنه وکړي. د الله تعالی تر بخښنې هاخوا بل لوی نعمت شته؟
خو که چا درسره زیاتی کاوه؛ مه خپه کېږه او یوازې موسکا ورته کوه، ځکه ستا کسات الله پاک اخلي او هغه ته د دې کار جزا ورکوي.
لنډه دا چې خلکو سره داسې چلند کوه، څنګه چې د ځان لپاره غواړې.

په غم یا خپګان او تشویشونو اخته یې؟

د هغه چا حالت د حیرانۍ وړ دی چې په غم، تشویشونو او نورو ستونزو اخته وي خو له دې دعا نه غافل وي:
﴿لَا إِلَهَ إِلَّا أَنْتَ سُبْحَانَكَ إِنِّي كُنْتُ مِنَ الظَّالِمِينَ﴾[48]

۴۸: الانبیاء، ۸۷ آیت

ژباړه: نشته بل رب مگر ته يې (يا الله)، پاکي ده تا لره، بېشکه زه د ظالمانو له ډلې وم.

الله تعالی دې ايت پسې بل ايت کې فرمايي:

﴿فَاسْتَجَبْنَا لَهُ وَنَجَّيْنَاهُ مِنَ الْغَمِّ وَكَذَلِكَ نُنجِي الْمُؤْمِنِينَ﴾[٤٩]

ژباړه: هله نو مونږ د هغه (يونس عليه السلام) دعا قبوله کړه او له غم نه مو هغه وژغوره او په دغه شان مونږ مؤمنان ژغورو.

دا د يونس عليه السلام دعا ده.

کله چې هغه له خپل قوم څخه ناهيلی شو او د الله تعالی له اجازې پرته يې خپل قوم پرېښود او په بحر کې ماهي وخوړ.

د لوی کب په خېټه کې و او الله تعالی ته يې سوال وکړ چې له دې غمه يې خلاص کړي او همدا دعا يې وکړه.

الله تعالی ورته دعا قبوله کړه او هغه وژغورل شو.

الله سبحانه و تعالی په ورپسې ايت کې فرمايي چې د هغه دعا يې قبوله کړه او همدغه شان مؤمنان هم ژغوري.

يعنې که مؤمن هم همدا دعا د خپگان او غم پر وخت ووايي؛ الله پاک يې د يونس عليه السلام په څېر له ستونزو ژغوري.

٤٩: الانبياء ٨٨ آيت

تر ټولو لویه ګناه

د فسق او فجور اصل، د شرک اصل، د کفر اصل او د هرې بلې لویې ګناه اصل؛ دا ګناه څه شی دی چې دومره لویه ده؟

قتل نه دی، زنا، شراب څښل، غلا نه دي، یوه لویه او تر ټولو لویه ګناه ده چې خلکو ته ډېره کوچنۍ ښکاري.

﴿قُلْ إِنَّمَا حَرَّمَ رَبِّيَ الْفَوَاحِشَ مَا ظَهَرَ مِنْهَا وَمَا بَطَنَ وَالإِثْمَ وَالْبَغْيَ بِغَيْرِ الْحَقِّ وَأَن تُشْرِكُوا بِاللَّهِ مَا لَمْ يُنَزِّلْ بِهِ سُلْطَانًا وَأَن تَقُولُوا عَلَى اللَّهِ مَا لاَ تَعْلَمُونَ﴾[50]

ژباړه: (ای محمد ﷺ) دوی ته ووایه چې زما رب چې کوم شیان حرام کړي (هغه دا دي): د بې حیایۍ چارې، که ښکاره وي او که پټې، او ګناه او د حق پر خلاف تیری او دا چې له الله سره تاسې داسې څوک شریك کړئ چې د هغه له پاره یې کوم سند نه دی نازل کړی او دا چې د الله په نوم داسې کومه خبره وکړئ چې د هغې په باب تاسې معلومات ونه لرئ چې هغه په حقیقت کې کړې ده.

ایت مبارک ته دې دقیق پام شو؟

د حرامو کارونو پیل یې په ښکاره او پټه بې حیایۍ وکړ، ورپسې یې ګناه او ناحقه سرکشي یا تیری یاده کړه، بیا په الله پاک باندې شرک او تر هغې وروسته یې په الله پاک د دروغو تړلو خبره یاده کړه. داسې دروغ چې د الله په نوم داسې کومه خبره وشي چې د هغې په اړه معلومات ونه لري او حقیقت نه وي.

۵۰: الأعراف، ۳۳ آیت.

په ناپوهۍ سره د الله تعالی په اړه یو څه ویل، بې دلیله د حرامو او حلالو حکم کول هم د همدې حکم لاندې راتلای شي.

دا تر ډېره هغو وروڼو ته متوجه ده چې په هېڅ نه پوهېږي، خو دا چې خلکو ته کم رانه شي، د حلالو او حرامو فتواګانې ورکوي، خو علم نه لري. دا ډول انسانان تر ټولو لویه ګناه کوي.

یو بنده ته دا ویل چې زه نه پوهېږم څومره آسانه او ښه خبره ده، خو که د خلکو له شرمه ځان کم نه راولې او داسې ګناه کوې چې تر قتل، زنا، شرک او نورو لویه وي، ځان تباه نه تباه کوې؟

کله چې د الله تعالی په اړه داسې څه وایې چې په اړه یې نه پوهېږې، ښايي حلال دې په ناپوهۍ حرام کړي او حرام دې حلال کړي وي.

الله تعالی پورې به دې داسې څه ویلي وي چې له شان سره یې نه ښايي، داسې څه به دې ورته ثابت کړي وي چې الله تعالی له ځانه نفیه کړې دي.

د علماوو له نظره د الله تعالی په اړه له علم پرته یو څه ویل، تر ټولو لویه حرام کړای شوې ګناه ده. په قرآن کریم کې هم تر ټولو خطرناکه شی همدا بلل شوی دی چې د الله تعالی په اړه بې له علمه څه ووایې.

امام احمد بن حنبل د خپل وخت تر ټولو پوه فقیه او عالم و، ده ته له ډېر لرې ځایه یو پلاوی ورغی او له هغه یې ګنې پوښتنې وکړې، خو امام ترې یو شمېر پوښتنې ځواب کړې او د پاتې په اړه یې وویل چې په ځواب یې نه پوهېږم. د ورغلي هیأت غړو ورته وویل، امام احمد بن حنبل نه پوهېږي؟

موږ تا ته له څومره لرې ځایه راغلو چې پوښتنه در څخه وکړو او ته وایې چې نه پوهېږم، له تا پرته به بل څوک ډېر پوه وي؟

هغه ورته وویل، قولوا لاهل المغرب، الامامُ احمدُ بنِ حنبل لا یَعلَم.

یعنې د مغرب خلکو ته ووایئ چې امام احمد بن حنبل نه پوهېږي.

ځکه که یې داسې څه وویل چې پرې نه پوهېږي، لویه ګناه ده.

نو له ځانه او په ناپوهۍ فتواګانې مه ورکوئ. د فتوا او د یو څه په اړه په حکم کولو کې ډېر زیات احتیاط وکړئ. هر څه راجع کوئ د الله تعالی کتاب او د هغه د رسول ﷺ سنتو او معتبرو علماوو او فقیهانو ته. دقت کوئ، څېړنه کوئ او پوره مطالعه کوئ بیا د یو څه په اړه نظر ورکوئ په داسې شکل چې واقعي مفهوم ترې واخلئ نه دا چې د خپل برداشت په بنسټ خلکو ته د حلالو او حرامو فتواوې ورکړئ.

الله تعالی فرمایي:

﴿وَمَنْ أَظْلَمُ مِمَّنِ افْتَرَىٰ عَلَى اللَّهِ كَذِبًا أَوْ كَذَّبَ بِآيَاتِهِ ۗ إِنَّهُ لَا يُفْلِحُ الظَّالِمُونَ﴾[٥١]

او تر هغه چا به غټ ظالم څوک وي چې په الله د دروغو بهتان وواېي یا د الله نښانې درواغ وګڼي. بې له شکه ظالمان بریا نه شي موندلی.

له هرچا دیني پوښتنه مه کوئ او ځان او هغوی په ګناه کې مه اچوئ. یوازې له هغو علماوو پوښتنه کوئ چې پوه او د اعتبار وړ وي.

٥١: الأنعام، ٢١ آیت

انسان ته د شیطان ګواښ

په قرآن کریم کې الله پاک انسان ته د شیطان د هغه ګواښ یادونه کړې چې په ښکاره د دښمنۍ اعلان دی.

کله چې الله پاک آدم علیه السلام خلق یا پیدا کړ، ټولو ملائکو او ابلیس ته یې امر وکړ چې هغه ته سجده وکړي. ټولو سجده وکړه، پرته له ابلیس څخه، ابلیس انکار وکړ او ورټل شو او له همدغه امله یې له انسان سره د دښمنۍ اعلان وکړ. دا موضوع د سورت "ص" په لاندې ایتونو کې تعقیبوو:

﴿قَالَ يَا إِبْلِيسُ مَا مَنَعَكَ أَنْ تَسْجُدَ لِمَا خَلَقْتُ بِيَدَيَّ ۖ أَسْتَكْبَرْتَ أَمْ كُنْتَ مِنَ الْعَالِينَ﴾[52]

ژباړه: (الله پاک) وفرمایل: اې ابلیسه، ته څه شي هغه چا ته له سجدې کولو نه منع کړې چې ما هغه پخپلو دواړو (بلا کیف) لاسونو سره جوړ کړی دی؟ آیا ته تکبر کوې که د لویې د درجې له خاوندانو څخه یې؟

﴿قَالَ أَنَا خَيْرٌ مِنْهُ ۖ خَلَقْتَنِي مِنْ نَارٍ وَخَلَقْتَهُ مِنْ طِينٍ﴾

ژباړه: هغه (ابلیس) ځواب ورکړ: زه له هغه (انسان) څخه غوره یم، تا زه له اوره پیدا کړی یم او هغه دې له ختې څخه پیدا کړی دی.

﴿قَالَ فَاخْرُجْ مِنْهَا فَإِنَّكَ رَجِيمٌ﴾

ژباړه: (الله پاک) ورته وفرمایل: له دې ځایه ووځه، ته رټل شوی یې.

﴿وَإِنَّ عَلَيْكَ لَعْنَتِي إِلَىٰ يَوْمِ الدِّينِ﴾

ژباړه: او پر تا باندې د جزا (قیامت) تر ورځې پورې زما لعنت دی.

۵۲: ص، ۷۵ آیت

﴿قَالَ رَبِّ فَأَنْظِرْنِي إِلَىٰ يَوْمِ يُبْعَثُونَ﴾

ژباړه: (شیطان) وویل: اې زما ربه، ما ته تر هغه وخت پورې مهلت راکړه چې دوی دوهم ځل را ژوندي کړل شي.

﴿قَالَ فَإِنَّكَ مِنَ الْمُنْظَرِينَ﴾

ژباړه: (الله پاک ورته) وفرمایل: تا ته تر هغې ورځې پورې مهلت دی.

﴿إِلَىٰ يَوْمِ الْوَقْتِ الْمَعْلُومِ﴾

ژباړه: چې د هغې نېټه ما ته معلومه ده.

﴿قَالَ فَبِعِزَّتِكَ لَأُغْوِيَنَّهُمْ أَجْمَعِينَ﴾

ژباړه: هغه (شیطان) وویل، ستا په عزت قسم چې زه به دوی ټول ګمراه کړم.

﴿إِلَّا عِبَادَكَ مِنْهُمُ الْمُخْلَصِينَ﴾

ژباړه: پرته ستا له هغو بندګانو څخه چې مخلص دي.

﴿قَالَ فَالْحَقُّ وَالْحَقَّ أَقُولُ﴾

ژباړه: ویې فرمایل: نو حق دا دی او زه همدا حق وایم.

﴿لَأَمْلَأَنَّ جَهَنَّمَ مِنْكَ وَمِمَّنْ تَبِعَكَ مِنْهُمْ أَجْمَعِينَ﴾ [۵۳]

ژباړه: چې زه به دوزخ له تا او هغو ټولو کسانو څخه ډک کړم چې ستا پیروي وکړي.

د دې مبارکو آیتونو په لوستلو دې څه فکر وکړ؟

په یوه حدیث کې راځي چې رسول الله ﷺ فرمایلي: ابلیس وویل اې ربه، زما دې ستا په عزت قسم وي تر هغې به ستا بندګان غولوم او په آرامه به نه کېنم، تر څو چې د دوی په جسدونو کې ساه وي.

۵۳: ص سورت، ۷۵- ۸۵ آیتونه

الله پاک وفرمايل: زما دې پخپل عزت او جلال قسم وي تر هغې به خپلو بندګانو ته بخښنه کوم تر هغې چې له ما څخه بخښنه غواړي[54] اوس ته ووايه، د شيطان د ګوابښ پر وړاندې الله پاک ستا ننګه کړې، خو ته؟!

د انسان په بې لارې کولو کې د شيطان تګلارې

له کومې ورځې چې الله تعالى ادم عليه السلام ته د درناوي نه کولو له امله شيطان له خپل مقام څخه شړلی او رټلی، له همغه راهيسې يې موږ سره د ښکاره دښمنۍ اعلان کړی.

تاسې به ليدلي وي کله چې د انسانانو ترمنځ دښمني پيدا شي، تل په خپل کور او ځان پيره کوي، هره شېبه بيدار وي چې دښمن يې پرې بريد ونه کړي. کله چې لږ غافل شي، ماتې خوري.

د شيطان دښمني هم همداسې ده او قسم يې کړی چې په هره لار به انسان ته کمين نيسي او بريد به پرې کوي.

قرآن کريم يې په اړه فرمايي:

﴿قَالَ فَبِمَا أَغْوَيْتَنِي لَأَقْعُدَنَّ لَهُمْ صِرَاطَكَ الْمُسْتَقِيمَ ﴿١٦﴾ ثُمَّ لَآتِيَنَّهُمْ مِنْ بَيْنِ أَيْدِيهِمْ وَمِنْ خَلْفِهِمْ وَعَنْ أَيْمَانِهِمْ وَعَنْ شَمَائِلِهِمْ ۖ وَلَا تَجِدُ أَكْثَرَهُمْ شَاكِرِينَ﴾[55]

ژباړه: (شيطان) وويل: "نو څنګه چې تا زه په ګمراهۍ کې اخته کړی يم زه به هم ستا د سمې لارې په سر باندې د غو انسانانو ته کېنم.

٥٤: رواه أحمد بإسناد حسن

٥٥: الأعراف ، ١٦ او ١٧ آيتونه

بیا له وړاندې او له شا نه، له ښي خوا، کیڼې خوا او هر لورې به یې را ایسار کړم او ته به د دوی زیاتره شکر ویستونکي ونه مومې.
یعنې له دوی سره زما دښمني اعلان شوه، ستا له لارې به یې بې لارې کوم او د ځان په سرنوشت به یې اخته کوم، ځکه د همده له امله زه له خپل مقام نه وشړل شوم او په دې برخلیک اخته شوم.
په یوه بل آیت مبارک کې الله تعالی د هغوی په اړه چې د شیطان د لارې ملتیا کوي فرمایي:
﴿يَا أَيُّهَا الَّذِينَ آمَنُوا لَا تَتَّبِعُوا خُطُوَاتِ الشَّيْطَانِ ۚ وَمَنْ يَتَّبِعْ خُطُوَاتِ الشَّيْطَانِ فَإِنَّهُ يَأْمُرُ بِالْفَحْشَاءِ وَالْمُنْكَرِ ۚ وَلَوْلَا فَضْلُ اللَّهِ عَلَيْكُمْ وَرَحْمَتُهُ مَا زَكَىٰ مِنْكُمْ مِنْ أَحَدٍ أَبَدًا وَلَٰكِنَّ اللَّهَ يُزَكِّي مَنْ يَشَاءُ ۗ وَاللَّهُ سَمِيعٌ عَلِيمٌ﴾[٥٦]
ژباړه: اې مؤمنانو! دشیطان پر نقش قدم مه ځئ (تابعداري یې مه کوئ)، ځوك چې په شیطان پسې لاړ شي؛ نو هغه ور ته د فحشاء او بدۍ امر کوي، که پر تاسې باندې د الله مهرباني، رحم او کرم نه وای نو له تاسې څخه هیڅ ځوک پاک کېدای نه شوو، خو د الله چې چا ته خوښه شي تزکیه کوي یې، او الله اورېدونکی او پوهېدونکی دی.
په یوه بل مبارک ایت کې الله تعالی فرمایي:
﴿وَلَا تَتَّبِعُوا خُطُوٰتِ الشَّيْطٰنِ ۚ إِنَّهُ لَكُمْ عَدُوٌّ مُّبِينٌ﴾[٥٧]
ژباړه: د شیطان ملتیا مه کوئ، هغه ستاسې ښکاره دښمن دی.

٥٦: النور، ٢١ آیت

٥٧: الانعام، ١٢٤ آیت

څنګه دا مکار او نامرد دښمن انسان د تباهۍ کندې ته ټېل وهي او بیا مو په نیمه لار کې پرېږدي، له کومو لارو ګټه اخلي او څنګه انسان بې لارې کوي؟

کله چې د قران کریم ایتونو ته تم شو، الله پاک پکې د شیطان ځینې طریقې یا تګلارې ښودلي.

لومړۍ تګلاره: نزغ

نزغ د شیطان خطرناکه وسوسه ده چې انسان ته په عقیده کې شک پیدا کوي.

﴿وَإِمَّا يَنزَغَنَّكَ مِنَ الشَّيْطَٰنِ نَزْغٌ فَاسْتَعِذْ بِاللَّهِ ۚ إِنَّهُ سَمِيعٌ عَلِيمٌ﴾[٥٨]

ژباړه: کله چې شیطان تاسې ته وسوسه پیدا کوي، الله تعالی ته ترې پناه وړئ. بې له شکه الله پاک اورېدونکی او پوه دی.

په دې اړه رسول الله ﷺ په یوه حدیث کې وضاحت کړی:

شیطان تاسې ته راځي او وایي، دا شی چا پیدا کړی، فلانی شی چا پیدا کړی آن تر دې چې درته وایي ستا رب چا پیدا کړی؟

(نبي ﷺ وایي) که داسې وشو، نو ووایئ: "اعوذ بالله من الشیطن الرجیم"[٥٩]

دویمه تګلاره: د اړیکو خرابول

د انسان په بې لارې کولو کې د شیطان دویمه کړنلاره دا ده چې د انسانانو ترمنځ نږدې اړیکې خرابې کړي. د ښځې او مېړه، د پلار او زوی او د مور او زوی تر منځ اړیکې شلوي.

٥٨: الاعراف، ٢٠٠ آیت

٥٩: متفق علیه

د تره د زامنو ترمنځ تربګنۍ اچوي او هر ډول نفاق چې د خلکو ترمنځ دښمنۍ او بدبختۍ ته لاره هواروي، شیطان یې په اړه کرار نه کیني.
قرآن کریم د یوسف علیه السلام له قوله په دې اړه څه حکایت کوي؟
﴿وَرَفَعَ أَبَوَيْهِ عَلَى الْعَرْشِ وَخَرُّوا لَهُ سُجَّدًا ۖ وَقَالَ يَا أَبَتِ هَٰذَا تَأْوِيلُ رُؤْيَايَ مِن قَبْلُ قَدْ جَعَلَهَا رَبِّي حَقًّا ۖ وَقَدْ أَحْسَنَ بِي إِذْ أَخْرَجَنِي مِنَ السِّجْنِ وَجَاءَ بِكُم مِّنَ الْبَدْوِ مِن بَعْدِ أَن نَّزَغَ الشَّيْطَانُ بَيْنِي وَبَيْنَ إِخْوَتِي ۚ إِنَّ رَبِّي لَطِيفٌ لِّمَا يَشَاءُ ۚ إِنَّهُ هُوَ الْعَلِيمُ الْحَكِيمُ﴾[٦٠]
ژباړه: (ښار ته له ننوتلو وروسته) هغه خپل مور او پلار پاځول او له ځانه سره یې پر تخت کښېنول او ټول د هغه په وړاندې بې واکه په سجده ټيټ شول. یوسف (علیه السلام) وویل: "پلاره! دا زما د هغه خوب تعبیر دی، چې ما مخکې لیدلی و، زما رب هغه په حقیقت بدل کړ.
د هغه د ښو پېرزوینه ده چې زه یې له زندان څخه را بهر کړم او تاسې یې له بېدیا څخه راوستلئ؛ زما سره یې یو ځای کړئ، وروسته له هغه چې شیطان زما او زما د ورونو تر منځ فساد (بې اتفاقي) اچولې وه. بې له شکه الله پاک ډېر مهربان او له هر څه خبر دی، له شک پرته چې هغه د علم او حکمت څښتن دی.
په اصل کې شیطان د یوسف علیه السلام ورونو ته وسوسه اچولې وه چې خپل کوچنی ورور ووژني او له همدې امله یې کوهي ته وغورځاوه.
د شیطان یو تر ټولو خطرناک او د هغه د خوښې کار دا دی چې د ښځې او مېړه ترمنځ اړیکه وشلوي.

٦٠: یوسف، ١٠٠ آیت

آن تر دې چې د دواړو ترمنځ جدایي رامنځته کړي.
نو دا د شیطان لپاره تر ټولو بریالۍ پروژه ده چې پرې خوشحالیږي.
درېیمه تګلاره: همز
د شیطان بله وسوسه چې انسان پرې تباه کوي؛ همز ده.
همز دې ته وایي چې شیطان انسان ته د غوسې او احساساتي کېدو اسباب چمتو کوي. داسې چې په ډېرو کوچنیو مسئوولیتونو چې هېڅ د غوسه کېدو ارزښت نه لري، انسان ته وسوسه کوي چې اوهو، تا سره داسې کار، ته خو باید ډېر په دې خپه شې، دا کار د ستا شان سره نه ښایي او داسې نور... انسانان بیا په غبرګون کې دې ډول خلکو ته عصبي، لیونی، احساساتي او نور صفات کاروي.
قرآن کریم د همز په اړه څه وایي؟
﴿وَقُل رَّبِّ أَعُوذُ بِكَ مِنْ هَمَزَٰتِ الشَّيَٰطِينِ﴾[٦١]
ژباړه: او ووایه پروردګاره زه د شیطانانو له هڅونو (وسوسو) څخه تا ته پناه دروړم.
څلورمه تګلاره: مداخله (حضور).
د انسان په بې لارې او تباه کولو کې د شیطان بل اسلوب دا دی چې ستا په پرېکړو کې مداخله کوي. همدې ته حضور وایي.
کله چې انسان د یو څه په اړه پرېکړه کوي، مخکې تر دې چې تصمیم یې وروستی شي، شیطان پکې خپل رذالت او ونډه ادا کوي. داسې پرېکړې ته دې اړ کوي چې پایله یې ناوړه وي. آخر دښمن دی نو. دښمن خو له هرې موقع ګټه اخلي چې په ګونډو دې کړي.

٦١: المؤمنون، ٩٧ آیت

له دې لارې شيطان غواړي انسان له بېلو ستونزو او کړاوونو سره مخامخ کړي.

په دې اړه قرآن کريم فرمايي:

﴿وَأَعُوذُ بِكَ رَبِّ أَن يَحْضُرُونِ﴾[٦٢]

ژباړه: اې زما ربه تا ته پناه در وړم له دې چې شيطان زما په هر څه کې حاضر وي.

کله چې د پرېکړو پر وخت په الله تعالی توکل وکړئ، شيطان نه شي کولای تاته زيان واړوي.

همېشه د هرې پرېکړې په وخت کې له شيطان څخه الله پاک ته پناه ور وړه او له خپل ربه مرسته غواړه. د پرېکړو پايله به ستا په خير وي.

پنځمه تګلاره: مس (برلاسي)

کله چې انسان له خپل خالق سره فاصله پيدا کړي، بې لارې شي او خپله اصلي لار پرېږدي، دومره کمزوری شي چې شيطان پرې برلاسی او د هغه په عصابو کنټرول پيدا کړي.

له دې لارې شيطان انسان نا قرارۍ، ناپوهۍ يا جهل، ګنګسيت او آن بېخودۍ حالت ته بيايي.

الله تعالی فرمايي:

﴿الَّذِينَ يَأْكُلُونَ الرِّبَوٰا لَا يَقُومُونَ إِلَّا كَمَا يَقُومُ الَّذِى يَتَخَبَّطُهُ الشَّيْطَٰنُ مِنَ الْمَسِّ ۚ﴾[٦٣]

٦٢: المؤمنون، ٩٧ آيت

٦٣: البقرة، ٢٧٥ آيت

ژباړه: کوم خلك چې سود خوري، (د قیامت په ورځ به) هغوی (له خپلو قبرونو څخه) نه راپورته کیږي مګر د هغه چا په شان چې شیطان په مس (لمس) کولو ذهنا ګډوډ کړی وي.

شپږمه تګلاره: وسوسه (په فکر کې وسوسه).

بل چل چې شیطان پرې انسان بیلارې او تباه کوي دا دی چې انسان ته وسوسه ور اچوي. د انسان هېڅ پام نه وي، شیطان یې ناڅاپه فکر وربدل کړي، په ناوړه او منفي فکرونو کې یې ډوب کړي. ښه کار نه ور ښیي، بلکې د بدو کارونو او فحشاء په اړه یې ذهن اړوي را اړوي.

الله تعالی فرمایي:

﴿وَإِنَّ الشَّيَٰطِينَ لَيُوحُونَ إِلَىٰٓ أَوْلِيَآئِهِمْ لِيُجَٰدِلُوكُمْ﴾[٦٤]

ژباړه: او بېشکه شیطانان خپلو ملګرو ته وسوسه وراچوي.

اوومه تګلاره: د حافظې کمزوري کول.

له دې لارې شیطان د انسان له ذهن، حافظې یا ذاکرې سره لوبېږي. په پایله کې یې انسان د هېرولو یا یاد فراموشي په ستونزه اخته کیږي. کله چې انسان په دې ستونزې اخته شي، منفي شیان یې په ذهن کې پاتې کیږي، خو مثبت او ګټور شیان یې له ذهن وځي او حافظه یې کمزورې کیږي. الله تعالی فرمایي:

﴿إِنَّ الَّذِينَ اتَّقَوْا إِذَا مَسَّهُمْ طَٰٓئِفٌ مِّنَ الشَّيْطَٰنِ تَذَكَّرُوا فَإِذَا هُم مُّبْصِرُونَ﴾[٦٥]

٦٤: الانعام، ١٢١ آیت

٦٥: الاعراف، ٢٠١ آیت

ژباړه: پرهېزګاران داسې دي چې کله ناوړه مفکوره یا وسوسه ور پیدا شي، سملاسي يې پام کېږي او ويني چې د هغوی لپاره سمه کړنلار کومه ده.

اتمه تګلاره: د لويو ګناهونو کوچني ښوول (التزيين)

له دې لارې شيطان ډېری انسانان بې لارې کړي دي، په ځانګړي ډول مسلمانان. د تزيين له لارې شيطان انسان ته لوی ګناهونه کوچني ښيي او وسوسه ورته کوي چې کوچنۍ ګناه خو لا هېڅ په ګناه کې نه شمېرل کيږي.

پام دې وي، څومره چې ته ګناهونه کوچني ګنې؛ هغه همدومره الله تعالی ته لوی دي، خو که تا ته ګناه لويه ښکاره شي، الله تعالی يې کوچنۍ حسابوي.

الله تعالی فرمايي:

﴿أَفَمَن زُيِّنَ لَهُۥ سُوٓءُ عَمَلِهِۦ فَرَءَاهُ حَسَنًا ۖ فَإِنَّ ٱللَّهَ يُضِلُّ مَن يَشَآءُ وَيَهْدِى مَن يَشَآءُ ۖ فَلَا تَذْهَبْ نَفْسُكَ عَلَيْهِمْ حَسَرَٰتٍ ۚ إِنَّ ٱللَّهَ عَلِيمٌۢ بِمَا يَصْنَعُونَ﴾[٦٦]

ژباړه: (ښه نو څه مقام دی د هغه چا د ګمراهۍ) چې د هغه لپاره خپل ناوړه عمل ښايسته کړای شوی وي او هغه يې ښه ګڼي؟ حقيقت دا دی، د الله چې چا ته خوښه شي په ګمراهۍ کې يې اچوي او چا ته يې چې خوښه شي سمه لاره ورښيي. نو (اې پيغمبره ﷺ) ته خپل ځان د دغو خلکو په خاطر په غم او افسوس کې مه اچوه. څه چې دوی کوي، الله پرې ښه پوهيږي.

٦٦: فاطر، ٨ آيت

رسول الله ﷺ فرمايي: د ګناه له کوچني ګټلو ځان وساتئ، ځکه دغه وړې وړې ګناوې ډېرېږي ، تر دې چې انسان هلاک کړي.

د ځينو مسلمانانو يوه ستونزه دا ده چې ته ورته وايې چې فلانی کار مه کوه ګنهګارېږې سملاسي درته وايي چې خلک قتل کوي، زنا کوي، شراب څښي، زه خو دا نه کوم او ما خو کوچنی کار کړی.

دوی سره دا وهم وي چې ګناوې پرتله کوي، غيبت کول، نامحرمو ته کتل، دروغ ويل،له خلکو سره بد چلند او نور ناوړه عملونه دوی ته ښېخي کمه ګناه ښکاري.

الله تعالی په بل آيت مبارک کې فرمايي:

﴿وَجَدْتُهَا وَقَوْمَهَا يَسْجُدُونَ لِلشَّمْسِ مِنْ دُونِ اللَّهِ وَزَيَّنَ لَهُمُ الشَّيْطَانُ أَعْمَالَهُمْ فَصَدَّهُمْ عَنِ السَّبِيلِ فَهُمْ لَا يَهْتَدُونَ﴾[٦٧]

ژباړه: ما هغه (بلقيس) داسې وموندله چې هغې او د هغې قوم د الله په ځای د لمر په وړاندې سجده کوي، شيطان د هغوی عملونه د هغو لپاره ښايسته کړي او هغوی يې له لارې اړولي دي، له دې امله هغوی سمه لاره نه مومي.

نهمه تګلاره: ټمبلي، کسالت يا سستي چې قرآن کريم رجز بللې.

رجز هغه لار يا وسيله ده چې شيطان يې پر مټ انسان له هر څه بېزاره کوي او له هرډول ښېګنې يې محروموي.

شيطان بايد دا کار وکړي، ځکه زموږ ښکاره دښمن دی. څوک د دښمن لحاظ او ښېګنه ورسره کوي؟

ټمبل يا لټ انسان ناکام وي.

٦٧: النمل، ٢۴ آيت

الله تعالی چې کله پر پیغمبر ﷺ لومړۍ وحیه نازله کړه، هغه ﷺ ډارېدلی کور ته ستون شو؛ ورپسې د الله پاک امر ورته دا و چې: ﴿وَالرُّجْزَ فَاهْجُرْ﴾[68]

له دې وروسته له تنبلۍ (ټمبلۍ) څخه ځان وساته.

رسول الله ﷺ فرمايي: کله چې څوک ویده شي، شیطان پرې درې غوټې وتړي. کله چې دی راویښېږي او الله تعالی یاد کړي، یوه غوټه خلاصه شي، کله چې اودس وکړي، دویمه يې پرانیستل کېږي او بیا چې لمونځ وکړي، دریمه يې هم خلاصه شي، له دې سره انسان تازه شي، روح يې سپېڅلی او پاک شي. خو که دا کار ونه شي، نفس يې خبیث شي، ټمبل او کسل به را ویښ شي چې ورځ به يې هم بې خونده او ګډه وډه او سرګردانه وي.

دا دښمني لویه وګڼئ او تل د شیطان د برید پر وړاندې د ځان دفاع ته چمتو اوسئ. کله چې فکر کوئ شیطان برید کوي یا د حملې لپاره چمتووالی نیسي، یوازې الله تعالی ته پناه یوسئ او دا جمله همېشه تکراروئ: اعوذ بالله من الشیطان الرجیم.

د الله تعالی دې سپارښتنې ته پام وکړه:

﴿يَٰبَنِيٓ ءَادَمَ لَا يَفْتِنَنَّكُمُ ٱلشَّيْطَٰنُ كَمَآ أَخْرَجَ أَبَوَيْكُم مِّنَ ٱلْجَنَّةِ يَنزِعُ عَنْهُمَا لِبَاسَهُمَا لِيُرِيَهُمَا سَوْءَٰتِهِمَآ ۗ إِنَّهُۥ يَرَىٰكُمْ هُوَ وَقَبِيلُهُۥ مِنْ حَيْثُ لَا تَرَوْنَهُمْ ۗ إِنَّا جَعَلْنَا ٱلشَّيَٰطِينَ أَوْلِيَآءَ لِلَّذِينَ لَا يُؤْمِنُونَ﴾[69]

۶۸: المدثر، ۵ آیت

۶۹: الأعراف، ۲۷ آیت

ژباړه: اې د آدم اولاده داسې دې نه وي چې شیطان تاسې بیا هماغه شان په فتنه کې اخته کړي، لکه څنګه چې هغه ستاسې مور او پلار له جنت څخه ایستلي وو، او له هغو څخه یې د هغوی جامې ایستلې وې، چې د هغوی شرم ځایونه یو د بل په وړاندې لوڅ شي. هغه (شیطان) او د هغه ملګري تاسې له یو داسې ځای نه ویني، چې له هغه ځایه تاسې هغوی نه شئ لیدلای. موږ دا شیطانان د هغو خلکو سر پرستان ګرځولي دي چې ایمان نه راوړي.

هېڅ مې نه خوښېږې

یوه ورځ عمر رضي الله عنه ته یو کس وویل: "والله اني لا احبک" قسم په الله چې ته مې هېڅ نه خوښېږې.

عمر رضي الله عنه ورته وویل، آیا دا به له ما څه کم کړي؟ یعنې ستا دا خبره به زما شخصیت ته تاوان واړوي؟

هغه ویل نه، عمر رضي الله عنه ورته وویل: نو څه چې څوک دې خوښ وي مینه او چې دې نه وي خوښ کرکه ترې کوه.

که څوک له تا بې ځایه او ناحقه مخ اړوي، پروا یې مه ساته، شا ته مه پسې ګوره او مخ ته ځه.

یوازې د الله تعالی پروا کوه، ته هغه وخت بدبخته کېږې چې د الله تعالی پام در څخه واوړي!

د غم او خپګان لرې کولو دعا

په فیسبوک او نورو خواله رسنیو کې راته ځینې ملګري پیغام راستوي او له ستړې ژونده ګیله من وي!

طبیعي ده چې دوی به ډېرې لارې لټولې وي چې خپلې ستونزې حل کړي، خو داسې ښکاري پایله یې نه ده ترلاسه کړې.

زه دوی ته اکثرا د رسول الله ﷺ دا دعا ور ښایم چې نه یوازې خپګان، اندېښنې، د زړه تنګوالی او نورې ذهني ناقرارۍ لرې کوي؛ بلکې په خوشحالۍ یې بدلوي.

موږ هر یو اړتیا لرو چې د ژوند له ستړیاوو الله تعالی ته پناه یوسو، چې د انسان زړه یې په واک کې دی او د خوشحالۍ سرچینه یوازې الله تعالی سره اړیکه پالل دي.

پیغمبر ﷺ فرمایي دا دعا غم په خوشحالۍ، د زړه تنګوالی په هوساینې بدلوي او اندېښنې له منځه وړي:

«اللَّهُمَّ إني عَبْدُكَ ابْنُ عَبْدِكَ ابْنُ أَمَتِكَ، نَاصِيَتِي بِيَدِكَ،مَاضٍ فِيَّ حُكْمُكَ، عَدْلٌ فِيَّ قَضَاؤُكَ، أَسْأَلُكَ بِكُلِّ اسْمٍ هُوَ لَكَ، سَمَّيْتَ بِهِ نَفْسَكَ، أَوْ أَنْزَلْتَهُ فِي كِتَابِكَ، أَوْ عَلَّمْتَهُ أَحَداً مِنْ خَلْقِكَ،أَوِ اسْتَأْثَرْتَ بِهِ فِي عِلْمِ الْغَيْبِ عِنْدَكَ أَنْ تَجْعَلَ الْقُرْآنَ رَبِيعَ قَلْبِي، وَنُورَ صَدْرِي، وَجلاَءَ حزنِي، وَذَهَابَ هَمِّي وَنُنَزِّلُ مِنَ الْقُرْءَانِ مَا هُوَ شِفَآءٌ وَرَحْمَةٌ لِّلْمُؤْمِنِينَ ۙ وَلَا يَزِيدُ الظَّٰلِمِينَ إِلَّا خَسَارًا».[٧٠]

٧٠: مسند امام أحمد، جلد ٦، صفحه ٢٤٧. دا حدیث الحاکم او الطبراني هم روآیت کړی او ابن حبان او شیخ الالباني صحیح بللی دی.

ژباړه: یا الله زه بې له شکه ستا بنده، ستا د بنده زوی او ستا د بندګۍ (د خپلې مور) زوی یم. زما برخلیک ستا په لاس کې دی. ستا امر په ما پلی کېږي. زموږ په اړه ستا پرېکړې عادلانه دي. په هر هغه نوم چې تا ځانته ورکړی، په خپل کتاب کې دې نازل کړی، په دنیا کې دې کوم مخلوق ته ور زده کړی یا دې ځان سره د غیبو په علم کې ساتلی، ستا نه غواړم چې قرآن مې د زړه سپرلی، د سینې رڼا، د خپګان لیرې کوونکی او د پرېشانۍ ختموونکی وګرځوې.
د رسول الله ﷺ د حدیث په بنسټ کله چې مسلمان دا دعا ووايي، سملاسي يې الله تعالی غم اندېښنې او زړه تنګوالی بدلوي او انسان د خوشحالۍ احساس پیدا کوي او د ژوند له شېبو خوند اخلي.

سوالګر سره د خیر البشر چلند

زما د زړه سر او د الله تعالی محبوب خیر البشر ته یو صحابي راغی او خیرات يې ترې وغوښت، رسول الله ﷺ چې ورته وکتل، ځوان و او ښه د کار وړ و. پوښتنه يې ترې وکړه چې په کور کې څه لرې؟ هغه ویل یو لمڅی لرم، ویل رایې وړه. کله چې يې راوړ، رسول الله ﷺ ملګرو نه پوښتنه وکړه چې څوک يې اخلي؟ یوه صحابي ویل، زه يې په یو درهم اخلم، هغه مبارک ویل څوک يې پرې زیاتوي؟
دویم صحابي ویل زه يې په دوه درهمو اخلم او پر همغه وپلورل شو.رسول الله ﷺ هغه ځوان ته وویل چې په یو درهم د لرګیو د غوڅولو وسیله او په بله برخه يې پړی واخله، لاړ شه غره ته، لرګي راټول کړه او خرڅوه يې او دوه اونۍ وروسته زما څنګ ته راشه.

دوه اونۍ وروسته چې کله هغه ځوان راغی، منظم کالي يې اغوستي وو او له ځان سره يې باحکمته پيغمبر ته ډالۍ راوړې وه. هغه مبارک ﷺ ورته وويل، غوره خوراک هغه دی چې انسان يې پخپل لاس وګټي. بيا يې ورته وويل، د الله تعالی نبي داوود عليه السلام پښ يا اهنګر و.

په يوه مبارک حديث کې راځي: " اليدُ العُليا خيرٌ من اليدِ السُّفلَی"[71] پورته لاس تر ټيټ لاس غوره دی.

قرآني دعاګانې چې ژر قبليږي

کله چې په قرآن کريم کې دعاګانو ته پام وکړو، الله تعالی ځينې داسې دعاګانې موږ ته په دې عظيم کتاب کې ښودلي، چې سملاسي يې قبول کړي.

خو د دعا لپاره شرط دا دی چې موږ پر خپلو ژمنو ودريږو، پوره ايمان راوړونکي شو، عجله ونه کړو او له بد ګومانه ځان وساتو داسې چې له دعا څخه وروسته فکر او په الله تعالی نيک ګومان وکړو چې زموږ دعا حتماً قبليږي.

ځيني کسان وړاندې له دې چې دعا وکړي وايي دعا کوم، خو نه قبليږي.

ته چې څنګه ګومان کوې، الله تعالی همغه شان کوي. په حديث مبارک کې راځي چې الله تعالی فرمايي: «أنا عند ظنِّ عبدي بي».[72]

۷۱: أخرجه البخاري و مسلم

۷۲: أخرجه أحمد (۱۶۰۱۶)، الدارمي (۲۷۳۱)، وابن حبان (۶۳۳)

ژباړه: زه د خپل بنده په گمان هغه سره مخکې ځم.

دا څو دعاگانې مې د ځینو تکړه علماوو له بیانونو راټولې کړې چې که زده یې کړو او همېشه یې وایو په گنې ستونزې مو حل کوای شي.

۱: د خلکو له دوکې یا مکر څخه د بچ کېدو دعا:

کله چې دې احساس وکړ چې څوک دې پر وړاندې دسیسه جوړوي او غواړي تاوان در ورسوي، په دې دعا له الله تعالی مرسته غواړه:

﴿وَأُفَوِّضُ أَمْرِي إِلَى اللَّهِ ۚ إِنَّ اللَّهَ بَصِيرٌ بِالْعِبَادِ﴾[۷۳]

ژباړه: او خپله معامله زه الله ته سپارم. الله تعالی د خپلو بندگانو لیدونکی دی.

الله پاک قرآن کریم کې د دغه ایت نه وروسته د دې دعا د قبلېدو یا ځواب ایت راوستی:

﴿فَوَقَاهُ اللَّهُ سَيِّئَاتِ مَا مَكَرُوا ۖ وَحَاقَ بِآلِ فِرْعَوْنَ سُوءُ الْعَذَابِ﴾[۷٤]

ژباړه: په پای کې هغو کسانو چې ډېرې ناوړه دسیسې یې د هغه مؤمن پر ضد په کار واچولې، الله له هغو ټولو څخه هغه وساته او د فرعون ملگري پخپله په ډېر بد عذاب کې راگېر شول.

علماء وایي په دې آیت مبارک کې (ف) استئنافي ده، یعني الله تعالی ځواب ورکړ هغه مؤمن ته چې خپلې چارې یې الله تعالی ته وسپارلې. که داسې نه وای؛ آیت ښایي داسې وای چې سوف یا ثم.

۷۳: الغافر، ۴۴ آیت

۷٤: الغافر، ۴۵ آیت

فوقاه الله یعنې همدا چې دعا یې کړې، الله پاک قبوله کړې. که موږ تاسې هم دغه دعا وکړو،ان شاء الله ژر تر ژره قبلیږي خو په دې شرط چې زموږ پکې خیر وي.

۲: د خلکو له زیان، شر او ضرر نه د بچ کېدو دعا:

﴿الَّذِينَ قَالَ لَهُمُ النَّاسُ إِنَّ النَّاسَ قَدْ جَمَعُوا لَكُمْ فَاخْشَوْهُمْ فَزَادَهُمْ إِيمَانًا وَقَالُوا حَسْبُنَا اللَّهُ وَنِعْمَ الْوَكِيلُ﴾[۷۵]

ژباړه: هغه کسان چې خلکو (منافقانو) ورته وویل: "ستاسې پر خلاف لویې لښکرې راغونډې شوې دي، له هغو نه ووېرېږئ" نو د دې په اورېدو د دوی نور هم ایمان پیاوړی شو او منافقینو ته یې ځواب ورکړ چې زموږ لپاره الله پاک کافي دی او همغه ډېر ښه کار جوړوونکی دی.

کله چې دوی دا دعا وکړه، الله تعالی یې دعا قبوله کړه:

﴿فَانْقَلَبُوا بِنِعْمَةٍ مِنَ اللَّهِ وَفَضْلٍ لَمْ يَمْسَسْهُمْ سُوءٌ وَاتَّبَعُوا رِضْوَانَ اللَّهِ ۗ وَاللَّهُ ذُو فَضْلٍ عَظِيمٍ﴾[۷۶]

ژباړه: په پای کې هغوی د الله تعالی له نعمت او لورینې سره بېرته ستانه شول، هغو ته هېڅ راز زیان هم و نه رسېد او د الله له خوښې سره یې سم تګ کولو، مرتبه یې هم وموندله، الله ستر لوروونکی دی.

تاسې هم چې کله له داسې حالت سره مخامخ کېږئ چې څوک درته ضرر رسوي، زیاتی درسره کوي او ډاروي مو یا له یو شي ډارېږئ، همدا دعا په ژبه جاري ساتئ: ﴿حَسْبُنَا اللَّهُ وَنِعْمَ الْوَكِيلُ﴾.

۷۵: ال عمران، ۱۷۳ آیت

۷۶: آل عمران، ۱۷۴ آیت.

په دغو آیتونو پسې په بل آیت کې الله تعالی د ویرې اصلي سرچینه مونږ ته ښيي:
﴿إِنَّمَا ذَٰلِكُمُ الشَّيْطَانُ يُخَوِّفُ أَوْلِيَاءَهُ فَلَا تَخَافُوهُمْ وَخَافُونِ إِنْ كُنْتُمْ مُؤْمِنِينَ﴾[77]
ژباړه: په حقیقت کې دا شیطان دی چې (تاسې له) خپل دوستان وېروي (په زړونو کې یې ویره ور اچوي). نو تاسې له هغوی (د شیطان له ملګرو یا کافرانو) څخه مه وېرېږئ، له ما نه ووېرېږئ که تاسې په رېښتيني توګه د ایمان خاوندان یئ.
که په رښتیا مو ایمان راوړی وي؛ له شیطان او شیطان صفته انسانانو مه ډارېږئ؛ بلکې الله تعالی ته پناه یوسئ چې له هر شر نه مو وساتي.
۳: د غم، اندېښنو او ذهني فشارونو له منځه وړونکې دعا:
غم هغه حالت دی چې انسان یې له چاپېرولو یا کنټرول څخه عاجز وي او یوازې الله تعالی یې درنه لرې کوای شي.
الله پاک مونږ ته په قرآن کریم کې د یونس علیه السلام دعا راښودلې چې کله هغه د لوی ماهي (حوت) په خېټه کې و، له الله تعالی یې په دې دعا مرسته وغوښته:
﴿لَا إِلَٰهَ إِلَّا أَنْتَ سُبْحَانَكَ إِنِّي كُنْتُ مِنَ الظَّالِمِينَ﴾[78]
ژباړه: نشته بل رب مګر ته یې (یا الله)، پاکي تا لره ده، بېشکه زه (په ځان) له ظالمانو څخه وم.

۷۷: آل عمران، ۱۷۵ آیت

۷۸: الأنبیاء، ۸۷ آیت

الله پاک د هغه دغه دعا قبوله کړه او په اړه یې فرمايي:

﴿فَاسْتَجَبْنَا لَهُ وَنَجَّيْنَاهُ مِنَ الْغَمِّ ۚ وَكَذَٰلِكَ نُنْجِي الْمُؤْمِنِينَ﴾[79]

ژباړه: هله نو د هغه دعا مو قبوله کړه او له غم نه مو هغه وژغوره او په دغه شان مؤمنان هم ژغورو.

د آيت وروستۍ برخې ته مو پام شو؟ ﴿وَكَذَٰلِكَ نُنْجِي الْمُؤْمِنِينَ﴾

يعنې که هر مؤمن په هر سخت حالت کې دا دعا وکړي، الله تعالی یې د یونس علیه السلام په شان له غمه ژغوري.

کله چې غمجن او پرېشان وي، له الله تعالی په همدغې دعا مرسته غواړه. ځکه غم له الله تعالی پرته بل څوک در څخه نه شي لرې کولای او دا هغه دعا ده چې ژر تر ژره قبليږي ان شاء الله.

۴: له ناروغۍ د بچ کېدو دعا:

د الله پاک پیغمبر ایوب علیه السلام چې کله په مرض اخته و دا دعا یې ویله: ﴿أَنِّي مَسَّنِيَ الضُّرُّ وَأَنْتَ أَرْحَمُ الرَّاحِمِينَ﴾.

الله پاک یې په اړه فرمايي:

﴿وَأَيُّوبَ إِذْ نَادَىٰ رَبَّهُ أَنِّي مَسَّنِيَ الضُّرُّ وَأَنْتَ أَرْحَمُ الرَّاحِمِينَ﴾[80]

ژباړه: او ایوب (علیه السلام) چې کله هغه له خپل رب نه غوښتنه وکړه چې اې ربه زه ناروغ یم او ته تر ټولو مهربان یې.

ایوب علیه السلام همغسي چې په نعمت کې د پاك الله جل جلاله شکر کوونکی بنده و په زحمت او ابتلاء کې هم صابر پاتې شوی و.

۷۹: الأنبياء، ۸۸ آيت

۸۰: الأنبياء، ۸۳ آيت

کله چې د ده تکليف او اذيت او د دښمنانو شماتت له حده تېر شو بلکې دوستانو هم په داسې ويناوو باندې شروع وکړه چې يقيناً ايوب عليه السلام د کومې داسې سختې گناه مرتکب شوی دی چې د هغې له اثره په داسې سخته بلا اخته دی؛ نو دلته حضرت ايوب عليه السلام لاس په دعا شو او دا عا يې ويله: ﴿أَنِّي مَسَّنِيَ الضُّرُّ وَأَنتَ أَرْحَمُ الرَّاحِمِينَ﴾ همدا چې ده د خپل رب په دربار کې دا سوال کړی الله پاک يې دعا قبوله کړې او په اړه يې فرمايي:

﴿فَاسْتَجَبْنَا لَهُ فَكَشَفْنَا مَا بِهِ مِن ضُرٍّ ۖ وَآتَيْنَاهُ أَهْلَهُ وَمِثْلَهُم مَّعَهُمْ رَحْمَةً مِّنْ عِندِنَا وَذِكْرَىٰ لِلْعَابِدِينَ﴾[81]

ژباړه: موږ د هغه دعا قبوله کړه او له هغه څخه مو د هغه تکليف ايسته کړ او يوازې د هغه د کورنۍ غړي مو هغه ته ورنه کړل؛ بلکې پر هغو سربېره مو هماغومره نور هم ورکړل، د خپل ځانگړي رحمت په ډول او د دې له پاره چې دا د عبادت کوونکو له پاره يو درس وي.

﴿وَذِكْرَىٰ لِلْعَابِدِينَ﴾.

يعنې دا نصيحت د عبادت کوونکو لپاره دی (هرڅوك چې صبرکوي همداسې پايله به هم مومي).

په ايوب عليه السلام د دغې مهربانۍ په اثر ټولو انسانانو ته لوی پند او نصيحت او يو مهم يادگار پاتې شو.

چې هر کله په کوم يو نيك بنده په دنيا کې کومه تنگسه يا مصيبت راشي بايد د ايوب عليه السلام په شان صبر، استقامت، ثبات او استقلال ولري او يوازې خپل پروردگار ته دعا او زارۍ وکړي.

۸۱: الأنبياء، ۸۴ آيت

۵: د واده د آسانه کېدو دعا:

ځینې ځوانان یا پېغلې به مو لیدلې وي چې خپل ژوندی یې په دې تریخ کړی وي چې ولې زما بخت ترل شوی، ولې مې حالت نه بدلیږي یا ولې مې واده وځنډید؟ او ورته نور تشویشونه.

له ما نه ډېر خلک پوښتنه کوي چې بخت څنګه خلاصیږي؟

الله پاک له موسی علیه السلام سره د خپلې ښېګنې په اړه فرمایي:

﴿وَلَمَّا تَوَجَّهَ تِلْقَاءَ مَدْيَنَ قَالَ عَسَىٰ رَبِّي أَنْ يَهْدِيَنِي سَوَاءَ السَّبِيلِ﴾[۸۲]

ژباړه: (له مصر څخه د وتلو په حال کې) کله چې موسی (علیه السلام) د مدین لوري ته مخه کړه، نو یې وویل: هیله ده چې زما رب ما پر سمه لاره برابر کړي.

تفسیر: موسیٰ علیه السلام له مصر نه د هجرت په قصد روان شو، مګر هېڅ یوه لاره او طرف ورته نه و معلوم، نو له الله جل جلاله څخه یې سوال وکړ چې په سمه لاره مې برابر کړه...

نو رب تعالی د (مدین) په لویه لاره برابر کړ او په خیر او سلامتی سره یې هلته ورساوه او په مدین کې یې داسې د امن او اطمئنان ژوند ور په برخه کړ چې پکې ښه مانوس او متأهل شو، یوازې همدغومره نه، بلکې تر ډېرو لرې ځایونو یې نورې لارښوونې هم ورته وکړې او په سمه لاره یې رهي کړ.

کله چې هغه د مدین څاه ته ورسېد، ډېر خلك یې ولیدل چې خپل څارویو ته اوبه برابروي او د هغوی بلې خوا ته دوه نجونې خپل څاروي ایساروي، موسی علیه السلام له هغو نجونو څخه پوښتنه وکړه:

۸۲: القصص، ۲۲ آیت

څنګه اندېښمنې یئ؟ هغوی وویل موږ خپلو څارویو ته اوبه نه شو ورکولی، تر څو چې دغه شپانه خپلو څارویو ته اوبه بشپړې نه کړي او زمونږ پلار ډېر سپین ږیری سړی دی.
سره له دې چې موسٰی علیه السلام په دغه وخت کې ستړی ستومان، وږی او تږی و، خو بیا هم ورته دغه ننګ او غیرت ودرېد چې زما له موجودیت سره سره ولې دغه مېرمنې له همدردۍ او اعانت څخه محرومې پاتې شوې دي، نو پاڅېد او خلك يې یوې خواته کړل، بیا یې له کوهي څخه صافې، پاکې او تازه اوبه راوویستې او د هغو نجونو څارویو ته یې اوبه ورکړې.
موسی علیه السلام الله تعالی ته دعا وکړه:
﴿رَبِّ إِنِي لِمَا أَنْزَلْتَ إِلَيَّ مِنْ خَيْرٍ فَقِيرٌ﴾[83]
ژباړه: اې ربه! زه د خپل هېڅ عمل بدله له مخلوقه نه غواړم. هو که ستا له طرفه کومه ښېګنه را ورسیږي زه هغې ته تل محتاج یم.
هغه نجونې کور ته لاړې او خپل پلار ته یې کیسه وکړه، پلار یې موسی علیه السلام خپل کور ته دعوت کړ او بلاخره یې خپله یوه لور ده ته نکاح کړه او موسی علیه السلام له همدغې کورنۍ سره پاتې شو.
نو هغه ځوانان او پیغلې چې غواړي الله تعالی ورته نېکه جوړه نصیب کړي، همدا د موسی علیه السلام دعا دې وایي چې ځینو علماوو په دې برخه کې ګټوره بللې:
﴿رَبِّ إِنِي لِمَا أَنْزَلْتَ إِلَيَّ مِنْ خَيْرٍ فَقِيرٌ﴾

۸۳: القصص، ۲۴ آیت

٦: د بې اولادۍ د علاج دعا:

هغه ورونه او خویندې چې اولاد نه لري، دوی ته سپارښتنه دا ده چې د زکریا علیه السلام دا دعا دې تل په ژبه جاري ساتي: رَبِّ لَا تَذَرْنِي فَرْدًا وَأَنْتَ خَيْرُ الْوَارِثِينَ.

الله پاک په دې اړه فرمايي:

﴿وَزَكَرِيَّا إِذْ نَادَىٰ رَبَّهُ رَبِّ لَا تَذَرْنِي فَرْدًا وَأَنْتَ خَيْرُ الْوَارِثِينَ﴾[٨٤]

ژباړه: او زکريا در یاد کړه، کله چې هغه خپل رب ته غږ وکړ چې پروردګاره! ما يوازې (د يوه فرد په توګه) مه پرېږده او ډېر غوره وارث خو همدا ته يې.

يعنې داسې اولاد راکړې چې وروسته له ما د قوم ديني خدمت وکړای شي او زما د دغو تعليماتو د خپرولو له بوج څخه ووتلی شي.

الله تعالی زکريا علیه السلام ته په زوړ عمر کې زوی ورکړ او دعا يې قبوله شوه.

﴿فَاسْتَجَبْنَا لَهُ وَوَهَبْنَا لَهُ يَحْيَىٰ وَأَصْلَحْنَا لَهُ زَوْجَهُ ۚ﴾[٨٥]

ژباړه: د هغه دعا مو قبوله کړه او هغه ته مو يحيى ورکړ او د هغه مېرمن مو د هغه له پاره جوړه (له شنډوالي جوړه) کړه.

يعنې الله جل جلاله د حضرت زکريا عليه السلام شنډه ښځه په خپل فضل او کرم سره د ولادت وړ وګرځوله.

٨٤: الأنبيا، ٨٩ آيت

٨٥: الأنبياء، ٩٠ آيت

۷: په ټولنه کې د ځانګړي مقام د ترلاسه کولو دعا:
که غواړئ چې د خلکو تر منځ قدر، ځانګړی مقام او واک ولرې، تل دا دعا کوه:
﴿أَمَّنْ يُجِيبُ الْمُضْطَرَّ إِذَا دَعَاهُ وَيَكْشِفُ السُّوءَ﴾[٨٦]
ژباړه: هغه څوك دی چې د سخت محتاج (بې کس او بې وس) دعا اوري کله چې هغه دعا وکړي او څوك د هغه کړاو لرې کوي؟
الله پاک په بل ایت مبارک کې فرمايي:
﴿وَيَجْعَلُكُمْ خُلَفَاءَ الْأَرْضِ ۗ﴾[٨٧]
ژباړه: او تاسې د ځمکې خلفاء ګرځوي.
يعنې کله چې الله جل جلاله اراده وکړي؛ نو د بې کسانو او ناقرارو او بې وزلو دعاګانې او غوښتنې اوري، سختي او ربړونه ترې لرې کوي او پر ځمکه يې واکمن ګرځوي.
۸: له هر ډول ضرر او ستونزو څخه د خوندي پاتې کېدو دعا:
که غواړې چې همېشه له ستونزو، ضررونو يا تکليفو خوندي اوسې يا که کوم وخت له داسې حالاتو سره مخامخ کېدې، همېشه دا دعا وايه الله تعالی به دې هر کار کې مرستندوی وي او د هر کار پايله به ستا په ګټه وي ان شاء الله: ﴿حَسْبُنَا اللَّهُ سَيُؤْتِينَا اللَّهُ مِنْ فَضْلِهِ﴾[٨٨]
ژباړه: الله (سبحانه و تعالی) زموږ له پاره کافي دی، هغه به په خپل فضل سره موږ ته نور ډېر څه راکړي.

٨٦: النمل، ٦٢ آيت

٨٧: الأنعام، ٦٢ آيت.

٨٨: التوبه، ٥٩ آيت

صحیح بخاري کې امام بخاري له ابن عباس رضي الله عنه څخه روایت کړی، کله چې د ابراهیم علیه السلام قوم هغه اور ته غورځاوه، نو ابراهیم علیه السلام دا دعا ویلې وه: "حَسْبِيَ اللَّهُ وَ نِعمَ الوَكِيل"[٨٩] ورته دعا قرآن کریم کې الله پاک د رسول الله ﷺ او صحابه وو په اړه هم ذکر کړې.

کله چې له احد غزا نه وروسته رسول الله ﷺ او صحابه وو رضي الله عنهم د حمراء الأسد عزا ته چمتوالی نیوه، نو ځینې منافقینو د دوی په زړونو کې ویره اچوله چې مشرکینو په مکه کې یو لوی لښکر جوړ کړی چې ماتول یې ناشوني دي، خو په څواب کې د مسلمانانو ایمان او جذبه لا پیاوړې شوه او همدا یې ویل: ﴿حَسْبُنَا اللَّهُ وَنِعْمَ الْوَكِيلُ﴾[٩٠]

الله پاک په دې اړه فرمایي:

﴿الَّذِينَ اسْتَجَابُوا لِلَّهِ وَالرَّسُولِ مِنْ بَعْدِ مَا أَصَابَهُمُ الْقَرْحُ ۚ لِلَّذِينَ أَحْسَنُوا مِنْهُمْ وَاتَّقَوْا أَجْرٌ عَظِيمٌ ﴿١٧٢﴾ الَّذِينَ قَالَ لَهُمُ النَّاسُ إِنَّ النَّاسَ قَدْ جَمَعُوا لَكُمْ فَاخْشَوْهُمْ فَزَادَهُمْ إِيمَانًا وَقَالُوا حَسْبُنَا اللَّهُ وَنِعْمَ الْوَكِيلُ ﴿١٧٣﴾ فَانْقَلَبُوا بِنِعْمَةٍ مِنَ اللَّهِ وَفَضْلٍ لَمْ يَمْسَسْهُمْ سُوءٌ وَاتَّبَعُوا رِضْوَانَ اللَّهِ ۗ وَاللَّهُ ذُو فَضْلٍ عَظِيمٍ﴾[٩١]

ژباړه: کومو کسانو چې (په احد غزا کې) له ټپي کېدو څخه وروسته هم د الله او د پیغمبر ﷺ بلنې ته لبیک ووایه، په هغو کې چې کوم نېکو کاران دي، د هغوی لپاره ستر اجر دی. هغه کسان چې خلکو

٨٩: صحیح البخاري (٤٥٦٤)

٩٠: آل عمران، ١٧٣ آیت

٩١: آل عمران، ١٧٢، ١٧٣ او ١٧٤ آیتونه

(منافقینو) ورته وویل: ستاسې پر خلاف لویې لښکرې راغونډې شوې دي نو له هغوی څخه وویرېږئ، د دې په اورېدو (د مسلمانانو) ایمان نور هم پیاوړی شو او ځواب یې ورکړ (منافقانو ته) چې زموږ لپاره الله کافي دی او همغه ډېر ښه کار جوړوونکی دی. په پای کې هغوی د الله تعالی له نعمت او لورینې سره بیرته ستانه شول او هېڅ ډول زیان هم ورته ونه رسېدو او د الله تعالی له خوښې سره سم یې د تګ کولو مرته هم ومونده، الله ډېر ستر لورووونکی دی.

نو ته هم چې کله ډارېدې، له ضرر یا کومې ستونزې سره مخامخ وې، همدغه دعاګانې بار بار تکراروه تر هغې چې زړه دې ډاډه شي.

د دنیایي دعاګانو ترڅنګ دوه دعاګانې دي چې د آخرت لپاره یې باید وکړو، د جنت ګټلو دعاګانې.

لومړۍ دعا دابراهیم علیه السلام او دویمه د فرعون د مېرمنې ده.

لومړۍ دعا چې د الشعراء په څو ایتونو کې الله پاک ذکر کړې:

﴿رَبِّ هَبْ لِي حُكْمًا وَأَلْحِقْنِي بِالصَّالِحِينَ﴾

ژباړه: پروردګاره! ما ته حکم را وښایه او ما له نېکانو سره یو ځای کړه.

﴿وَاجْعَلْ لِي لِسَانَ صِدْقٍ فِي الْآخِرِينَ﴾

ژباړه: او په وروستیو نسلونو کې رېښتیانی نومیالیتوب را په برخه کړه.

﴿وَاجْعَلْنِي مِنْ وَرَثَةِ جَنَّةِ النَّعِيمِ﴾

ژباړه: او ما له نعمتونو څخه د ډک جنت نعیم له وارثانو څخه وګرځوه.

﴿وَلَا تُخْزِنِي يَوْمَ يُبْعَثُونَ﴾

ژباړه: او ما په هغه ورځ مه رسوا کوه چې کله ټول خلك ژوندي پاڅول شي.

﴿يَوْمَ لَا يَنْفَعُ مَالٌ وَلَا بَنُونَ﴾
ژباړه: کله چې نه مال څه ګټه ورسوي او نه اولاد.
﴿إِلَّا مَنْ أَتَى اللَّهَ بِقَلْبٍ سَلِيمٍ﴾[٩٢]
مګر دا چې څوك له سالم (سپېڅلي) زړه سره الله پاک ته ورغلی وي!
دویمه د فرعون د مېرمنې دعا ده:
د فرعون مېرمنې آسیې چې کومه دعا کړې، په قرآن کریم کې یې یادونه په دې دلالت کوي چې الله تعالی دا خوښوي او قبلوي یې.
په دنیا کې یو ښکلی کور درلودل د هرې کورنۍ ارمان وي، خو په آخرت او جنت کې د ماڼۍ جوړولو فکر له کمو خلکو سره وي.
راځئ د دنیا تر څنګ د آخرت لپاره هم پانګونه وکړو او په وړیا توګه پکې کور جوړ کړو. یوازې د دې دعا په ویلو:
﴿رَبِّ ابْنِ لِي عِنْدَكَ بَيْتًا فِي الْجَنَّةِ وَنَجِّنِي مِنْ فِرْعَوْنَ وَعَمَلِهِ وَنَجِّنِي مِنَ الْقَوْمِ الظَّالِمِينَ﴾[٩٣]
ژباړه: اې زما ربه! زما لپاره په جنت کې یو کور جوړ کړه او ما د فرعون او د هغه له عمل نه وژغوره او له ظالم قوم نه ما بچ کړه.

٩٢: الشعراء، له ٨٣ تر ٨٩ آیتونه
٩٣: التحریم ١١ آیت

د ملګرتیا او ورورلۍ معیارونه

ډېر خلک د ورورۍ دعوه کوي، درته وايي د الله تعالی لپاره مې له تا سره ورورې ده، خو پوهېږئ د الله تعالی لپاره د ملګرتیا معیار څه دی؟
هغه دا چې د خپل ملګري په لیدو تا ته الله تعالی در یاد شي.
یعنې هغه دیندار وي او چې کله ورسره ملاقات کوې مجلس مو ټول د خیر او دین په اړه وي نه ده د غیبت او بې ځایه خبرو په اړه.
او چې کله یې له ملاقاته ستنیږې، ستا په پوهه او معلوماتو کې زیاتوالی راغلی وي.
چې کله هغه په تا کې کوم عیب ووینې، نصیحت درته کوي او مرسته دې کوي او که تېروتنه دې ووینې، رسوا کوي دې نه او پرده درباندې اچوي.
چې کله دې په کوم نېک کار ووینې لاسنیوی او مرسته دې وکړي.
او په سختیو کې ترخنګ ولاړ وي او حوصله درکړي.

دا کار به دې په رښتیا ژوند بدل کړي

هغه کتاب چې الله تعالی د دنیا د بدلون لپاره نازل کړی، د محمد ﷺ اوسنیو اُمتیانو له ډلې ګنو ترې مخ اړولی او د دنیا پخاطر یې هېر کړی دی. دوی یې پر مړو لولي چې په آسانۍ ترې ساه وځي.
چې قرآن یې په ژوند نه وي تلاوت کړی، څنګه به د مړینې پر وخت ورسره مرسته وکړي؟
هغه ژوند کې چې قرآن کریم ځای ونه لري، ژوند یې هم عبث دی او مړینه یې هم.

آیا تاسې له قرآن سره ورځنۍ اشنایي لرئ؟ هره ورځ لوستل مو يې عادت دی؟ دا تجربه وکړئ ژوند به مو بختور شي.
هره ورځ سهار کمه اندازه قرآنکريم لوستلو باندې ځان عادت کړئ ان شاء الله چې د ژوند ډېرې ناخوالې به مو ورکې او ژوند به مو بدل شي.
دا هر څه به د سر په سترګو ووينئ.
دا کتاب تر هر هغه څه چې تاسې فکر کوئ، ډېر برکتي او ځواکمن دی ځکه دا د الله تعالی کلام دی، له برکتونو ډک او نېکمرغيو.
که لوستل يې درباندې بوج وي، پوه شئ، شيطان او ستاسې ګناهونو درباندې د دې عظيم کتاب لوستل درانه کړي، خو آسانه ده چې دا خنډ مات کړئ، په ټينګه هوډ وکړئ چې هره ورځ به يې لولم، حتماً يې لولم، په څو ورځو کې به مو زړه له سختۍ موم غوندې نرم شي او په دنيا او آخرت کې به مو دا کتاب مل وي.
د انسان غوږونه تر قرآن کريم هاخوا ښکلې کلمې نه شي اورېدلی.
د نابغه قاريانو لکه برکت الله سليم، عبدالباسط عبدالصمد، صديق المنشاوي، مصطفی اسماعيل، محمد رعد الکردي، عبدالله الموسی، خالد الجليل، بندر بليلة، هزاع البلوشي او ګنو نورو قاريانو په جادويي غږونو همېشه تلاوت اورئ، ژوند به مو ورسره خوندور وي.
ورسره به مو زړه له سکونه ډک شي، هغه سکون چې په ميلياردونو پيسو نه شي ترلاسه کېدای، يوازې دا سکون د الله تعالی کتاب په لوستو او اورېدلو ترلاسه کېدای شي! يوازې د الله تعالی په کتاب!
دا تجربه حتما وکړئ.

تر هر څه مخکې الله تعالی راضي کړه

تر هر څه مخکې د الله تعالی او د هغه د رسول ﷺ د راضي کولو هڅه کوه. د حساب په ورځ که میلیاردونه او تر دې ډېر انسانان ستا پلوي او دفاع وکړي؛ د نخود قدرې ګټه هم درته نه شي رسولی. الله تعالی تر هر چا مستحق دی چې راضي کړای شي. که انسانان له تاسې راضي کېږي او که خفه کېږي، که مو څوک ستاینه کوي او که مو بد یادوي، دا هر څه باید د الله تعالی په راضي ساتلو کې ستاسې د پرمختګ مخنیوی ونه کړي.

تل ځان ته دا مبارک آیت یادوئ :

﴿وَاللَّهُ وَرَسُولُهُ أَحَقُّ أَنْ يُرْضُوهُ إِنْ كَانُوا مُؤْمِنِينَ﴾[٩٤]

ژباړه: الله تعالی او د هغه رسول د دې زیات وړ دي چې راضي کړل شي که چېرته دوی ایمان راوړی وي.

په حدیث شریف کې راځي:

«من التَمَسَ رِضا اللهِ بِسَخَطِ النَّاسِ کفاهُ الله مُؤنَةَ الناسِ، و من التَمَسَ رِضا الناسِ بسخطِ اللهِ وَکلَهُ اللهُ الی الناسِ»[٩٥]

زباړه: چا چې د الله تعالی د راضي ساتلو لپاره د خلکو د غوسې پروا ونه کړه، الله تعالی به یې د خلکو له شر او ضرر څخه وساتي او چا چې د خلکو د غوسې له ډاره د الله تعالی د ناراضه کېدو پروا ونه کړه الله تعالی به یې خلکو ته وسپاري.

٩٤: التوبه، ٦٢ آیت

٩٥: رواه الترمذي

د ویرې او کمزورۍ علاج

آیا په ژوند کې له خلکو، ستونزو، کړاوونو او نورو حالاتو ډارېږئ؟

که ځواب مو هو وي حل لاره یې آسانه ده.

هر هغه څوک چې د الله تعالی په اسماء الحسنی کاملاً یقین او باور ولري، دی به له هېڅ شي ونه ډارېږي. ولې باید وډار شي؟ الله تعالی ځان ته داسې سپېڅلي صفات ټاکلي دي چې ستونزې مشکلات او هر څه په دې دنیا کې چاپېروي.

کله چې وېره، وهم او نورې ستونزې پر انسان برلاسې شي او انسان چاپېر کړي او دغه انسان له ځان سره ووایي چې زه الله پاک لرم هغه په هر څه قادر دی، په دنیا او آسمانونو کې هر څه د هغه تر حکم لاندې دي، وېرې او اندېښنه او ستونزې انسان پرېږدي.

ځکه دغه وېرې ستونزې هر څه چې دي، د الله تعالی په مقابل کې هېڅ دي، نو بیا ولې وېره؟

د الله پاک د صفاتو په یادولو باندې زړونه ډاډه کېږي او انسان قوت او شجاعت تر لاسه کوي.

هغه څه چې ما له ایمان او اسلامي عقیدې زده کړي دي او هغه ایمان چې ما په خپل زړه او نفس کې کرلی دی دا ډاډ راکوي چې...

زه له الله تعالی پرته له بل هېچا څخه نه ډارېږم بلکې یوازې له الله تعالی څخه ډارېږم، ځکه الله تعالی په هر څه غالب دی او دا ټولې ستونزې الله سبحانه و تعالی پیدا کړي او هغه یې لرې کوای او کمولای شي.

د قرآن کريم تګلاره دا ده چې کله د الله تعالی يو صفت يادوي، سم لاسي يو بل صفت هم يادوي.
کله چې الله تعالی غالب او برلاسی يادوي ورپسې يې حکيم يادوي.
ځکه الله تعالی خپل غالب والی او قوت په ډېر حکمت کاروي.
موږ هره ورځ د پنځه وخته لمونځ په هر رکعت کې څو وارې الله اکبر وايو، خو کله دې فکر کړی چې الله اکبر څه معنی؟
الله اکبر: يعنې الله تعالی تر هر چا او هر څه لوی دی، تر هر هغه څه چې په ځمکه او آسمانونو کې دي.
نو بيا ولې دغه خبره ستا زړه ته لار نه کوي؟
موږ او تاسې ډېر داسې کسان وينو چې الله اکبر وايي، خو عملونه يې ښيي چې يقين پرې نه لري.
کله چې موږ وايو الله پر هر څه لوی دی خو بايد يقين پرې وکړو.
تاسې به داسې انسانان کتلي وي چې ټوله تمه يې له انسانانو وي.
د دفتر او کار مشرانو، وزير، والي او نورو چارواکو ته به داسې ټيټ او پاس کېږي ته به وايې روزي همدوی ورکوي! داسې نه ده، د دوی ټولو په سر باندې قدرتمن الله پاک دی.
انسان د بل انسان په ګټه هېڅ نه شي کولای، الا ما شاءالله. که مو په خپل زړه او نفس کې دا خبره ځای کړه چې الله پاک تر هر چا او هر څه لوی دی او په دې مو پوره يقين وکړ، په پايله کې به داد، عزت او شجاعت او د الله تعالی مرسته ترلاسه کړئ.
په يوه کيسه کې راځي چې د ايوبي دولت خلکو به پاچا صالح ايوب په ګڼو القابو لکه جلالت مآب، فضيلت مآب او نورو يادولو.

یوه ورځ دی له خپلو وزیرانو او نورو خلکو سره ناست و چې یو کس ورته غږ وکړ چې اې ایوبه! خلک وارخطا او حیران شول چې دا څوک دی چې پاچا په دومره سپک نوم یادوي؟

کله چې هغه کس راغی، د وخت عالم عز بن عبدالسلام و. ده ایوب ته ویل چې اې ایوبه؟ ته څنګه په داسې ځای کې ناست یې او شان او شوکت دې جوړ کړی، خو په فلاني ځای کې خلک شراب څښي؟

پاچا په ډېر احترام ځواب ورکړ چې زه دا ستونزه حلوم ته اندېښنه مه کوه. څو شېبې وروسته عالم بېرته په خپله مخه لاړ او یو کس ورپسې لاړ. په لار کې یې ترې پوښتنه وکړه چې په الله تعالی تا ته قسم درکوم څنګه د پاچا په مقابل کې په داسې جرأت باندې ودرېدې او داسې دې ورته وویل؟ په داسې حال کې چې هلته خلک پاچا ته ډېر احترام کوي او دی لوی شان او شوکت لري.

عالم ورته وویل چې اې زویه والله د الله تعالی لویي مې په پام کې وه او دی راته خس غوندې هم ښکاره نه شو.

څوک چې د الله تعالی لویي پام کې ونیسي، له هیڅ شي نه ډارېږي. له خلکو سره ښه چلند او احترام یوې خوا ته. هر څوک په خپل زړه کې پوهېږي چې یو کس ته احترام کوي که چاپلوسي؟

پیغمبر ﷺ چې کله د روم مشر هرقل ته لیک ولېږه نو ورته ویې ولیکل: "الی هرقل عظیم الروم".

نو احترام، متقابل عمل او نېک چلند ټول په یوه ځای کې بېلې خبرې دي، خو چاپلوسي او له خلکو نه ډار بېله مسئله ده.

یوه خبره په یاد ولره او په ذهن کې یې ساته، کومه خوله چې د روزي د خوړلو لپاره الله تعالی هر انسان ته ورکړې، روزي یې هم الله تعالی ورکوي.

له انسانانو مه ډارېږه او ډاډه اوسه، ځکه الله تعالی لرو.

﴿فَإِذَا بَلَغْنَ أَجَلَهُنَّ فَأَمْسِكُوهُنَّ بِمَعْرُوفٍ أَوْ فَارِقُوهُنَّ بِمَعْرُوفٍ وَأَشْهِدُوا ذَوَيْ عَدْلٍ مِنْكُمْ وَأَقِيمُوا الشَّهَادَةَ لِلَّهِ ۚ ذَٰلِكُمْ يُوعَظُ بِهِ مَنْ كَانَ يُؤْمِنُ بِاللَّهِ وَالْيَوْمِ الْآخِرِ ۚ وَمَنْ يَتَّقِ اللَّهَ يَجْعَلْ لَهُ مَخْرَجًا ﴿٢﴾ وَيَرْزُقْهُ مِنْ حَيْثُ لَا يَحْتَسِبُ ۚ وَمَنْ يَتَوَكَّلْ عَلَى اللَّهِ فَهُوَ حَسْبُهُ ۚ إِنَّ اللَّهَ بَالِغُ أَمْرِهِ ۚ قَدْ جَعَلَ اللَّهُ لِكُلِّ شَيْءٍ قَدْرًا﴾[٩٦]

ژباړه: بیا چې کله د هغو د (عدت) موده پای ته ورسیږي نو هغوی په ښه توګه (خپله نکاح کې) وساتئ، یا په ښه توګه ترې جدا شئ. او دوه داسې کسان شاهدان ونیسئ چې له تاسې نه د عدل خاوندان وي او (اې شاهدانو) شاهدي سمه صحیح د الله لپاره ادا کړئ، دغه خبرې دي چې د هغو تاسو ته نصیحت کیږي او هر هغه چا ته چې په الله او د آخرت په ورځ ایمان ولري. ځوك چې له الله څخه یره ولري، الله به هغه لپاره له ستونزو د وتلو کومه لاره پیدا کړي او هغه ته به له داسې لارې روزي ورکړي چې هغه لوري ته د هغه ګومان هم نه رسیږي. ځوك چې پر الله توکل وکړي، د هغه لپاره هغه کافي دی. الله د خپل کار پوره کوونکی دی. الله د هر شي لپاره یوه اندازه ټاکلې ده.

٩٦: الطلاق، ٢ او ٣ آیتونه

څوک چې په الله تعالی توکل وکړي، الله سبحانه و تعالی ورته بس دی؛ نو د خلکو دروازې مه ټکوئ، د الله تعالی دروازه ووټکوئ؛ ځکه چې هغه خلک هم الله تعالی پیداکړي او تاسو هم، خو ځان الله تعالی ته نږدې کړئ چې مستقیم له الله تعالی هر څه غواړئ.

د شیطان ملګري

ملګرتیا هغه وخت ګټوره وي چې دواړه اړخونه ترې ګټه واخلي او د ښېرازۍ لامل شي. خو د انسان او شیطان ترمنځ په ملګرتیا کې یوازینی تاوان انسان کوي. شیطان نه یوازې دا چې تاوان نه کوي بلکې هغه هدف ته رسېږي چې د انسان د بیلارې کولو لپاره یې لري.

له شیطان سره ملګرتیا څه ده؟

﴿وَمَنْ يَكُنِ الشَّيْطَانُ لَهُ قَرِينًا فَسَاءَ قَرِينًا﴾[97]

ژباړه: د چا چې شیطان ملګری شي، د هغه بده ملګرتیا په برخه شوه.

د شیطان ملګري، لارویان یا اتباع الشیطان څوک دي؟

د شیطان د ملګرو لومړۍ ډله: په دې ډله کې هغه کسان دي چې د الله تعالی له کتاب یا عبادت څخه غافل وي.

د دوی په اړه الله تعالی فرمايي:

﴿وَ مَنْ يَعْشُ عَنْ ذِكْرِ الرَّحْمَنِ نُقَيِّضْ لَهُ شَيْطَاناً فَهُوَ لَهُ قَرِينٌ ﴾[98]

ژباړه: څوک چې د رحمن پروردګار له عبادت یا ذکر څخه ځان غافل کړي؛ موږ پر هغه شیطان برلاسی کوو او هغه يې ملګری کیږي.

۹۷: النساء، ۳۸ آیت

۹۸: زخرف، ۳۶ آیت

د شیطان د ملګرو دویمه ډله: دا هغه خلک دي چې له علم پرته د الله تعالی په اړه له خلکو سره شخړه کوي. یا بې علمه د الله تعالی په اړه بحثونه یا جدل کوي. جدل د عادي خبرو برعکس شخړې ته وايي. ډېری داسې کسان به مو لیدلي وي چې کافي علم یا پوهه نه لري خو داسې بحثونه کوي لکه مفتیان ان ځینې خو له ځانه فتوا هم ورکوي.

د دوی په اړه الله تعالی فرمايي:

﴿وَمِنَ النَّاسِ مَنْ يُجَادِلُ فِي اللَّهِ بِغَيْرِ عِلْمٍ وَيَتَّبِعُ كُلَّ شَيْطَانٍ مَرِيدٍ﴾[٩٩]

ژباړه: ځینې خلک بې علمه د الله تعالی په اړه جدل یا بحثونه کوي او دوی د هر سرکښ شیطان پیروي کوي.

په بل مبارک آیت کې خالق عزوجل فرمايي:

﴿وَإِنَّ الشَّيَٰطِينَ لَيُوحُونَ إِلَىٰٓ أَوْلِيَآئِهِمْ لِيُجَٰدِلُوكُمْ ۖ﴾[١٠٠]

ژباړه: شیطانان د خپلو ملګرو په زړونو کې شکونه او وسوسه اچوي چې له تاسې سره شخړه وکړي.

درېیمه ډله: د شیطان د ملګرو درېیمه او تر ټولو مشهوره ډله کافران یا منافقان دي.

د دوی په اړه الله تعالی فرمايي:

﴿كَمَثَلِ الشَّيْطَٰنِ إِذْ قَالَ لِلْإِنسَٰنِ اكْفُرْ فَلَمَّا كَفَرَ قَالَ إِنِّى بَرِىٓءٌ مِّنكَ إِنِّىٓ أَخَافُ اللَّهَ رَبَّ الْعَٰلَمِينَ﴾[١٠١]

٩٩: حج، ٣ آیت

١٠٠: الأنعام، ١٢١ آیت

١٠١: الحشر، ١٦ آیت

ژباړه: د منافقانو او کافرانو) مثال د هغه شیطان دی چې هغه لومړی انسان ته وایي کافر شه، کله چې کافر شي بیا ورته وایي چې زه له تا بېزاره یم، زه له الله تعالی ډارېږم چې پالونکی د عالمیانو دی.

په بل مبارک آیت کې الله تعالی فرمایي:

﴿وَقَالَ الَّذِينَ كَفَرُوا رَبَّنَآ أَرِنَا الَّذَيْنِ أَضَلَّانَا مِنَ الْجِنِّ وَالْإِنسِ نَجْعَلْهُمَا تَحْتَ أَقْدَامِنَا لِيَكُونَا مِنَ الْأَسْفَلِينَ﴾[۱۰۲]

ژباړه: کافران به ووايي: اې زموږ ربه! وښایه موږ ته هغه پیري او انسانان چې موږ یې بې لارې کړو، چې موږ دوی تر خپلو پښو لاندې کړو چې د دوزخ د کندې خاوندان شي.

څلورمه ډله: د شیطان د ملګرو څلورمه ډله مبذرین دي.

مبذرین هغوی دي چې خپل مال بې ځایه لګوي یا فضول خرچې کوي او خپل مال له ګناه په ډکو کارونو لګوي یا په دې برخه کې پانګونه کوي. دوی په حقیقت کې د شیطان ورونه دي.

الله تعالی یې په اړه فرمایي:

﴿إِنَّ الْمُبَذِّرِينَ كَانُوٓا إِخْوَٰنَ الشَّيَٰطِينِ ۖ وَكَانَ الشَّيْطَٰنُ لِرَبِّهِۦ كَفُورًا﴾[۱۰۳]

ژباړه: بې ځایه لګښت کوونکي د شیطانانو ورونه دي او شیطان د خپل رب ناشکره یا کافر دی.

دې آیت ته پوره پام وکړئ، هغوی چې په بې ځایه او له ګناه ډکو کارونو باندې پانګونه کوي یا پرې لګښت کوي، د دوی پایله فقر دی. انجام کې به دوی بېوزله شي. که څه هم لنډه موده دوی مالداره وي.

۱۰۲: فصلت، ۲۶ آیت

۱۰۳: الإسراء، ۲۷ آیت

الله تعالی فرمايلي:
﴿الشَّيْطَانُ يَعِدُكُمُ الْفَقْرَ وَيَأْمُرُكُم بِالْفَحْشَاءِ ۖ وَاللَّهُ يَعِدُكُم مَّغْفِرَةً مِّنْهُ وَفَضْلًا ۗ وَاللَّهُ وَاسِعٌ عَلِيمٌ﴾[١٠٤]

ژباړه: شيطان تاسې له بېوزلۍ نه وېروي او شرمناك چلن غوره کولو ته مو هڅوي، خو الله خپل بخشش او پېرزوينې ته تاسې هيله من کوي، الله د ډېر پراخ لاس خاوند او پوه دی.

د الله تعالی او د هغه د بندګانو تر ټولو لوی دښمن شيطان دی.

قسم يې کړی چې تر قيامته به انسانان بې لارې کوي او خپله دښمني به ورسره پالي. دا هغه شوم مخلوق او نامرده دښمن دی، چې انسان د تباهۍ کندې ته ورټېل وهي، بيا ورته وايي چې زه له تا بېزاره يم. د دې لپاره چې موږ تاسې ددغه مکار او کمزوري دښمن په لومه کې گير نه شو، بايد پورته صفاتو څخه ځان وساتو تر څو د شيطان ملگرتيا مو په ناپامۍ نه وي کړې.

په دنيا کې هر شی ختمېدونکی دی

يوه پاچا خپل وزير ته وويل داسې يوه خبره راته وکړه چې زما خوشحالي په خپګان او خپګان په خوشحالي بدل کړي.

هغه ورته وويل: هر حالت ختمېدونکی دی!

يعني هيڅ شی دوام نه کوي، که خپګان وي، که خوشحالي وي، که مال وي، که قوت وي او که بل هر هغه څه وي چې موږ تاسې پرې تکيه کړې.

١٠٤: البقرة، ٢٦٨ آيت

ربښتینې اتلولي دا ده چې په آزموینه کې بریالي شوو.
الله تعالی فرمايي: ﴿وَإِنْ كُنَّا لَمُبْتَلِينَ﴾[105]
ژباړه: او هرو مرو موږ تاسې آزمايوو.
ابتلا یا امتحان زموږ د پیداکولو لامل دی. که آزمایښت نه وای؛ ملایکې بس وې چې د الله تعالی عبادت وکړي.
اتلولي دا نه ده چې له امتحان څخه بچ شې، بلکې پکې بريالی شې.
الله تعالی موږ د مال په راکولو يا د مال په اخيستلو امتحانوي.
مېړه له ښځې او مېرمن له مېړه سره په اړيکه او چلند کې د ناخوالو له امله ازمویل کیږي چې صبر کوي او که نه. که ښه ژوند ولري هم امتحانیږي چې ایا د الله پاک شکر ادا کوي او که نه.
په ښه اولادونو یا په بدو، سخت یا خوشاله ژوند، ښه مقام یا ټیټ منصب، په قوت او ضعف، په فقر او شتمنۍ او بل هر حالت کې انسان ازمویل کیږي.
باید په دې آزموینو کې بريالي شوو چې په دنیا او آخرت کې هم بريا ترلاسه کړو. باید د الله تعالی په امتحان کې ځانونه بريالي کړو.

څنګه پیاوړي کېدای شو؟

زموږ ځوانان باید د اسلامي اُمت د تېرو شوو صالحو علماوو پر پل، قدم کېږدي او له هغو دې زده کړي چې د ژوند په کومو اړخونو کې څومره پیاوړي وو؟

۱۰۵: المؤمنون، ۳۰ آیت

له هغو څخه لاندې ټکي د بېلګې په توګه يادوم:

١ - د ايمان پياوړتيا

٢ - په دين وياړ

مسلمان ځوان بايد پر خپل دين باندې ووياړي او د خپل دين د وياړونو په اډانه کې پياوړی وي. لکه څرنګه چې جعفر بن أبي طالب رضي الله عنه د حبشې له پاچا سره په خبرو کې په خپل دين وياړ کړی و.

لکه څرنګه چې ربعي بن عامر د وخت د لوی طاغوت (رستم فارسي) په مخکې درېدلی و او په ډېر جرأت سره يې د الله پاک د دين ارزښت ورښودلی و.

همداسې عز بن عبدالسلام چې د مصر د پاچا (ايوب) په مخکې خپل سر نه ټيټوي او حق وينا ورته کوي.

په نننۍ عصر کې هم موږ ځيني ځوان پياوړي علماء لرو چې د لويو قدرتونو پر وړاندې په ډېره څرګنده خپله خبره کوي او له الله تعالی پرته له بل چا ويره نه لري.

٣ - اخلاقي پياوړتيا

مسلمان ځوان بايد د خپل عزت، عفت او امانت په ساتلو کې غښتلی او رښتينی وي، د خپلو مسلمانانو ورونو پر وړاندې ډېر نرم او د دين د دښمنانو په مقابل کې سخت وي.

له خپلو مسلمانو ورونو سره بايد مرسته کوونکی، رحم کوونکی او له تيروتنو تيرېدونکی وي.

۴ -علمي پیاوړتیا

مسلمان ځوانان د ژوند په نورو برخو کې د پیاوړتیا تر څنګ د علم په ډګر کې هم باید تر نورو مخکښ، خلاق او نوښتګر وي.

۵ - دعوت او سیاسي برخه کې پیاوړتیا

د مسلمانانو اوسنیو بدمرغیو او ځینو فاسدو نظامونو ته په پام سره د ځوانانو مسوولیت دی څو د اسلام په خپرولو او پلي کولو کې کوټلي ګامونه واخلي. د ټولنې، ملت او هېواد ستونزې درک کړي او د حل لارې ورته ولټوي او په دې برخه کې خپله وجیبه اداء کړي.

۶ -جسمي پیاوړتیا

اسلام لکه څنګه چې په معنوي برخه کې د مسلمانانو پر پیاوړتیا ټینګار کوي همدارنګه پر جسمي پیاوړتیا او روغتیا هم ټینګار کوي.

اسلام سست او ناتوانه انسان ته اړتیا نه لري او که مسلمان ځوان خپلې بدنې روزنې ته پاملرنه ونه کړي خپل دین ته ګټه نه شي رسولی. دې ته په کتو د ځوانانو وجیبه او مسوولیت دی چې د خپل دین خدمت وکړي، پرې وویاړي، ګټې یې په پام کې ونیسي، خپلې معنوي او جسمي پیاوړتیا ته په کلکه پام وکړي، په ځان کې کمزوري ټکي له منځه یوسي او له وخت څخه سالمه ګټه پورته کړي.

ځکه الله پاک له انسان څخه د ځوانۍ د پړاو پوښتنه کوي، چې ځواني یې څنګه او په څه ډول تېره کړه او د الله پاک حساب په رښتیا ډېره سخته ده.

تر ټولو لویه بدبختي

د انسان لپاره تر تولو لویه بدبختي دا ده چې دی مړ شي خو ګناهونه یې ژوندي وي .

ښه بېلګه یې هغوی دي چې په ټولنیزو شبکو کې غیر اخلاقي او ناروا ویډیوګانې او انځورونه خپروي. دوی له دنیا لاړ شي، خو د دوی په لاسونو خپاره شوي شیان نور کسان لاس په لاس کوي او عذاب یې د دوی ترڅنګ اصلي خپروونکي ته هم رسیږي؟ همغوی ته چې نشر کړي یې دي یا هغوی ته چې لاس په لاس کوي یې او ټول پکې له ګناه خپله برخه ترلاسه کوي.

الله تعالی داسې خلکو ته سخت ګواښ کړی .

﴿إِنَّ الَّذِينَ يُحِبُّونَ أَنْ تَشِيعَ الْفَاحِشَةُ فِي الَّذِينَ آمَنُوا لَهُمْ عَذَابٌ أَلِيمٌ فِي الدُّنْيَا وَالْآخِرَةِ ۚ وَاللَّهُ يَعْلَمُ وَأَنْتُمْ لَا تَعْلَمُونَ﴾[١٠٦]

ژباړه: کوم کسان چې د مؤمنانو په منځ کې فحشاء خپرول خوښوي، دوی لره په دنیا او آخرت کې دردناك عذاب دی. الله پوهېږي او تاسې نه پوهېږئ.

والله دا لوی ناورین دی.ځینې خلک دا کارونه د دې لپاره کوي چې نور خوشحاله کړي یا یې ساعت تېر شي.

خو له دې غافل دي چې دا څو لایکونه کمنتونه به څه ګټه وکړي؟ که یې په دې نیت کوي چې د خلکو ساعت تېر شي، د خلکو به ساعت تېر شي خو د هغه ګټه پکې څه ده؟

١٠٦: النور، ١٩ آیت

اووه ډله کسان چې په قیامت کې د عرش تر سیوري لاندې وي

ابو هریرة رضي الله عنه له خیرالبشر ﷺ نه روایت کړی:

«سَبْعَةٌ يُظِلُّهُمُ اللَّهُ يومَ القِيَامَةِ في ظِلِّهِ، يومَ لا ظِلَّ إِلَّا ظِلُّهُ: إِمَامٌ عَادِلٌ، وَشَابٌّ نَشَأَ في عِبَادَةِ اللَّهِ، وَرَجُلٌ ذَكَرَ اللَّهَ في خَلَاءٍ فَفَاضَتْ عَيْنَاهُ، وَرَجُلٌ قَلْبُهُ مُعَلَّقٌ في المَسْجِدِ، وَرَجُلَانِ تَحَابَّا في اللَّهِ، وَرَجُلٌ دَعَتْهُ امْرَأَةٌ ذَاتُ مَنْصِبٍ وَجَمَالٍ إلى نَفْسِهَا، قالَ: إنِّي أَخَافُ اللَّهَ، وَرَجُلٌ تَصَدَّقَ بِصَدَقَةٍ فأخْفَاهَا حتَّى لا تَعْلَمَ شِمَالُهُ ما صَنَعَتْ يَمِينُهُ»[۱۰۷]

په دې حدیث کې راغلي:

د قیامت په ورځ به الله تعالی په اووه کسانو په داسې حال خپل سیوری وغوړوي په کومه ورځ چې به د هغه له سیوري څخه پرته بل هیڅ سیوری نه وي.

۱: عادل مشر

۲: هغه ځوان چې د الله په عبادت کې را لوی شوی وي.

۳: هغه سړی چې زړه یې له جوماتونو سره تړلی وي.

۴: هغه دوه کسان چې یوازې د الله پاک لپاره مینه کوي، د الله تعالی لپاره یو ځای کیږي او د الله عزوجل لپاره جدا کیږي.

۵: هغه کس چې یوه ښایسته او شتمنه مېرمن یې بد اخلاقۍ ته ور وبولي او هغه ترې انکار وکړي یا ورته ووایي چې زه له الله تعالی ویریږم.

۱۰۷: متفق علیه

٦: هغه څوک چې صدقه او خیرات په ښي لاس ورکړي، خو چپ لاس یې پرې خبر نه شي.
٧: هغه کس چې په یوازیتوب کې الله یاد کړي او له سترګو یې اوښکې وبهېږي.
الله تعالی دې موږ او تاسې د دغو اووه کسانو په ډله کې شامل کړي.

شتمني یا بېوزلي د الله تعالی د محبت نښه نه ده

الله پاک قارون ته ډېر مال ورکړی و، خو دښمن یې و.
جلیل القدر صحابي عبدالرحمن بن عوف رضي الله عنه ته یې پراخ مال ورکړی او د الله تعالی دوست و.
فرعون لوی مقام او ګڼ امکانات درلودل، خو د الله تعالی دښمن و.
سیلمان علیه السلام هم د ځمکې واکمن او د امکاناتو خاوند و خو د الله تعالی بنده او پیغمبر و.
دنیا او مالداري د الله تعالی د مینې یا د کرکې نښه نه ده.
رسول الله ﷺ فرمایلي: «لَوْ كَانَت الدُّنْيَا تَعْدِلُ عِنْدَ اللَّه جَنَاحَ بَعُوضَةٍ مَا سَقَى كَافِرًا مِنْها شَرْبَةَ مَاءٍ»[١٠٨]
ژباړه: که دنیا د الله تعالی پر وړاندې د میاشي د وزر په اندازه ارزښت لرلای؛ کافر به ترې څکه نه وه کړې.
یعني که دنیا ارزښت لرلای، کافر به ترې د اوبو د یوه غوړپ په اندازه هم برخه نه وه ترلاسه کړې. څکه کافر د الله پاک دښمن دی، نو دښمن خو له نعمته محروم وي. همدا د دنیا ریښتینی ارزښت دی.

١٠٨: رواه الترمذي، وَقالَ: حديثٌ حسنٌ صحيحٌ

زموږ د بدمرغیو اصلي لامل څه دی؟

له بده مرغه چې اسلامي اُمت خپل پخوانی برم او هیبت له دې کبله له لاسه ورکړی چې لیک او لوست ته یې شا کړې او د خپلو پخوانیو مخکښو علماوو لاسته راوړنې یې هېرې کړې.

تر دې چې د لوست او مطالعې د نه کولو له امله یې په نړۍ کې موقف کمزوری او له پامه غورځول شوی. د ننني مسلمانانو د مطالعې کچه د دوی د رسالت او خپل اصلي حیثیت ترلاسه کولو لپاره بسنه نه کوي.

هغه څوک چې غواړي په نړۍ د ویلو لپاره څه ولري او د اسلامي رسالت دروند پېټی پورته کړي؛ باید په علمي او فکري ډګرونو کې تر نورو مخکې وي او تر هر چا ډېره مطالعه وکړي.

باید په اسلامي او عصري علومو او ټکنالوژۍ برخه کې تر نورو امتونو پرمختګ وکړي او غښتلي وي. که داسې نه وي؛ نو له نورو ایډیالوژیو او فکرونو سره د سیالۍ او مقابلې ډګر کې به د اوس په شان همېشه وروسته پاتې او ناکام وي.

ننۍ نړۍ د ډول ډول ایډیالوژیو له کبله ځانګړې ده.

د کفر او باطل لپاره شپه او ورځ کار کیږي تر څو باطل پرسته پر نړۍ حاکم او واکمن وي. خو د دوی په مقابل کې مسلمانان هغسې هڅې او کار نه کوي چې له دوی یې تمه کیږي.

همدا لامل دی چې په نني عصر کې باطل په ظاهرا برلاسی ښکاري.

الحمدلله ګڼ مسلمان علماء او مفکرین له اسلام څخه د غوره دفاع په خاطر بوخت دي او په نړیواله کچه هڅې کوي.

دا ټولې هڅې د اسلامي اُمت د ويښتابه او په نړۍ کې د دوی د هويت د څرګندېدو لپاره کېږي.

خو زه او ته بايد له ځانه وپوښتو چې موږ څه کړي؟

ځکه د څو کسانو زيار او هڅې کفايت نه کوي، بايد هر مسلمان د خپل دين د خپرولو او ملاتړ لپاره نه ستړې کېدونکې هلې ځلې وکړي او ځان مسؤل وګڼي.

که د اسلامي اُمت ځوان نسل له لوست او مطالعې نه لرې پاتې شي، دا ټولې هڅې بې ځايه ځي او دا طبيعي خبره ده چې پردی کلتور او باطل نظام پر اسلامي ټولنې واکمنيږي.

د کمې مطالعې ستونزه يوازې په ځوانانو او څو مسلمانو هېوادونو پورې نه ده محدوده، بلکې که عمومي کچه باندې پام ورته وشي، د مسلمانانو د مطالعې اوسط له غير مسلمانو څو برابره ټيټ دی.

هغه دين چې پيل يې په لوست او مطالعې کېږي او وياړ يې هم په همدې کې نغښتی دی، د پيروانو حالت يې اوس دې پولې ته رسېدلی دی چې د لوست په وروستۍ ليکه کې ولاړ دي او په خپل ميراث او نړيوالو علمي لاسته راوړنو کې ځانګړې ونډه نه لري.

زموږ په ژوند کې لوست او مطالعه حياتي اصلونه دي. پر دې بايد پوه شو چې هر انسان که په هره علمي کچه (نبوغ، فوق الاستعداد، با استعداد...) کې اوسي، لوست او مطالعې ته اړتيا لري. د نويو علمي لاسته راوړنو لپاره کوښښونه او پر هغو پوهېدنه په اوسني وخت کې د ناپوهۍ له منځه تللو يوازېنۍ لاره ده.

او د اسلام صحیح فهم ته د رسېدو لپاره هم باید له علمي لاسته راوړنو او د نورو علماوو له فکرونو خبر واوسو.

که په ټولنه کې په پوهه سمبال، مستعد، مصلح او له دین څخه صحیح فهم لرونکي کسان رامخته نه شي او مخکښ رول ونه لوبوي، ځای به يې ناپوهه خلکو خپل کړی وي.

هغوی چې لوست کوي او هغوی چې یې نه کوي، د ځمکې او آسمان فرق لري.

الله تعالی فرمایي:

﴿ قُلْ هَلْ يَسْتَوِي الَّذِينَ يَعْلَمُونَ وَالَّذِينَ لاَ يَعْلَمُونَ﴾[۱۰۹]

ژباړه: آیا برابر دي هغه کسان چې پوهېږي او هغه کسان چې نه پوهېږي؟

په دغه حکم کې هغو کسانو ته هم اشاره ده چې د عبادت په پلمه یې د مطالعې او زده کړې لاره پرېښې او فکر کوي چې د ثواب یوازینی لاره عبادت دی او بس.

خو حضرت محمد ﷺ فرمایي: «د عالم لوړوالی پر عابد دومره دی لکه زما لوړوالی ستاسو تر ټولو پر کمزوري باندې»[۱۱۰]

د مطالعې نه کول د دې لامل هم کېږي چې مسلمانان تر ټولو وروسته پاتې او د دښمنانو په دام کې ګیر شي.

په دې ډول شرایطو کې مسلمان ځوانان باید دغه ګوانښ او له امله يې پېښېدونکي زیانونه درک کړي او ويې پېژني.

۱۰۹: الرعد، ۹ آیت

۱۱۰: رواه الترمذي

مسلمان ځوان باید په ټولنه کې د مطالعې د کچې د لوړاوي او ددغه کلتور عاملو ته د خپلو پلانونو په لومړیتوبونو کې ځای ورکړي.
هم باید خپله په ورځني ډول د مطالعې لپاره یو ځانګړی وخت ولري او هم دې دغه زمینه نورو ته په ځانګړي ډول ښځو ته هم برابره کړي.
موږ که غواړو په نړیواله کچه کلک دریځ او پېژندل شوی موقف او نړیوالو په کتار کې ځانګړی ځای ولرو، باید تر نورو امتونو ډېره زدکړه او مطالعه وکړو.
ځکه د سیالۍ په اوسني ډګر کې کمزوری انسان ځای نه لري او هغه څوک چې پیاوړی فکر او د هویت ځانګړنه لري د یو بشپړ او سم پلان له لارې یې هدف ته د رسېدو لاره هم لنډه ده.
په ټولنه کې ډېر داسې کسان پیدا کېږي چې په فلسفه، تاریخ، ساینس او نورو معاصرو علومو کې تخصص لري خو له بده مرغه چې له دین څخه هېڅ پوهه نه لري. برعکس داسې کسان هم شته چې په ډېرو ابتدایي دیني زدکړو بسنه کوي او له ساینسي زدکړو سره مخالفت کوي، چې دا پخپله د ټولنې د کمزورۍ کولو عمده لامل کېږي.

د الله تعالی نظام عجیب دی

مال، جمال، قوت او نور ډېر نعمتونه هر انسان ته ورکوي، خو فکري او جسمي سکون او قلبي اطمینان یا ډاډ بیا په خپلو ځانګړو مؤمنو بنده ګانو لوروي.
دا د سکون یا زړه ډاډ په جدي اهمیت دلالت کوي او ښيي چې سکون د الله تعالی تر ټولو لویه لورینه ده.

خوشبخت دی هغه انسان چې په دغه ډله کسانو کې وي. باور وکړئ سخته ده چې ارزښت یې بیان کړای شم. خلاصه دا چې سکون یا د زړه ډاډ د ژوند یو له مهمو نعمتونو څخه دی.

دا لوی نعمت څنګه ترلاسه کیدای شي؟

الله تعالی فرمایي:

﴿الَّذِينَ ءَامَنُوا وَتَطْمَئِنُّ قُلُوبُهُم بِذِكْرِ اللَّهِ ۗ أَلَا بِذِكْرِ اللَّهِ تَطْمَئِنُّ الْقُلُوبُ﴾[111]

ژباړه: همدغه (د الله لوري ته ګرځېدونکي) خلك هغه کسان دي چې ایمان یې راوړی او د هغو زړونو ته د الله په یاد سره ډاډینه یا سکون ور په برخه کیږي. خبردار اوسئ! همدغه د الله یاد هغه شی دی چې زړونو ته ډاډ ور په برخه کوي.

له ځوانانو د اسلام غوښتنه څه ده؟

اسلام په ښکاره ډول له ځوانانو غواړي چې غښتلي و اوسي. پیاوړتیا او غښتلتیا په شخصیت جوړونه او د ژوند د سمون په برخو کې مهم ټکي دي او ځوانان باید دغه مهم اصلونه په ځان کې پیاوړي کړي.

خیرالبشر ﷺ فرمایي: «المؤمن القوی خیر وأحب الی الله من المؤمن الضعیف»[112]

ژباړه: غښتلی مؤمن له کمزوري او کم وسه مؤمن څخه بهتر او د الله تعالی ډېر خوښ دی.

۱۱۱: الرعد، ۲۸ آیت

۱۱۲: رواه مسلم

الله سبحانه و تعالی د انفال په سورت کې فرمايي:
﴿وَأَعِدُّوا لَهُمْ مَا اسْتَطَعْتُمْ مِنْ قُوَّةٍ﴾[۱۱۳]
ژباړه: د خپلو دښمنانو پر وړاندې په ځواک او قوت سره تیاری ونیسئ.
انسان باید د ژوند په هر پړاو کې او د پېښو په هر بهیر کې ځواکمن او غښتلی وي. د اسلام غوښتنه دا ده چې اُمت یې تر ټولو زیات پیاوړی، عزتمن او سرلوړی وي.

آیا ما ګنهګار به الله وبښي؟

په روایتونو کې راځي چې د موسی علیه السلام په زمانه کې یو ځوان و، ډېر زیات بدکار، ګنهګار او پر خپل ځان ظالم و.
د کلي خلکو نوموړی په ډېرې بې احترامۍ له ښاره په دې دلیل وشړلو چې هغه ځوان ډېر ګنهګار و او داسې نه چې د هغه له امله الله تعالی پر هغوی قهر نازل کړي.
هغه ځوان له هغه وروسته په یوه کنډواله کې ژوند پیل کړ. په دې ځای کې د هغه لپاره د خوراک او څښاک هېڅ نه و او نه یې کوم خپلوان و، بس یوازې یې ژوند کاوه.
یوه ورځ الله تعالی موسی علیه السلام ته وحیه وکړه چې زما له ولیانو څخه یو ولي وفات شوی دی؛ هلته لاړ شه، هغه ته غسل ورکړه، د جنازې لمونځ یې وکړه او په کلي کې اعلان وکړه چې که د هر چا ګناه ډېره زیاته وي او په دې جنازه کې ګډون وکړي؛ الله تعالی به یې ګناهونه ورته وبښي.

۱۱۳: الأنفال، ٦٠ آیت

کله چې موسی علیه السلام دا اعلان وکړ، بې شمېره خلک له خپلو کورونو را ښکاره او د جنازې په ځای کې را غونډ شول، خلکو د مړي له مخ نه د پردې په لرې کولو مړی و پېژانده او موسی علیه السلام ته یې عرض وکړ چې اې د الله نبي دا خو هغه فاسق دی چې مونږ له کلي شړلی و، د دې خبرې په اورېدو موسی علیه السلام په تعجب شو، موسی علیه السلام چې کله مړي ته وکتل حیران شو او وې ویل چې دا خو ریښتیا همغه ګنهګار ځوان دی چې بې له ګناه څخه به یې ژوند نه شو کولای. آیا د ده په اړه الله تعالی ماته وحیه کړې؟ الله تعالی موسی علیه السلام ته بیا وفرمایل چې دا خلک رښتیا وایي!

کله چې خلکو دا ځوان له ښار څخه وشړلو، موده وروسته د یخوالي له امله دا ځوان ناروغ شو، نو یې ښي او کیڼ خوا ته په کتلو نه ملګری، نه کوم خپل او خپلوان تر نظر شول، د یوازېتوب، غربت او ذلت احساس یې وکړ او بیا یې وویل: "الهي! زه ستا له بندګانو څخه یو بنده یم، له ښار څخه شړل شوی یم، څوک مې په ښار کې د ژوند کولو لپاره نه پرېږدي. یا الله! که زه په دې پوهېدای چې هغه عذاب چې ته یې ما ته راکوې، ستا په ملکیت کې زیاتوالی رامنځ ته کوي یا هغه بخښنه چې ته یې ما بخښې، ستا په پادشاهي کې څه کمی راولي، نو ما به هېڅکله له تا د بخښنې غوښتنه نه وای کړې، خو زما ساتونکی او بخښونکی پرته له تا بل څوک نه دی، ځکه تا په خپله ویلي چې زه تر ټولو ډېر لوی بخښونکی او مهربان یم! بیا نو هیله کوم چې زما زړه مه را ماتوه!"

الله پاک موسی علیه السلام ته وفرمایل، اې موسی! آیا ما ته دا مناسبه ده، چې د هغه دعا رد کړم په داسې حال کې چې دی زما څخه په ډېره عاجزۍ زما د صفاتو په یادولو د بخښنې غوښتنه کوي او رټې اوښکې تویوي. اې موسی! زه په خپل عزت قسم کوم! که دې ځوان د نړۍ د ټولو وګړو لپاره بخښنه غوښتې وای؛ ما به د دې ځوان د تواضع په خاطر دا ټول خلک بخښلي وو!

اې موسی! زه د غریب او بې وسه خلکو مرستندوی، دوست، طبیب، او پر داسې خلکو ډېر مهربان یم.

هغه ګناهګار ځوان، چې بې له ګناه څخه یې بل کار نه و زده، له هغه نه الله تعالی ولي جوړوي، هغه هم یوازې په یو وار توبه!؟

زموږ خالق ډېر مهربان او پوره رحم لرونکی دی، مګر موږ د دعا د غوښتلو په طریقه نه پوهېږو، که موږ په سمه توګه د الله تعالی څخه دعا وغواړو، هغه به راته ټول ګناهونه معاف کړي!

یا الله سبحانه و تعالی مونږ ټول ستا ډېر ګناهګار بندګان یو، موږ ته هم بخښنه وکړه!

یادونه: که څه هم دا کیسه په کوم صحیح حدیث نه ده روایت شوې، خو محتوا یې د ځینو مبارکو حدیثونو مصداق ده چې پر انسان د الله تعالی پراخه رحمت ښیي.

په ناپوهۍ د اسلام ضد دعوت

ځینې اسلامي دعوتگران نه پوهیږي چې دوی په ناپامۍ یا غیر ارادي ډول د اسلام په ضد دعوت کوي.
خصوصاً د سخت مزاج او خشن اسلوب لرونکي دعوتگران چې ځان ورته په حقه او نور بې لارې ښکاري او خلکو ته سپک نظر کوي.
په متکبرانه ډول خلکو ته د هغوی د گناهونو پېغورونه ورکوي او په داسې انداز خبرې کوي لکه دی چې تر ټولو نېک انسان وي خو ټول خلک بېلارې او گنهگاران وي.

د سعادت، خوشحالۍ ترلاسه کولو عملي لار

په اوسني وخت کې له ډېرو کسانو په ځانگړې توگه له ځوانانو سعادت، خوشحالي، سکون یا آرامښت ورک شوي، ډېری انسانان د ژوند په هر امکان هڅه کوي چې دا نعمتونه بیا مومي، خو نه شي کېدای.
خو د دغه نعمتونو د موندلو لارې دا دي:
لومړی: په دې یقین ولرئ، هر هغه شی چې تاسې ته مقدر دی یعنې تقدیر کې درته ټاکل شوی، هغه حتماً کیږي، که ته څومره کوشش هم وکړې. نو یقین ولره چې ځینې کارونه تقدیري وي.
عَنْ ابْنِ عَبَّاسٍ ، قَالَ: "كُنْتُ خَلْفَ رَسُولِ اللَّهِ صَلَّى اللَّهُ عَلَيْهِ وَسَلَّمَ يَوْمًا، فَقَالَ: «يَا غُلَامُ إِنِّي أُعَلِّمُكَ كَلِمَاتٍ، احْفَظِ اللَّهَ يَحْفَظْكَ، احْفَظِ اللَّهَ تَجِدْهُ تُجَاهَكَ، إِذَا سَأَلْتَ فَاسْأَلِ اللَّهَ، وَإِذَا اسْتَعَنْتَ فَاسْتَعِنْ بِاللَّهِ، وَاعْلَمْ أَنَّ الْأُمَّةَ لَوْ اجْتَمَعَتْ عَلَى أَنْ يَنْفَعُوكَ بِشَيْءٍ لَمْ يَنْفَعُوكَ إِلَّا بِشَيْءٍ قَدْ

كَتَبَهُ اللَّهُ لَكَ، وَلَوْ اجْتَمَعُوا عَلَى أَنْ يَضُرُّوكَ بِشَيْءٍ لَمْ يَضُرُّوكَ إِلَّا بِشَيْءٍ قَدْ كَتَبَهُ اللَّهُ عَلَيْكَ، رُفِعَتِ الأَقْلَامُ وَجَفَّتْ الصُّحُفُ»[114]

ژباړه: له ابن عباس رضي الله عنه څخه روايت دی چې ويلي يې دي، يوه ورځ په رسول الله ﷺ پسې روان وم نو يې راته وويل: اې ځوانه، څو کليمې در زده کوم: الله پاک په ياد ساته هغه دې نه هېروي، الله پاک مه هېروه هر ځای به درسره وي، که څه غواړې يوازې يې له الله پاک نه غواړه او که مرستې ته دې اړتيا وه، يوازې يې له الله پاک څخه غواړه. او پوه شه چې که ټول اُمت راټول شي چې تا ته ګټه ورسوي، هېڅ ګټه به درته ونه شي رسولای؛ مګر دا چې د الله پاک خوښه وي يا يې درته دغه مرسته په تقدير کې ليکلې وي او که ټول خلک راټول شي چې تاته تاوان واړوي، نه يې شي کولای؛ مګر دا چې الله پاک ستا لپاره تقدير ټاکلی وي. قلمونه پورته شول او رنګونه وچ شول، يعنې دا هر څه چې شوي او کيږي تر قيامته ليکل شوي او هېڅ شی د الله له پريکړې وتلای نه شي.

دا کاينات، لمر، ځمکه، نورې سيارې، سمندرونه او نور مخلوق څوک کنټرولوي؟ او واک يې د چا په لاس کې دی؟

ځواب تر لمر روښان دی: الله تعالی! ښه نو ستا ماغزه، معده، زړه او د بدن نظام چا فعال ساتلی او د چا په امر فعاليت کوي؟

ځواب: د الله سبحانه و تعالی.

١١٤: رواه الترمذي (٢٥١٦)، قال الترمذي رحمه الله : "هَذَا حَدِيثٌ حَسَنٌ صَحِيحٌ

کله چې الله تعالی لمر، سپوږمۍ، ټول کاینات او ستا وجود هر څه کنټرولوي او په ښه ډول یې تدبیر د کایناتو خالق پخپله نیسي، نو بیا ولې ځان په دې نه پوهوې چې ستا غیر اختیاري چارې هم د الله تعالی په واک کې دي؟
ستونزه دا ده چې موږ په خپل قاصر عقل یقین نه کوو او خپلې چارې مو الله تعالی ته پوره نه دي سپارلې.
هغه وخت ته راحت او آرام ژوند کولای شې چې په دې یقین وکړې چې په تقدیر کې لیکل شوي هر څه حتماً ترسره کیږي، ځکه باید ټول خپلې چارې الله تعالی ته وسپارو. که دا کار وکړې، ارام او له سعادت ډک ژوند به ولرې.
ته باید د توکل اسباب برابر کړې او باقي پر الله پاک توکل وکړې، که داسې وکړې ژوند به دې ورسره هوسا شي.
دویمه: چار چاپېر وگوره، کوم ملگري دې منفي فکره دي؟
آیا داسې ملگري لرې چې تل دې په غوږ کې له ناهیلۍ ډکې خبرې زمزمه کوي؟ تل درته وایي دا کار نه کیږي، ولا سخت دی، ته یې نه شې کولای، ته دا ستونزه لرې.
داسې ملگري بدل کړه، له دوی سره مه کینه او هغه چا سره ملگرتیا کوه چې تا ته مثبته انرژي دربخښي. زما او ستا ټولنه له بده مرغه له منفي فکره کسانو ډکه ده. ملگرتیا یې پرېږده او ځان ته ښه ملگري وټاکه. داسې ملگري چې په پوهې او په ناپامۍ تا ته انرژي دربخښي.

دریيمه: د ځان لپاره چاپېریال بدل کړه، که دې دنده یا کاروبار ستړی کوونکی وي، داسې وي چې زړه دې نه ورځي خو قدمونه دې کش کاږي، که امکان لري بدل يې کړه.

ځان ته داسې چاپېریال جوړ کړه چې زړه او قدمونه دې یو ځای ورځي.

اوسنی هر حالت چې ته يې لرې ترې راووځه، ځان سره یوه شېبه فکر وکړه، کوم هغه شی دی چې تا ځوروي؟ ستا حالت يې بد کړی.

د بدلون جدي اقدام يې وکړه.

اندېښنه مه کوه

ډاډه اوسه د الله پاک له طرفه چې کومه دروازه درته خلاصه شوې وي، هېڅوک يې نه شي بندولی، یوازې د صبر امتحان کې ځان کامیاب کړه.

د ایمان تله؛ څنګه خپل ایمان اندازه کړم؟

د ایمان د اندازه کولو معیار څه دی؟ څنګه کولای شم پوره ایمان ولرم یا کامل مؤمن شم؟ آیا ایمان مې قوي دی که ضعیف؟

رسول الله ﷺ د ایمان د اندازه کولو یوه ښه تله موږ ته راښودلې. راځئ په دې تله خپل ایمان وتلو:

«لا يُؤمِنُ احدُكُم حتي يُحِب لأخِيهِ ما يُحبُّ لنفسه»[۱۱۵]

۱۱۵: متفق علیه

ژباړه: هېڅوک کامل مؤمن یا ایمان راوړونکی کېدای نه شي، تر هغې چې هر هغه څه چې د ځان لپاره خوښوي، د خپل مسلمان ورور لپاره یې هم خوښ کړي.
څومره آسانه تله ده چې خپل ایمان پرې وتلو!؟
ته د ځان لپاره څه خوښوې؟
آیا نه غواړې خلک دې غیبت وکړي؟ نو ته هم د نورو غیبت مه کوه؟
که ته نه غواړې چې خلک دې پټ عیبونه یا رازونه ولټوي او رسوا دې کړي، ته هم د خلکو په اړه تجسس مه کوه.
دا د یوې قاعدې په توګه ځان ته وټاکه او تل یې په یاد ساته.
ایمان د دې لپاره نه دی راغلی چې تر جوماتونو او مدرسو یې ځانګړی کړو او هلته دې بندي وي. اسلام د دې لپاره راغلی چې زموږ ټولنه منظمه کړي، زموږ اخلاق او چلند پاک کړي، مسلکي، اصولي او نېک یې کړي او په مرسته یې موږ سپیځلی ژوند وکړو چې له مرګ وروسته ژوند مو هم سپیځلی او بختور وي!
دین موږ ته وايي: تر هغې دې ایمان نه پوره کېږي چې له خلکو سره داسې رفتار وکړې کوم چې د ځان لپاره خوښوې.
د ښه مسلمان اوسېدو لپاره دا قاعده ځان ته وټاکه، هر کار چې کوې، له ځان سره دا فکر وکړه چې دا کار د ځان لپاره څه ډول غواړې، بیا یې همغسې وکړه.
آیا کله چې ته د یو مسلمان ورور یوه ستونزه حل کړې، په شونډو یې موسکا خپره کړې، یا ترې یو تشویش لرې کړې، یا یې یو حاجت ور پوره کړې، د خوشحالۍ او راحت احساس کوې؟

نو بيا دې مبارک شه، ته د حديث مصداق او مؤمن يې ان شاء الله!
که دې ځواب منفي وي يا فکر کوې چې داسې نه يې، بيا نو پر خپل ايمان ووېرېږه! هغه مسلمان چې د خلکو په خوښيو خوشحالېږي؛ مؤمن دی.

اصلي مېړانه

دا مېړانه نه ده چې پخپل زوی باندې د محمد نوم کېږدې، بلکې مېړانه دا ده چې د محمد ﷺ په اخلاقو يې تربيه کړې.

په ځوانانو کې د بې لارۍ لاملونه

د ټولو لوړو او اوچتو اخلاقي، علمي، سياسي، ټولنيزو او انساني ارزښتونو د لاس ته راوړلو لپاره الله سبحانه و تعالی د اسلام مبارک دين په چوکاټ کې غوره اصول ټاکلي، چې انسانان د دغو اصولو په عملي کولو سره د انساني خلقت د هدف پر لور سوق شي او هغه څه چې الله تعالی په دنيا او آخرت کې د انسانانو د نېکمرغۍ په خاطر په پام کې نيولي؛ ترلاسه کړي.
الله جل جلاله په قرآن کريم کې د هغو څو ځوانانو يادونه کوي چې هغوی له کفر، شرک، بت پرستۍ، بد اخلاقۍ، فحشاء او گناه ځخه د خوندي پاتې کېدو په خاطر د کفر او بت پرستۍ له طاغوت صفته واکمنانو بغاوت اعلان کړ. د توحيد او د الله جل جلاله لار يې خپله کړه او په هغه چاپېريال او ټولنه کې د اوسېدو پر ځای چې په هغه کې مؤمنان، موحدين او د الله جل جلاله رينښتوني بنده گان ځورېدل، په زندانونو کې اچول کېدل او د بنده، بنده گۍ ته مجبور کېدل...

د یو لوړ غره پر سر، له ښار او کلیو څخه لرې په یو غار کې یې د الله جل جلاله په امر پناه واخیسته، چې دغه ځوانان په قرآنکریم کې د اصحاب کهف په نوم یاد شوي دي.

ما د کهف سورت د ترجمې او تفسیر لړۍ کې د دغه ځوانانو کیسې په ګډون پنځه مهمې او له پندونو ډکې کیسې بیان کړې او نور مهم معلومات پکې دي. زما د یوټیوب او فیسبوک په اکونټونو کې یې موندلی شئ.

د اصحاب کهف کیسه په قرآن کریم کې د دې لپاره ذکر شوې چې دغه کیسه هر ځوان ته د یو انقلابي ژوند درس ورکوي.

هغه داسې چې سر یې باید له الله څخه پرته بل چا ته ټیټ نه شي، د بنده ګانو د غلامۍ زنځیر په غاړه کې وانه چوي، خپل هغه استقلال یا آزادي چې الله جل جلاله ورکړې، د وخت واکمن ته د تقرب په خاطر ونه پلوري. د الله جل جلاله په مرسته او ملاتړ پوره باور ولري او د حق د پاځون په خاطر د مظلومانو د نجات لپاره او د الله جل جلاله د دین د حاکمیت لپاره باید د مبارزې په جریان کې لویو لویو آزمایښتونو او ستونزو د زغم کلک عزم او اراده ولري.

د ایثار، فداکارۍ او قربانۍ جذبه یې هېڅکله متزلزله نه شي، د مادیاتو په مقابل کې د اسلامي جهاد او اسلامي دعوت لاره پرې نه ږدي، که هغه په سنګر کې وي، که په دفتر کې وي، که په هجرت کې وي او که د ژوند په هره برخه او پړاو کې وي.

مسلمان ځوانان د اسلامي اُمت د ملا تیر دي، نه یوازې د پیغمبر ﷺ د دعوت او د الله جل جلاله د دین طرف ته د بلنې اصلي او اولني ملګري ځوانان وو، بلکې د هر وخت او د هر زمان په اوږدو کې چې الله جل جلاله د بشریت د هدایت او لارښوونې لپاره خپل رسولان او پیغمبران علیهم السلام رالیږلي او د بشریت د ژغورنې لپاره هغوی د الله جل جلاله د دین لور ته د دعوت پیل کړی، ځوانان وو.
همدغه ځوانان وو، چې دَ الله جل جلاله د پیغمبرانو تر څنګ درېدلي او اسلام مبارک دین یې تر ولسونو رسولی او په دې لار کې یې له هېڅ ډول قربانۍ او فداکارۍ څخه ځان نه دی سپمولی، د حق بیرغ یې اوچت کړی، د ظلم، جهل، فساد، بد اخلاقۍ، کفر او استبداد په خلاف یې نه ستړې کېدونکې مبارزې کړې دي او د الله جل جلاله د رضا د حصول لپاره یې خپله وینه نذرانه او تل یې د باطل او کفر پر خلاف د حق سنګر د خپلو وینو په تویولو ګرم ساتلی دی.
همدغو په الله مینو ځوانانو له اسلام، حق او عدالت څخه په لومړۍ کرښه کې دفاع کړې او همدا وجه ده چې د اسلام دښمنان له همدغو په ایمان او اسلام مینو او مجهزو ځوانانو څخه وېره او خوف لري او کوښښ کوي چې د اسلامي اُمت ځوان نسل په خپلو شیطاني او طاغوتي لومو کې راګیر کړي. دوی د مسلمان ځوانانو انحراف لپاره له ټولو هغو وسایلو څخه استفاده کوي چې په اختیار کې یې لري.

د اسلام دښمنان غواړي چې د مسلمان ځوان نسل فسق، فجور، فحشاء، بد اخلاقي، جهل او بې لارېتوب ته سوق کړي چې په دغو بدمرغیو د اخته کولو لپاره له بېلابېلو اسبابو او وسایلو څخه کار اخلي.
په اوسني دور کې د اسلام دښمنان د مسلمان ځوانانو د انحراف لپاره ډېر وسایل او امکانات لري چې له هغو په استفادې سره کولای شي د دین له معنویت، حقانیت، وسعت او لوړو اخلاقي، ادبي، علمي او انساني ارزښتونو بې خبره ځوانان منحرف او بې لارې کړي.
مسلمان ځوان باید هوښیار وي او د خپل ژوند په اصلي هدف ځان پوه کړي او خپل ځان هر ډول شیطاني دام کې له غورځېدو وساتي.

شکلاني عبادت

په اوس وخت کې د ځینو مسلمانانو ستونزه دا ده چې یوازې شعائري عبادتونو ته پام کوي، لکه: (لمونځ، روژه، زکات، حج...) خو تعاملي عبادتونه یې پرېښي دي لکه: (اخلاق، صداقت، په ژمنه وفا، له ګاونډي سره ښه سلوک، امانت نه خیانتول...). په داسې حال کې چې د دغه دواړو ډولونو عبادتونو له ډلې یوازې یو یې انسان په آخرت کې بریالی کولای نه شي، الا ماشاء الله.
په قرآن کریم کې هرځای چې د ایمان راوړلو خبره شوې، ورسره د نېکو عملونو خبره هم شوې. مسلمان باید اسلام بشپړ په ځان عملي کړي. عبادتونو ته هم ډېر پام ولري او اخلاق هم هېر نه کړي.
د اسلام مبارک دین درې برخې لري، عقیده، احکام او اخلاق.

دواړو تېروتنه وکړه، يو پيغمبر او بل د الله دښمن شو

آدم عليه السلام او ابليس عليه اللعنة دواړو د الله تعالی له امر څخه سرغړونه وکړه. ابليس انسان ته په سجده نه شو او آدم عليه السلام منع شوی کار وکړ. په حقيقت کې دواړو تېروتنه وکړه.

آدم عليه السلام له خپلې تېروتنې وروسته توبه وکړه او د الله تعالی پر وړاندې زاری پيل کړې او پر خپله گناه يې اعتراف وکړ او الله تعالی يې توبه قبوله کړه. خو ابليس پر خپلې تېروتنې ودرېد او ځان ورته لوی ښکاره شو او تکبر يې وکړ، له همدې امله الله تعالی ورټلو او تر ابده بدبخته شو.

رسول الله ﷺ فرمايي: د انسان په ښي ولي کې د نېکۍ ليکونکې ملايکه او په چپ اړخ کې د بديو ليکونکې ملايکه ده، چې دواړه د انسان نېک او بد عملونه ليکي. خو الله تعالی د بديو ليکونکې ملايکه د ښي ولي د ملايکې تابع کړې، کله چې انسان گناه وکړي د بدۍ ملايکه د ښي اړخ ملايکې ته وايي: آيا دا گناه يې وليکم؟ هغه ورته وايي نه، صبر وکړه او وخت ورکړه، کېدای شي توبه وباسي او له الله تعالی بخښنه وغواړي. کله چې شپه راشي، د بدۍ ملايکه بيا پوښتنه کوي چې گناه يې وليکم؟ د نېکۍ ليکونکې ملايکه بيا ورته همدا وايي چې وخت ورکړه، کېدای شي بخښنه وغواړي.

خو کله چې انسان ويده شي او توبه ونه باسي، الله تعالی فرمايي زما بنده څومره بې حيا و، ويده شو او توبه يې ونه کړه.

بيا الله تعالی فرمايي، زما دې پر خپل عزت او جلال قسم وي، که يې بخښنه غوښتې وای، ما يې توبه قبلوله.

الله تعالی په دومره لويي او دومره عظمت تاته د توبې ويستلو څومره فرصتونه برابر کړي، خو ته؟!

بس يو ځل ووايه يا الله زه پښېمان يم، بخښنه راته وکړه، بس يوازې پر خپلې گناه پښېمان شه، الله تعالی دې بخښي ان شاء الله!

که يو وار نه، بلکې څو وارې هم در څخه گناه کېدله، دوه کارونه مه کوه: يو دا چې د وخت په تېرېدو گناه درته کوچنۍ ښکاره شي يا يې روا وبولې، ځکه د حرامو حلالول انسان کفر ته بيايي.

دويمه دا چې بايد له استغفار يا توبې ويستلو غافل نه شې.

که ته په رېښتيا يا په صداقت ووايې چې استغفرالله العظيم و اتوب اليه (زه له عظيم رب څخه بخښنه غواړم او توبه ورته کوم) ان شاء الله، توبه دې قبلېږي. کله چې تول ويده شي، د شپې په دريمه برخه کې راپاڅېږه او توبه وباسه او د الله تعالی په حضور کې سجده وکړه او ورته ووايه چې زما ربه ستا د کمزوري بنده قدمونه وښوېدل او گناه ترې وشوه، ستا له امر د سرغړونې لپاره مې گناه نه ده کړې، بلکې نفس مې کمزورى شو او پښه مې وښوېده، ته مې لاسنيوى وکړه او بخښنه راته وکړه.

د ځان اصلاح

له يو حکيم څخه پوښتنه وشوه، په څه شي باندې انسان له خپل دښمن څخه انتقام اخيستلای شي؟

هغه ورته وويل: د خپل ځان په اصلاح کولو سره.

زه هم له ډېرې مودې راهیسې ایډز لرم

د خلکو له منځه یو ځوان ودرېد او راته یې وویل، سوال نه لرم خوغواړم یوه کیسه وکړم تر څوخلکو ته پند شي.

ځوان کیسه داسې پیل کړه چې یوه ورځ له ملګرو سره بهرني هېواد ته د تفریح په موخه لاړم، په هوټل کې هر ملګري ځان ته ځانګړې کوټه نیولې وه، ما په خپل اطاق کې ستوماني ایستله، دروازه وټکېده، چې خلاصه مې کړه یوه پیغله نجلۍ ولاړه وه او راته یې کړه چې داخل ته درتلی شم؟ ما ترې وپوښتل چې څه کار مو دی؟

نجلۍ ځواب راکړه چې زه ستا په برخه یم، حیران شوم!

ملګرو ته مې اواز وکړ چې څه کیسه ده، دوی په خندا ځواب راکړه چې دا مو تاته راوستې ده.

ما مې له ملګرو بخښنه وغوښته چې زه زنا نه شم کولی، ملګري مې راټول شول او شور یې جوړ کړ، چا راته ویل ته نر نه یې، چا یو او چا بل څه ویل، خو زما ځواب دا و چې هر څه وي زه دا حرام کار نه کوم.

بالاخره ملګرو په زوره نجلۍ زما اطاق ته راټیله او له شا څخه یې دروازه بنده کړه، ډېرې نارې مې وکړې، خو دروازه یې خلاصه نه کړه او دا یې ویل چې موږ دا کار کوو، ته یې هم باید وکړې.

ځوان وایي کله چې په ګناه کې له ډوبېدو وډارېدم، نو مې د درواغو په بنه نجلۍ ته وویل: ګوره، زه له یو کال راهیسې ایډز لرم، که رانږدې شوې تا به هم ونیسي.

د دې خبرې په اورېدو نجلۍ موسکۍ شوه او ځواب یې راکړ چې مه په تشویش کېږه، زه هم له ډېرې مودې راهیسې ایډز لرم!

ځوان وایي، د دې خبرې په اورېدو مې له خولې غیر ارادي غږ رابهر شو چې الحمد لله!

دا کیسه شیخ محمد العریفي د سعودي تکړه عالم په خپل یوه ویډیویي بیان کې کړې ده او وایي چې دغه ځوان یې په کوم پروګرام کې راپورته شو او دا کیسه یې وکړه.

څوک چې د الله تعالی له ډاره ناروا کار ته شا کړي، الله تعالی به یې په دې او هغې دنیا بدله ضرور ورکوي.

پیغمبر ﷺ وایي: الله تعالی به اووه ډله کسانو ته د قیامت په ورځ د خپل د عرش تر سیوري لاندې ځای ورکړي. په هغه ورځ چې له همدغې سیوري پرته به بل سیوری نه وي، له دې ډلې یو هغه څوک دی چې ښکلې مېرمن ترې د ناروا کار غوښتنه وکړي...

او دی ځواب ورکړي چې "اني اخاف الله" یعنې زه له خپل ربه ډارېږم، لکه په پورتنۍ کیسه کې چې مو ولوستل.

منطقي ځواب

یو کس خپل ملګري ته وویل: فلانی سړی مې هېڅ نه خوښېږي، ملګري یې ورته وویل: چې زما هم نه خوښېږي، مګر څه پوهېږې، کیدای شي الله تعالی د دواړو زړونه فاسد کړي وي او له همدې کبله به مو نیك خلك نه خوښېږي.

د قرآن کريم په رڼا کې د ډيپريشن (ژور خپګان) درملنه

خوشحالي له کومه ترلاسه کړو؟

څنګه له اندېښنو او غمونو په امان شو؟

د دې ستونزو علاج د دين په مرسته څنګه کولای شوو؟

دا هغه پوښتنې دي چې زموږ په ټولنه کې يې هر انسان له ځان يا له بل نه پوښتي.

الله سبحانه و تعالی خپل کتاب د دې لپاره نازل کړی چې ترې انسانان ګټه پورته کړي او تر څنګ يې د دغه شريف کتاب له برکته د هر مرض علاج وشي.

﴿ وَنُنَزِّلُ مِنَ الْقُرْآنِ مَا هُوَ شِفَاءٌ وَرَحْمَةٌ لِلْمُؤْمِنِينَ ۙ وَلَا يَزِيدُ الظَّالِمِينَ إِلَّا خَسَارًا﴾[116]

ژباړه: موږ د دغه قرآن کريم نازلولو په لړ کې هغه څه نازلوو چې د مؤمنانو لپاره شفاء او رحمت دی، مګر د ظالمانو لپاره له زيان نه پرته بل څه نه زياتوي.

د نورو امراضو تر څنګ د ډيپريشن (ژور خپګان) يا اضطراب مرض علاج هم قرآن کريم په واضحه توګه په ګوته کړی.

﴿أَلَا بِذِكْرِ اللَّهِ تَطْمَئِنُّ الْقُلُوبُ﴾[117]

ژباړه: پوه شئ چې يوازې د الله تعالی په ذکر زړونه مطمئن کيږي (سکون ترلاسه کوي).

۱۱۶: الاسراء، ۸۲ آيت.

۱۱۷: الرعد، ۲۸ آيت

کله چې زړه مطمئن شي، د انسان ګنې رواني او فزيکي ناروغۍ ورسره کمېږي او انسان د ارامش احساس کوي.
په بل مبارک آيت کې الله تعالی فرمايي:
﴿يَا أَيُّهَا الَّذِينَ آمَنُواْ اسْتَجِيبُواْ لِلّهِ وَلِلرَّسُولِ إِذَا دَعَاكُم لِمَا يُحْيِيكُمْ وَاعْلَمُواْ أَنَّ اللّهَ يَحُولُ بَيْنَ الْمَرْءِ وَقَلْبِهِ وَأَنَّهُ إِلَيْهِ تُحْشَرُونَ﴾[118]
ژباړه: اې هغه کسانو چې ايمان مو راوړی د الله تعالی او د هغه د پيغمبر ﷺ بلنې ته لبيك ووايئ، کله چې پيغمبر ﷺ تاسو ته د هغه شي په لور بلنه درکړي چې تاسو ته ژوند بخښي او وپوهېږئ چې الله تعالی د انسان او د هغه د زړه تر منځ حايل دی او د همغه لوري ته به تاسو ټول ورغونډ کړای شئ.
په دې آيت کې الله تعالی خپلو بندګانو ته وايي چې زما او د رسول ﷺ غوښتنو ته مثبت ځواب ووايئ، تر څو بيا ژوند دروبخښم.
په دې آيت کې هغه چا ته غږ شوی چې په ځمکه ګرځي، خوراک او څښاک کوي خو په معنوي توګه مړه دي.
ځينې علماء وايي: له دعاکم (غږ) نه مراد قرآن کريم دی خو نور بيا وايي چې له دې څخه مراد اسلام دی.
د دې مبارک آيت په رڼا کې دا جوته ده چې که موږ د الله تعالی او د هغه د رسول ﷺ غوښتنو ته مثبت ځواب ووايو او عمل پرې وکړو، موږ ته حقيقي ژوند رابخښي او دا واضحه ده چې په شرعي ژوند کې تشويش او رواني او ګنې ستونزې ډېرې کمې وي.

[118]: الأنفال ، ۲۵ آيت

خو که موږ دغه غوښتنې ونه منو؛ په ډېرو داسې ذهني مرضونو او ناکراریو به اخته شو چې له امله به یې زموږ ژوند تریخ او بې خونده شي، له معنوي اړخه به مو نابود او د حقیقي ژوند ښکلا به په سیند لاهو کړي.

هغه انسان چې د الله تعالی عبادت په سمه توګه کوي، دوی ته الله تعالی حقیقي او له سکون نه ډک ژوند ورکوي، خو هغه څوک چې د الله تعالی له عبادت څخه غافل شي، په بېلابېلو مرضونو او کړاونو اخته کېږي.

هغوی چې د الله تعالی له عبادت څخه غافل دي، مثال یې داسې دی لکه په تیاره کې چې ولاړ وي او هېڅ لاره ورته نه ښکاري، چې هره خوا ځي تیاره وي او رڼا نه شي موندلای چې په مرسته یې خپل ژوند له دې کړاوونو بچ کړي او د سکون نه ډک ژوند ولري.

حقیقي ژوند ته لاره الله تعالی په خپله موږ ته ښودلې:

﴿مَنْ عَمِلَ صَالِحًا مِنْ ذَكَرٍ أَوْ أُنْثَىٰ وَهُوَ مُؤْمِنٌ فَلَنُحْيِيَنَّهُ حَيَاةً طَيِّبَةً ۖ وَلَنَجْزِيَنَّهُمْ أَجْرَهُمْ بِأَحْسَنِ مَا كَانُوا يَعْمَلُونَ﴾[۱۱۹]

څوك چې ښه عمل وکړي، که هغه نارینه وي او که ښځه، په دې شرط چې مؤمن وي، پر هغه به موږ په دنیا کې سپیځلی ژوند تېر کړو او (په آخرت کې به) دغسې خلکو ته د هغوی د ښوو عملونو په بدل کې ډېر ښه اجر ورکړو.

په دې مبارک آیت کې زموږ دا پوښتنه ښه ځواب شوې، چې څنګه له خوښیو ډک ژوند وکړو او له ذهني ناکراریو څخه ځان وساتو؟

۱۱۹: النحل، ۹۷ آیت

ځواب خپله الله تعالی وايي: څوک چې نېک اعمال ترسره کړي، الله تعالی به هغوی ته ښايسته ژوند ورکړي هم په دې دنيا او هم په آخرت کې.

﴿ إِنَّ الْأَبْرَارَ لَفِي نَعِيمٍ ﴿١٣﴾ وَإِنَّ الْفُجَّارَ لَفِي جَحِيمٍ ﴿١٤﴾ يَصْلَوْنَهَا يَوْمَ الدِّينِ ﴾[١٢٠]

ژباړه: ضرور به نېکان په زياتو خوندونو کې وي او شك نشته چې بد کاران به په دوزخ کې اوسېږي او د جزا په ورځ به هغوي دوزخ ته حتماً ور دننه کيږي.

په دې آيت کې نعيم د نعمت جمعه کلمه ده چې هر نعمت لکه د روغتيا، ثروت، خوشحالی او هر بل نعمت پکې شامليږي.

په يو بل آيت شريف کې الله تعالی فرمايي:

﴿فَأَمَّا مَنْ أَعْطَىٰ وَاتَّقَىٰ ﴿٥﴾ وَصَدَّقَ بِالْحُسْنَىٰ ﴿٦﴾ فَسَنُيَسِّرُهُ لِلْيُسْرَىٰ﴾[١٢١]

چا چې (د الله تعالی په لار کې شتمني ورکړه)، او تقوا يې وکړه (د الله تعالی له نافرمانی نه يې ځان وساتو) او نيکي يې ريښتينې کړه، هغه ته به موږ د آسانی لپاره لار آسانه کړو.

يعنې څوک چې په نېکه لاره مال مصرفوي او په زړه کې له الله جل جلاله څخه ويرېږي، ديني خبرې رښتيا گڼي، پر رباني بشاراتو باندې باور لري او صحيح يې گڼي، د هغه لپاره به موږ د نېکيو لارې آسانوو

١٢٠: الإنفطار، ١٣-١٥ آيتونه

١٢١: الليل، ٥-٧ آيتونه

او په پای کې به یې د آسانۍ او راحت مقام ته رسوو چې د هغه نوم جنت دی.

﴿وَأَمَّا مَنْ بَخِلَ وَاسْتَغْنَىٰ ﴿٨﴾ وَكَذَّبَ بِالْحُسْنَىٰ ﴿٩﴾ فَسَنُيَسِّرُهُ لِلْعُسْرَىٰ﴾[122]

ژباړه: او چا چې بخیلي وکړه (له خپل ربه یې) بې پروایي وکړه، او نېکي یې دروغ وګڼله، هغه ته به موږ سخت ځای ته د ورتګ لار آسانه کړو.

یعنې چا چې د الله جل جلاله په لاره کې خرڅ او مصرف و نه کړ، د آخرت د ثواب پروا یې ونه کړه، د اسلام خبرې او د الله جل جلاله وعدې یې درواغ وبللې، ژوند به یې له مرضونو او آفتونو ډک وي، زړه به یې ورځ تر بلې تنګ، ضیق، تیاره او کلك شي او د نېکۍ توفیق ورڅخه سلبیږي او په پای کې ورو ورو د عذاب سختي ور رسیږي.

له مرضونو د خالي ژوند وعده الله تعالی له هغه وخته موږ ته کړې چې کله یې زموږ نیکه آدم علیه السلام ځمکې ته راولیږو او ورته یې وویل:

﴿قَالَ اهْبِطَا مِنْهَا جَمِيعًا بَعْضُكُمْ لِبَعْضٍ عَدُوٌّ فَإِمَّا يَأْتِيَنَّكُم مِّنِّي هُدًى فَمَنِ اتَّبَعَ هُدَايَ فَلَا يَضِلُّ وَلَا يَشْقَىٰ﴾[123]

ژباړه: (الله تعالی وفرمایل) تاسو دواړه ډلې (انسان او شیطان) له دې ځایه ښکته شئ، تاسو به یو د بل دښمنان یاست، اوس که زما له لوري تاسو ته کوم هدایت ورسیږي، نو څوك چې زما د هدایت پیروي وکړي هغه به نه ګمراه شي نه به په بد بختۍ اخته شي.

۱۲۲: اللیل، ۸-۱۰ آیتونه

۱۲۳: طه، ۱۲۳ آیت

په بل آیت کې الله متعال فرمايي:

﴿وَمَنْ أَعْرَضَ عَن ذِكْرِي فَإِنَّ لَهُ مَعِيشَةً ضَنكًا وَنَحْشُرُهُ يَوْمَ الْقِيَامَةِ أَعْمَى﴾[١٢٤]

څوك چې زما له ذکر (عبادت) څخه مخ واړوي، د هغه لپاره به په دنيا کې تنګ (له مرضونو او آفتونو ډک) ژوند وي او د قيامت په ورځ به هغه ړوند راپاڅوو.

هر انسان چې د الله جل جلاله له عبادت نه غافل او يوازې د دې فاني دنيا ژوند يې خپل مقصد او قبله ګرځولې وي، د هغه زړه به سخت او تنګ کړای شي، په ډول ډول ذهني ناروغيو به اخته شي او خوښي به يې له ژونده ورکه شي، اګر که ظاهراً د ډېر مال، دولت، عيش او عشرت څښتن ښکاري، مګر څرنګه چې زړه يې له قناعت او توکل څخه خالي وي، د دنيا د زيات حرص او ترقۍ په فکر کې تل ورك او نارامه وي او د لوږې او د سختيو له لاسه چې کله په تنګ شي، نو مرګ ته په خپل ژوند ترجيح ورکوي.

داسې خلک به قيامت کې په سترګو ړانده وي، د محشر په لور به يې بيايي او په زړه به هم ړانده وي چې هيڅ يو دليل ته به لاره نه مومي. وروسته به يې سترګې خلاصيږي چې د دوزخ هيبت ناك عذاب وګوري.

د دې لپاره چې خپل ژوند د الله تعالی په عبادت تېر او له هر ډول مرضونو په امن شو؛ بايد تر هر څه لومړی خپل پنځه وخته لمونځ په سمه توګه ترسره کړو، فرضي روژې بشپړې ونيسو، د خپلو مالونو زکات ورکړو او که وس مو وي حج وکړو.

١٢٤: طه، ۱۲۴ آيت

د دې ترځنګ باید خپلو اخلاقو ته ډېر پام وکړو او خلکو سره همېشه نېکي او ښه چلند وکړو. نفلي عبادتونو کې غښتلي شو. نفلي عبادتونو کې یو بهترین عبادت د قرآن کریم تلاوت دی چې باید خپل زیاتره وخت ورته بیل یا ځانګړی کړو او په معنی یې ځان پوه کړو.

ګڼې داسې دعاګانې هم شته چې په برکت یې الله تعالی موږ د مرضونو ترځنګ له هر ډول آفت څخه ژغوري.

دا باید خپل عادت کړو چې هر سهار له لمونځ نه وروسته حد اقل یوه پاڼه قرآن کریم تلاوت کړو. ورپسې لاندې دعاګانې ولولو.

لاندې دعاګانې له نبي کریم ﷺ څخه روایت شوې دي، مونږ یې باید حفظ کړو او هر سهار یې په ژبه جاري کړو تر څو مو الله تعالی له هرډول مرض څخه وساتي.

د دعا پیل باید په الحمد لله او پر پیغمبر ﷺ د درود ویلو وشي.

دعاګانې:

١- «أَصْبَحْنا وَأَصْبَحَ المُلْكُ لله وَالحَمدُ لله ، لا إلهَ إلاّ اللّهُ وَحدَهُ لا شَريكَ لهُ، لهُ المُلكُ ولهُ الحَمْد، وهُوَ على كلّ شَيءٍ قدير ، رَبِّ أسْأَلُكَ خَيرَ ما في هذا اليوم وَخَيرَ ما بَعْدَه ، وَأَعوذُ بِكَ مِنْ شَرِّ هذا اليوم وَشَرِّ ما بَعْدَه، رَبِّ أَعوذُبِكَ مِنَ الْكَسَلِ وَسوءِ الْكِبَر ، رَبِّ أَعوذُبِكَ مِنْ عَذابٍ في النّارِ وَعَذابٍ في القَبْر» (درې ځلې باید ولوستل شي).

٢- «اللّهُمَّ بِكَ أَصْبَحْنا وَبِكَ أَمْسَينا ، وَبِكَ نَحْيا وَبِكَ نَمُوتُ وَإِلَيْكَ النُّشُور » (درې ځلې باید ولوستل شي).

٣- «اللّهـمَّ أَنْتَ رَبـِّي لا إلهَ إلاّ أَنْتَ ، خَلَقْتَني وَأَنا عَبْدُك ، وَأَنا عَلى عَهْدِكَ وَوَعْدِكَ ما اسْتَطَعْت ، أَعـوذُبِكَ مِنْ شَرِّ ما صَنَعْت ، أَبوءُ لَكَ بِنِعْمَتِكَ عَلَيَّ وَأَبوءُ بِذَنْبي فَاغْفِرْ لي فَإِنَّهُ لا يَغْفِرُ الذُّنوبَ إِلاّ أَنْتَ» (درې ځله).

٤- «اللّهُمَّ عافِني في بَدَني ، اللّهُمَّ عافِني في سَمْعي ، اللّهُمَّ عافِني في بَصَري ، لا إلهَ إلاّ أَنْتَ، اللّهُمَّ إِنّي أَعوذُبِكَ مِنَ الْكُفر ، وَالفَقْر ، وَأَعوذُبِكَ مِنْ عَذابِ القَبْر ، لا إلهَ إلاّ أَنْتَ» (درې ځله).

٥- «أَعوذُبِكَلِماتِ اللّهِ التّامّاتِ مِنْ شَرِّ ما خَلَق» (درې ځله).

٦- «بِسمِ اللهِ الذي لا يَضُرُّ مَعَ اسمِهِ شَيْءٌ في الأَرْضِ وَلا في السّماءِ وَهوَ السّميعُ العَليم» (درې ځله).

٧- «اللّهُمَّ إِنِّي أَسْأَلُكَ العَفْوَ وَالعافِيَةَ في الدُّنْيا وَالآخِرَة، اللّهُمَّ إِنِّي أَسْأَلُكَ العَفْوَ وَالعافِيَةَ في ديني وَدُنْيايَ وَأَهْلي وَمالي، اللّهُمَّ اسْتُرْ عَوْراتي وَآمِنْ رَوْعاتي، اللّهُمَّ احْفَظْني مِن بَينِ يَدَيَّ وَمِن خَلْفي وَعَن يَميني وَعَن شِمالي، وَمِن فَوْقي، وَأَعوذُ بِعَظَمَتِكَ أَن أُغْتالَ مِن تَحْتي» (يو ځل ولوستل شي).

دا دعاګانې مې د بېلګې په توګه د دعاګانو له يوه معتبر كتاب څخه راخيستې. كه تاسې د لا زياتو دعاګانو لوستلو حوصله لرئ، په ګوګل كې وليكئ: (اذكار الصباح والمساء) ان شاء الله ګڼې نورې هم موندلی شئ.

د هغه ځوان به څه حال وي؟

یو ځوان بې روزګاره و، یوه ورځ په انټرنېټ کې په سایټونو ګرځېدو چې د لوڅو فلمونو سایټ باندې یې سترګې ولګېدې. پکې ښکته پورته شو، ځان یې د برېښنالیک له لارې د څو روپیو په بدل کې په دې سایټ کې راجسټر کړ، په اونۍ کې به ورته ایمېل راغی او د لسګونو فلمونو لینکونه به یې ترلاسه کول، دا کار د ځوان عادت وګرځېد او پرې روږدی شو.

بله ورځ یې خپلو ملګرو ته کیسه وکړه چې هره اونۍ مې برېښنالیک ته د لسګونو لوڅو فلمونو لېنکونه راځي او د بلې اونۍ تر پایه د همدغو فلمونو په لیدلو بوخت یم.

ملګرو یې ترې غوښتنه وکړه چې موږ ته یې هم چل را وښایه.

هغه ځوان له خپلو ملګرو ایمېلونه ټول کړل او داسې سیستم یې جوړ کړ چې کله به ده ته ایمېل راغی، په اتومات ډول به یې ملګرو ته هم ور رسیده. موده وورسته دغه ځوان مړ شو.

له مرګ وروسته یې یو ملګری ګوري چې د مړ شوي ملګري له ایمېل نه ورته د لوڅو فلمونو لېنک راغلی، هلک هک پک شو چې هغه خو مړ شوی څنګه یې له ایمېل څخه ما ته پیغامونه راځي؟

ملګري یې د ایمېل اصلي کمپنۍ اړوند کسانو ته پیغام واستاوه او له دې یې خبر کړل چې هغه ځوان مړ شوی خو لا یې هم برېښنالیک ته ستاسې لخوا ایمېلونه راځي او بیا موږ ته فارورډېږي. غوښتنه یې ترې وکړه چې که دا سیستم بند کړل شي.

د ایمېل ځواب یې راغی چې له دې کار نه د خلاصون لپاره ضرور ده چې د مړ شوي کس د ایمېل پاسورډ تاسو سره وي.

ملګري یې وایي چې د ډېرو کوښښونو نتیجه منفي وه.

اوس فکر وکړه، د هغه ځوان به څه حال وي؟

ځکه الله تعالی فرمايي:

﴿إِنَّ الَّذِينَ يُحِبُّونَ أَنْ تَشِيعَ الْفَاحِشَةُ فِي الَّذِينَ آمَنُوا لَهُمْ عَذَابٌ أَلِيمٌ فِي الدُّنْيَا وَالْآخِرَةِ وَاللَّهُ يَعْلَمُ وَأَنْتُمْ لَا تَعْلَمُونَ﴾[۱۲۵]

ژباړه: هغه کسان چې د مؤمنانو په منځ کې د فحشاء خپرول غواړي، ددوی لپاره په دنیا او آخرت کې دردناک عذاب دی، او الله تعالی پوهيږي او تاسو نه پوهيږئ.

دا کیسه مې د عرب عالم شیخ محمد العریفي له خولې لیکلې چې هغه دا یوه واقعي کیسه بللې ده.

عمر ډېر لنډ دی

په دنیا کې هیڅ مادي شی د دې ارزښت نه لري چې له امله یې خپلوانو او مسلمانو ورونو سره اړیکې غوڅې کړو. عمر ډېر لنډ او د دې لپاره هیڅ نه دی چې په کینه او بد نیتۍ دې ضایع شي. ژوند ډېر چټک دی ځکه باید ترې ښه استفاده وکړو. مرګ د هر انسان انتظار کوي. یوه شیبه هم ځان غمجن مه پرېږدئ، د الله تعالی عبادت او ذکر مه قطع کوئ. خوشحاله ژوند وکړئ او د الله تعالی له نعمتونو ګټه واخلئ. که داسې ونه کړئ په هره ضایع کړې ثانیه به پښېمانه کېږئ.

۱۲۵: النور، ۱۹ آیت

هغه کسان چې جنت کې به د نور پر منبرونو ناست وي

ابو ادریس الخویلاني رحمه الله چې د تابعینو له جیدو علماو څخه دی وایي: د سوریې د پلازمینې دمشق یو جومات ته ننوتم چې پکې له دیرشو زیات صحابه په دایروي شکل ناست وو او په خپلو منځونو کې یې خبرې کولې. د دوی په منځ کې یو ځوان خاموش ناست و، ځینې صحابه رضي الله عنهم چې هلته وو، هغه ځوان ته په ډېر احترام قائل وو. کله چې به دوی په خپل منځ کې اختلاف درلود، نو همغه ځوان ته به ورتلل او هغه به چې هر څه ورته ویل، دوی به منل او اختلاف به یې له منځه لرې شو.

کله چې ما هغه ولید، په زړه کې مې د هغه لپاره سخته مینه پیدا شوه. پوښتنه مې وکړه چې د صحابه وو په منځ کې ناست ځوان څوک دی؟ راته وویل شول: دا د پیغمبر ﷺ مشهوره صحابي معاذ بن جبل رضي الله عنه دی.

پریکړه مې وکړه چې سبا سهار تر ټولو څخه مخکې جومات ته راځم چې معاذ رضي الله عنه یوازې ووینم او ورسره خبرې وکړم. سهار وختي چې تیاره هم وه، جومات ته حاضر شوم او په دې فکر وم چې شاید تر ټولو څخه مخکې راغلی یم، کله چې جومات ته داخل شوم، گورم چې معاذ بن جبل له ما څخه مخکې شوی او په مسجد کې حاضر دی او په تهجد لمونځ بوخت دی.

ما هم دوه رکعته لمونځ ادا کړ او نوموړي ته مې انتظار کولو چې لمونځ پای ته ورسوي.

کله چې معاذ رضي الله عنه لمونځ پای ته ورساوه، ور نږدې شوم او له سلام وروسته مې ورته وویل، زه په الله قسم خورم چې زه له تا سره د الله تعالی په خاطر ډېره مينه لرم.

معاذ رضي الله عنه له ما پوښتنه وکړه: څه دې وويل؟ ما خپله خبره بيا تکرار کړه. هغه وويل: د الله په خاطر؟ ما ورته وويل، هو، خاص د الله تعالی په خاطر او دا کار درې ځله تکرار شو.

نوموړي ځان ته کش کړم او راته يې وويل: خوښ او خوشاله شه، ځکه ما له پيغمبر ﷺ څخه اوريدلي چې ويل يې الله پاک فرمايلي: «لُمُتَحَابُّون فِي جَلاَلِي، لَهُم مَنَابِرُ مِن نُورٍ يَغْبِطُهُم النَبِيُّونَ والشُهَدَاء»[۱۲۶]

ژباړه: هر څوک چې په خپلو منځونو کې زما د جلال په خاطر مينه کوي، دوی لره د نور منبرونه دي چې په ليدو به يې پيغمبران او شهيدان حيران وي.

يعنې د قيامت په ورځ داسې خلک چې په خپلو منځونو کې خاص د الله تعالی د رضا په خاطر مينه کوي، دوی لره به له نور څخه جوړ شوي منبرونه وي چې دوی به پرې ناست وي او پيغمبران او شهيدان به ورته تعجب کوي.

ابو ادريس الخويلاني وايي: کله چې ما دا خبره واورېده، ډېر زيات خوشال شوم، له جومات څخه د وتلو په وخت مې عباده بن صامت رضي الله عنه وليد او ورته مې وويل: آيا هغه څه درته ونه وايم چې له معاذ بن جبل رضي الله عنه څخه مې همدا اوس واورېدل؟

۱۲۶: [صحيح] - [رواه الترمذي وأحمد]

بیا مې ورته کیسه وکړه، هغه راته وویل: زه هم درته داسې یو حدیث وایم چې ما له پیغمبر ﷺ څخه اوریدلی دی او هغه دا حدیث دی:

زما مینه د هغه چا لپاره لیکل شوې، څوک چې په خپلو منځونو کې خاص زما لپاره مینه کوي.

دې ته ورته موضوع په اړه په قرآنکریم کې هم الله تعالی فرمايي:

﴿لَا تَجِدُ قَوْمًا يُؤْمِنُونَ بِاللَّهِ وَالْيَوْمِ الْآخِرِ يُوَادُّونَ مَنْ حَادَّ اللَّهَ وَرَسُولَهُ وَلَوْ كَانُوا آبَاءَهُمْ أَوْ أَبْنَاءَهُمْ أَوْ إِخْوَانَهُمْ أَوْ عَشِيرَتَهُمْ ۚ أُولَٰئِكَ كَتَبَ فِي قُلُوبِهِمُ الْإِيمَانَ وَأَيَّدَهُمْ بِرُوحٍ مِنْهُ ۖ وَيُدْخِلُهُمْ جَنَّاتٍ تَجْرِي مِنْ تَحْتِهَا الْأَنْهَارُ خَالِدِينَ فِيهَا ۚ رَضِيَ اللَّهُ عَنْهُمْ وَرَضُوا عَنْهُ ۚ أُولَٰئِكَ حِزْبُ اللَّهِ ۚ أَلَا إِنَّ حِزْبَ اللَّهِ هُمُ الْمُفْلِحُونَ﴾[١٢٧]

ژباړه: هیڅکله به دا ونه مومې کوم خلك چې پر الله او آخرت باندې ایمان لرونکي دي چې هغوی له هغو خلکو سره مینه کوونکي و اوسي چې د الله او د هغه رسول مخالفت یې کړی دی. که څه هم د هغوی پلرونه وي یا د هغوی زامن وي، یا د هغوی وروڼه وي، یا د هغوی ټبر او کورنۍ وي. دا هغه کسان دي چې الله د دوی په زړونو کې ایمان د ننه کړی دی او له خپل لوري د یو روح په ورکولو سره یې دوی تقویه کړي دي. هغه به دوی داسې جنتونو ته د ننه کړي چې تر هغو لاندې به ویالې بهیږي، په هغو کې به دوی د تل لپاره اوسیږي، الله له دوی نه راضي شو او دوی له الله نه راضي شول، دوی د الله د ګوند خلك دي. خبر دار اوسئ، همدا د الله د ګوند کسان فلاح یا ښیرازي موندونکي دي.

١٢٧: المجادلة، ٢٢ آیت

ولې الله تعالی د مسلمانانو حال نه بدلوي؟

نن ورځ په ټوله نړۍ کې مسلمانان په ډول ډول کړاوونو اخته دي؛ ولې د دوی حالت نه بدلیږي؟

همدا او ورته پوښتنې له ګڼو خلکو سره شته.ځینې عوامل یې قرآن کریم واضح کړي:

ځینې علماوو ویلي، یو اساسي علت زموږ د حال د نه بدلېدو دا دی چې موږ یوازې مسلمانان یوو، نه مؤمنان، یعنې د اسلام دعوه کوو خو عملونه مو د اسلام خلاف دي.

د دوی په باور مؤمن هغه چا ته ویل کیږي چې په زړه کې پوره ایمان ولري او پر ظاهر یې د ایمان نښې ښکاره شي (اعمال یې د اسلام سره یو شان وي) یا مؤمن هغه چا ته ویل کیږي چې په قول او عمل کې یو شان وي.

موږ ټول هغه ناروا کارونه ترسره کوو چې الله پاک منع کړي، خو کله چې سختي راشي بیا ګیلې او شکایتونه کوو چې ولې مو حالت نه بدلیږي.

که موږ په رښتیا پر الله تعالی ایمان راوړو او ریښتیني مؤمنان شو، الله تعالی به موږ له دې ټولو ستونزو او کړاوونو څخه خلاص کړي، ځکه قرآن کریم کې الله پاک فرمایلي چې که کوم مصیبت په تاسې راځي ستاسې له خپله لاسه دی.

الله تعالی په خپل پاک کلام کې څو ځایه دې ته اشاره کړې:

۱: که موږ مؤمنان شوو، په دې اُمت کې به هېڅ ستونزه پاتې نه شي او الله تعالی به مونږ هېڅکله په دې حال پرېنږدي، لکه څنګه چې الله تعالی په خپله وعده کوي:

﴿مَا كَانَ اللَّهُ لِيَذَرَ الْمُؤْمِنِينَ عَلَىٰ مَا أَنْتُمْ عَلَيْهِ حَتَّىٰ يَمِيزَ الْخَبِيثَ مِنَ الطَّيِّبِ﴾[۱۲۸]

ژباړه: الله پاک به مؤمنان په دې حالت کې هېڅکله پرېنږدي چې تاسې اوس په کې یاست هغه به سپېڅلي خلك له نا پاکو خلکو څخه بېل کړي.

۲: که موږ مؤمنان شو، الله تعالی به موږ سره مرسته وکړي ځکه الله تعالی د دې وعده کړې:

﴿وَلَقَدْ أَرْسَلْنَا مِنْ قَبْلِكَ رُسُلًا إِلَىٰ قَوْمِهِمْ فَجَاءُوهُمْ بِالْبَيِّنَاتِ فَانْتَقَمْنَا مِنَ الَّذِينَ أَجْرَمُوا ۖ وَكَانَ حَقًّا عَلَيْنَا نَصْرُ الْمُؤْمِنِينَ﴾[۱۲۹]

ژباړه: او موږ له تا څخه مخکې پیغمبران د هغو قوم ته ولېږل او هغوی له روښانه نښانو سره هغو ته راغلل، بیا چې چا جرم وکړ، له هغو نه موږ غچ واخیست او پر موږ یې دا حق و چې له مؤمنانو سره مرسته وکړو.

۳: که موږ مؤمنان شو، دغه غمجن حالت، خپګان او نور ناوړه حالت چې اُمت یې ضعیفه کړی، له منځه لاړ او یو قوي اُمت به جوړ شي. لکه څنګه چې الله تعالی دا شرط کړی:

۱۲۸: ال عمران، ۱۷۹ آیت

۱۲۹: الروم، ۴۷ آیت

﴿وَلَا تَهِنُوا وَلَا تَحْزَنُوا وَأَنْتُمُ الْأَعْلَوْنَ إِنْ كُنْتُمْ مُؤْمِنِينَ﴾[130]

بې زړه او اندېښمن کېږئ مه، همدا تاسو برلاسي یاست که تاسو مؤمنان اوسئ.

۴: که مؤمنان شو، هېڅ دښمن به پر موږ غالب نه شي، لکه څنګه چې الله تعالی فرمايلي:

﴿وَلَنْ يَجْعَلَ اللَّهُ لِلْكَافِرِينَ عَلَى الْمُؤْمِنِينَ سَبِيلًا﴾[131]

ژباړه: الله تعالی د کافرانو له پاره پر مسلمانانو د برلاسي هېڅ کومه لاره نه ده جوړه کړې.

زموږ ټولې کړنې دې ته ورته دي چې له الله تعالی څخه غواړو چې پوهنتون ته مو بريالي کړي، په داسې حال کې چې د دوولسم ټولګي سند نه لرو يا مو ښوونځی نه وي لوستی، آيا داسې امکان لري؟

موږ دعاګانې کوو، خو اسباب نه برابروو بيا وايو چې زموږ حالت ولې نه بدلیږي. زموږ حالت هغه وخت بدلیږي چې اول د ځان بيا د ټولنې د بدلون هڅه وکړو، چې کله موږ حرکت وکړو، الله پاک به برکت وکړي.

د وروسته پاتې هېوادونو يوه نښه

د وروسته پاتې هېوادونو تر ټولو ستره کاميابي دا ده چې توانيدلي خپل ملتونه قانع کړي چې د لوبو نړیوال جام ته لاره پيدا کول يوه لويه لاسته راوړنه ده او د تعليم او روغتيايي سيستم نړېدل عادي خبره ده. کله چې قدمونه له عقلونو څخه زيات ارزښت ولري دا د وروسته پاتې ټولنو لپاره لويه لاسته راوړنه وي.

۱۳۰: آل عمران، ۱۳۹ آيت

۱۳۱: النساء، ۱۴۱ آيت

په داسې حالت کې به څه وکړې؟!

په خپل ذهن کې د تصور يوه نړۍ جوړه کړه چې که دې موبايل ته پيغام راشي او پکې ليکلي وي:

"السلام عليکم، زه محمد د الله تعالی پيغمبر يم، غواړم راتلونکې اونۍ دې د څو ورځو لپاره مېلمه شم."

د هغه ﷺ د راتګ لپاره به د ژوند له کومې برخې بدلون پيل کړې؟

کله چې له کوره بهر ووځې او پيغمبر ﷺ هم درسره وي، کوم ملګري به ورته ور وپېژنې چې ته پرې وياړې او د کوم ملګرو له معرفي کولو به ډډه وکړې؟

په ورځني ژوند کې به کوم عادتونه بدل، د کومو عملونو په ښوولو غواړې چې هغه (ﷺ) خوښ او د کومو عملونو په نه ترسره کولو کې به کوښښ وکړې؟

له ځان سره اوږد فکر وکړه، بيا دې پوښتنو ته سم پلان جوړ او په عملي بڼه ځواب او په ژوند کې د تل لپاره عملي کړه، ځکه د الله تعالی ملائکې او ستا خپل وجود به ستا د ټولو کړنو راپور په کره ډول الله تعالی ته وړاندې کړي.

د ټولنې د کمزورۍ کېدو اسباب

زموږ په ټولنو کې له ټولو ستونزو سره سره بيا هم زموږ دا اوسنی حالت د الله پاک لوی رحمت او لورينه ده، که نه موږ تر دې د خراب حالت مستحق يوو.

الله تعالی پر موږ له ټولو څخه زيات مهربان دی، هر ځل موقع راکوي چې توبه وکړو او ځانونه اصلاح کړو، خو موږ ورځ تر بلې په خپلو ناوړه کړنو کې پورته روان يوو.

ابن تيميه رحمه الله ويلي: نظام له کفر سره بقا مومي، خو له ظلم سره دوام نه کوي.

کله چې په ټولنه کې ظلم خپور شي، الله تعالی له داسې ټولنې مخ اړوي، په پايله کې يې ټولنه ذليله او بالاخره او بربادېږي.

زموږ د ستونزو لامل دا نه دی چې ډوډۍ نه لرو، برېښنا نه لرو، اوبه نه لرو او داسې نور. بلکې زموږ د ستونزو تر ټولو لوی لاملونه دين څخه مخ اړول، پر عوامو ظلم، ناحقه وينه تويول، فساد، غلا او نورې ستونزې دي چې په ځينو اسلامي هېوادونو کې عامې دي.

په اسلامي ټولنو کې ډېری خلک تر خپلې وسې ظالمان دي، داسې ظلم کوي چې د انسانيت له چوکاټه بهر دی. موږ ظلم ترسره کوو، خو دا مو هېر وي چې څومره لويه ګناه کوو!؟ همدا لامل دی چې ټولنه مو ورځ تر بلې د زوال لوري ته درومي.

درې داسې شيان دي چې ټولنه له تباهي او زوال سره مخامخ کوي: ظلم، دروغ او خيانت يا دوکه.

دا درې ناوړه صفات ټولنه له منځه وړي، خو له بده مرغه چې همدا قبيح صفات زموږ په ټولنو کې زيات دي.

زمونږ د هر يو دنده دا ده چې په ټولنه کې د دې پديدو په اړه د خلکو ذهنونه روښانه او د دې ناوړه خويونو د نابودۍ لپاره جدي کار وکړو.

ظالمان غافلان دي؛ له جدي خبرداریو

هغوی چې ظلم کوي، په دې غافل دي چې الله تعالی ظالمانو ته څومره سخته سزا چمتو کړې او په سخت عذاب به یې عذابوي.

ځینې وخت له انسان څخه ظلم ترسره کیږي خو کم یې ګڼي او بې پروایي پرې غالبه شي، په همدې اساس د ظالمانو لپاره د قرآن کریم لاندې خبرداري ډېر جدي دي.

الله پاک ظالمان نه خوښوي:

﴿وَاللَّهُ لَا يُحِبُّ الظَّالِمِينَ﴾[132]

ژباړه: الله پاک ظالمان نه خوښوي.

الله تعالی د ظالمانو کړنې څاري او د هغوی لپاره به سخته سزا وي:

﴿وَلَا تَحْسَبَنَّ اللَّهَ غَافِلاً عَمَّا يَعْمَلُ الظَّالِمُونَ إِنَّمَا يُؤَخِّرُهُمْ لِيَوْمٍ تَشْخَصُ فِيهِ الأَبْصَارُ﴾[133]

ژباړه: اوس چې دغه ظالمان څه کوي ته الله له دوی نه غافل مه ګڼه. الله خو دوی د هغې ورځې له پاره ځنډوي چې کله داسې حالت وي چې سترګې تیغې ردې پاتې وي.

ظالمانو ته الله تعالی هدایت نه کوي او له خپلې نیغې لارې څخه یې بې لارې کوي:

﴿إِنَّ اللَّهَ لَا يَهْدِي الْقَوْمَ الظَّالِمِينَ﴾[134]

۱۳۲: آل عمران، ۵۷ آیت

۱۳۳: ابراهیم، ۴۲ آیت

۱۳۴: المائده، ۵۱ آیت

ژباړه: په دې کې شك نشته چې الله ظالمان له خپل هدايت څخه بې برخې کوي.

ظالمان به هېڅکله بريا ترلاسه نه کړي:

﴿وَمَنْ أَظْلَمُ مِمَّنِ افْتَرَىٰ عَلَى اللَّهِ كَذِبًا أَوْ كَذَّبَ بِآيَاتِهِ ۗ إِنَّهُ لَا يُفْلِحُ الظَّالِمُونَ﴾[135]

ژباړه: او له هغه چا نه به غټ ظالم څوك وي چې پر الله د دروغو بهتان ووايي، يا د الله نښانې دروغ وګڼي؟ دا يقيني ده داسې ظالمان هېڅکله برى نه شي موندلاى.

پر ظالمانو الله تعالى لعنت ويلى:

﴿يَوْمَ لَا يَنفَعُ الظَّالِمِينَ مَعْذِرَتُهُمْ وَلَهُمُ اللَّعْنَةُ وَلَهُمْ سُوءُ الدَّارِ﴾[136]

ژباړه: په هغه ورځ چې ظالمانو ته د هغوى معذرت هېڅ ګټه و نه رسوي او پر هغوى لعنت وي او د هغوى په برخه ډېر بد استوګنځى ورسېږي.

ظالمان له شفاعت څخه بې برخې دي:

﴿وَأَنذِرْهُمْ يَوْمَ الْآزِفَةِ إِذِ الْقُلُوبُ لَدَى الْحَنَاجِرِ كَاظِمِينَ ۚ مَا لِلظَّالِمِينَ مِنْ حَمِيمٍ وَلَا شَفِيعٍ يُطَاعُ﴾[137]

ژباړه: (اې پېغمبره ﷺ) دوى له هغې ورځې وډار کړه چې رانږدې شوې ده، کله چې زړونه خولې ته راغلي وي او خلك غلي ولاړ غم ګوټوي. د ظالمانو به نه کوم خواخوږى دوست وي او نه کوم سپارښتګر چې خبره يې ومنل شي.

۱۳۵: الأنعام، ۲۱ آيت

۱۳۶: غافر، ۵۲ آيت

۱۳۷: غافر، ۱۸ آيت

د ظلم له امله بلاء او عذابونه ډېرېږي:
﴿فَكَأَيِّن مِّن قَرْيَةٍ أَهْلَكْنَاهَا وَهِيَ ظَالِمَةٌ فَهِيَ خَاوِيَةٌ عَلَى عُرُوشِهَا وَبِئْرٍ مُّعَطَّلَةٍ وَقَصْرٍ مَّشِيدٍ﴾[138]

ژباړه: څومره کلي دي چې مونږ هغه تباه کړي دي او نن هغه په خپلو چتونو باندې نسکور پراته دي، څومره څاګانې شړې او څومره ماڼۍ کنډوالې شوي دي.

﴿وَكَذَٰلِكَ أَخْذُ رَبِّكَ إِذَا أَخَذَ الْقُرَىٰ وَهِيَ ظَالِمَةٌ إِنَّ أَخْذَهُ أَلِيمٌ شَدِيدٌ﴾[139]

ژباړه: او ستا رب چې کله کومې ظالمې سیمې نیسي؛ نو بیا د هغه نیول همداسې وي، په واقیعت کې د هغه نیونه ډېره سخته او دردناکه وي.

﴿وَتِلْكَ الْقُرَىٰ أَهْلَكْنَاهُمْ لَمَّا ظَلَمُوا﴾[140]

ژباړه: دا په عذاب اخته شوي کلي ستاسې تر نظر لاندې موجود دي دوی چې کله ظلم وکړ نو مونږ دوی هلاك کړل، او د دوی هر يوه د هلاکت له پاره مونږ نېټه ټاکلې وه.

د ظلم له امله له ځمکې څخه امن او سوله لوړېږي:
﴿الَّذِينَ آمَنُواْ وَلَمْ يَلْبِسُواْ إِيمَانَهُم بِظُلْمٍ أُوْلَـئِكَ لَهُمُ الأَمْنُ وَهُم مُّهْتَدُونَ﴾[141]

ژباړه: په حقیقت کې خو امنیت د هماغو کسانو له پاره دی او پر سمه لاره برابر هماغه کسان دي چې ایمان یې راوړی او خپل ایمان یې پر ظلم نه دی ملوث (ککړ) کړی.

۱۳۸: الحج، ۴۵ آیت

۱۳۹: هود، ۱۰۲ آیت

۱۴۰: الکهف، ۵۹ آیت

۱۴۱: الأنعام، ۸۲ آیت

د ظلم په اړه د خوږ پیغمبر ﷺ خبرداري:

د ظالم په حق کې د مظلوم ښيرا ډېر ژر قبلیږي:

«ان رسولَ اللّهِ صلىَّ اللّهُ علَيهِ وسلَّمَ بعَثَ معاذَ بنَ جَبلٍ إلى اليمَنِ، فقالَ اتَّقِ دَعوةَ المظلومِ؛ فإنَّهُ ليسَ بينَها وبينَ اللَّهِ حجابٌ»[۱۴۲]

ژباړه: رسول الله ﷺ چې کله معاذ بن جبل رضي الله عنه یمن ته استوه؛ ورته یې وویل: د مظلوم له ښيرا نه ځان ساته، ځکه چې بیشکه د مظلوم او د الله تعالی ترمنځ پرده نشته (دعا یې ژر قبلیږي).

ظالمان به د وعدې له مخې د دوزخ په اور کې لمبیږي: «إن رجالاً يَتَخَوَّضُون في مال الله بغير حق، فلهم النار يوم القيامة»[۱۴۳]

ژباړه: بیشکه ځینې کسان د الله تعالی مال په ناحقه خوري (په باطل ډول د مسلمانانو، د یتیمانو، وقف او نور مالونه په ناحقه خوري) د دوی لپاره په قیامت کې اور دی (دوزخ ته به داخلیږي).

فاسق خبر

په ټولنه کې ډېرې ستونزې، شخړې یا جګړې، کینې او ترېګنۍ د دروغو یا ناسم پوهاوي له کبله پېښیږي.

د دې ستونزو علت له دروغو ډک خبرونه دي چې فاسق انسانان یې د خلکو تر منځ خپروي او له یوه انسانه یې بل ته لېږدوي.

زموږ په ټولنه کې د ځینو خلکو دا عادت دی چې کوم خبر واوري، سمدلاسه پرې حکم کوي، خو بیا وروسته سخت پښېمانه وي.

۱۴۲: رواه البخاري

۱۴۳: رواه البخاري

د هر خبر د کره والي لپاره باید جدي پلټنې ترسره شي، بیا وروسته پرې حکم وشي چې رښتیا دی او که نه، ځکه هر خبر د رښتیا او دروغو قوي احتمال لري، نو ځکه باید تر منلو څخه مخکې یې حکم ونه شي، که داسې کوې، حتماً لویه پښېماني لري.

الله تعالی موږ ته همدا سپارښتنه لري چې که تاسو ته کوم فاسق انسان په کومه موضوع خبر درکوي، باید په هغې کې ډېر فکر وکړئ، حق او باطل یا رښتیا او دروغ یې معلوم کړئ، وروسته پرې باور او حکم وکړئ.

د دې دقت علت دا دی چې ځینې وخت خبر انسان احساساتي کوي، کله چې په احساساتو کې پرېکړه وشي، پښېماني لري او بیا د ځینو پښېمانیو جبرانول سخت وي.

په دې اړه رب عزوجل فرمایي:

﴿يَا أَيُّهَا الَّذِينَ آمَنُوا إِنْ جَاءَكُمْ فَاسِقٌ بِنَبَإٍ فَتَبَيَّنُوا أَنْ تُصِيبُوا قَوْمًا بِجَهَالَةٍ فَتُصْبِحُوا عَلَىٰ مَا فَعَلْتُمْ نَادِمِينَ﴾[١٤٤]

اې مؤمنانو! که کوم فاسق تاسې ته له کوم خبر سره راشي، نو تاسې تحقیق وکړئ، داسې نه چې کومې ډلې ته په ناپوهۍ سره ضرر ورسوئ او بیا په دغه کار پښېمانه شئ.

١٤٤: الحجرات، ٦ آیت

موږ ریښتیني نه یوو

که مو رییس یا بل د امر خاوند درته ووایي، که فلانی کار دې و نه کړې، له دندې به گوښه شې.

په داسې حال کې چې تاسو دغې دندې ته جدي اړتیا هم ولرئ، فکر وکړئ، څومره په چټکۍ به يې ترسره کړئ؟

خو الله تعالی چې زموږ پیدا کوونکی دی، هر څه د هغه په وس کې دي، امر کوي چې پر ما ایمان راوړئ، نیک کارونه وکړئ، لمونځ ادا کړئ او همداسې نور. په پای کې خبرداری راکوي چې که مو دا کارونه ترسره نه کړل دوزخ به مو ځای وي.

خو مونږ بې پروا یو، دې ته هېڅ پام نه کوو چې الله متعال موږ ته څه وایي، د څه لپاره يې پیدا کړي یوو او له موږ څه غواړي.

غیبت لکه مرداره غوښه

مخکې له دې چې د چا په اړه غیبت پیل کړې، سترگې پټې کړه او داسې فکر وکړه چې ته د یو مړ شوي انسان مرداره غوښه خورې په داسې حال کې چې له خولې دې بد بوی هم محسوس وي.

غیبت کول هم همدا ډول کړنه ده، الله تعالی فرمایي:

﴿يَا أَيُّهَا الَّذِينَ آمَنُوا اجْتَنِبُوا كَثِيرًا مِّنَ الظَّنِّ إِنَّ بَعْضَ الظَّنِّ إِثْمٌ وَلَا تَجَسَّسُوا وَلَا يَغْتَب بَّعْضُكُم بَعْضًا أَيُحِبُّ أَحَدُكُمْ أَن يَأْكُلَ لَحْمَ أَخِيهِ مَيْتًا فَكَرِهْتُمُوهُ وَاتَّقُوا اللَّهَ إِنَّ اللَّهَ تَوَّابٌ رَّحِيمٌ﴾[١٤٥]

١٤٥: الحجرات، ١١٢ آیت

ژباړه: اې مؤمنانو! له ډېرو گومانونو کولو څخه ډډه وکړئ چې ځینې گومانونه گناه وي، د چا پټ عیبونه مه لټوئ او له تاسې نه دې څوك د چا غیبت نه کوي. آیا په تاسې کې داسې څوك شته چې د خپل مړ شوي ورور غوښې خوړل ورته ښه برېښي؟ وگورئ، تاسې پخپله له دې څخه کرکه کوئ. له الله تعالی څخه وویرېږئ، الله ډېر ښه توبه قبلوونکی او خورا مهربان دی. د دې ترڅنگ چې غیبت کول د مردارې غوښې خوراک دی، د مسلمان ورور په تکلیفول هم دي، یعنې کله چې څوك خپل غیبت په اړه خبر شي، زړه یې خپه او د غیبت کوونکي لپاره پکې د کینې او حسد چینه په خوټېدو شي.

د دا ډول کړنې لپاره بیا داسې سزا ده:

﴿وَالَّذِينَ يُؤْذُونَ الْمُؤْمِنِينَ وَالْمُؤْمِنَاتِ بِغَيْرِ مَا اكْتَسَبُوا فَقَدِ احْتَمَلُوا بُهْتَانًا وَإِثْمًا مُبِينًا﴾[١٤٦]

ژباړه: کوم کسان چې مؤمنو نارینه او ښځو ته په ناحقه تکلیف رسوي، هغوی د یوغټ بهتان او ښکاره گناه پېتی پر خپلو اوږو اخیستی دی.

آیا له دې وروسته بیا هم غیبت کوې؟؟؟

که غیبت پرېږدې، قلباً او روحاً به د ایمان په خوند پوه شې.

ماشوم پلار حیران کړ

یو ماشوم و چې د قرآن کریم په زده کړه بوخت و. کله چې یې درس د مزمل سورت ته ورسېد، کور ته له راستنېدو وروسته په ژور فکر کې ډوب و. پلار یې ترې پوښتنه وکړه چې د څه په اړه فکر کوې؟

١٤٦: الأحزاب، ٥٨ آیت

ماشوم وویل، نن مې په مزمل سورت کې ولوستل چې الله تعالی فرمايي: ﴿ يَا أَيُّهَا الْمُزَّمِّلُ قُمِ اللَّيْلَ إِلاَّ قَلِيلاً ﴾[١٤٧]

ژباړه: اې (په کمپله کې) ځان غښتونکیه یا ویده کېدونکیه! د شپې لږه برخه په لمانځه تیره کړه.

ماشوم پلار ته وویل: پلاره ته خو، ما یوه شپه هم نه يې لیدلی چې دا کار دې کړی وي؟

پلار ورته په ځواب کې وویل، زویه! دا خو الله تعالی پیغمبر ﷺ مخاطب کړی او هغه ته يې ویلي، موږ خو د رسول الله په شان کېدلای نه شو.

ماشوم ومنله او له کوټې بهر شو. وروسته بیا راغی او پلار ته يې کړل: هغه خو پیغمبر ﷺ ته خطاب و، دلته خو بیا الله تعالی په همدې سورة کې وايي: ﴿وَطَائِفَةٌ مِنَ الَّذِينَ مَعَكَ﴾[١٤٨]

ستا سره نور ملګري هم (د شپې عبادت کوي)

پلار ورته وویل، له دې نه مطلب صحابه رضی الله عنهم دي.

زوی وویل: (لاخير فيمن لايقتدي برسول الله و لا بأصحابه)، یعنې په هغه چا کې هیڅ خیر نه شته چې نه د رسول الله ﷺ او نه يې د صحابه وو رضي الله عنهم لار تعقیبوي.

پلار حیران شو او په ژور فکر کې ډوب شو[١٤٩].

١٤٧: المزمل، ١-٢ آیتونه

١٤٨: المزمل، ٢٠ آیت

١٤٩: دا کیسه مې له یوې ویب پاڼې راخیستې وه، د اصلي مرجع لټه مې وکړه خو ومې نه مونده. دا چې ګټوره او هڅوونکې کیسه ده نو ځکه مې دلته نقل کړې.

په اسلام کې عدالت او صداقت هم شته

موږ تر ډېره په اسلامي احکامو او ارکانو ترکيز کوو او خلک پرې داروو، خو د صداقت، عدالت، معاملاتو او نورو ټولنيزو چارو باندې بحث او ترکيز نه کوو، په داسې حال کې چې الله تعالی وايي:

﴿قَالَ اللَّهُ هَٰذَا يَوْمُ يَنْفَعُ الصَّادِقِينَ صِدْقُهُمْ ۚ لَهُمْ جَنَّاتٌ تَجْرِي مِنْ تَحْتِهَا الْأَنْهَارُ خَالِدِينَ فِيهَا أَبَدًا ۚ رَضِيَ اللَّهُ عَنْهُمْ وَرَضُوا عَنْهُ ۚ ذَٰلِكَ الْفَوْزُ الْعَظِيمُ﴾[١٥٠]

ژباړه: هلته (د قيامت په ورځ) به الله تعالی وفرمايي: دا هغه ورځ ده چې په هغې کې رېښتينو خلکو ته د هغوی رېښتينولي ګټه رسوي، د هغو لپاره داسې باغونه دي چې تر هغو لاندې ويالې بهېږي. هلته به هغوی د تل لپاره اوسېږي، الله تعالی له هغو نه راضي شو او هغوی له الله نه خوښ شول، همدا ستر برياليتوب دی.

موږ عدل، د ظلم نه کول، صداقت کول يا دوکه نه کول او داسې نورو ټولنيزو مطالبو په اړه غږېدل او وعظ داسې هېر کړي لکه هېڅ چې په دين کې نه وي. په داسې حال کې چې لومړيتوب د همدې عملونو لپاره دی، ځکه په دې سره حقوق العباد تأمينېږي او حقوق العباد په حقوق الله باندې مخکې بلل شوي دي. ځکه الله پاک خپل حق بخښي خو د بنده حق نه بخښي (الا ما شاء الله).

١٥٠: المائده، ١١٩ آيت

د عدالت د اهميت په اړه الله تعالی فرمايي:

﴿لَقَدْ أَرْسَلْنَا رُسُلَنَا بِالْبَيِّنَاتِ وَأَنْزَلْنَا مَعَهُمُ الْكِتَابَ وَالْمِيزَانَ لِيَقُومَ النَّاسُ بِالْقِسْطِ﴾[١٥١]

ژباړه: موږ خپل پیغمبران له روښانو او څرګندو نښانو او هداياتو سره ولېږل او له هغوی سره مو کتاب او تله نازل کړله چې د خلکو ترمنځ عدالت ټینګ کړي.

د دوزخيانو ارمانونه

کله چې ګنهګاران او مجرمين په قيامت کې وګوري چې په دنيا کې د الله تعالی ورکړې وعدې ټولې رښتيا کېږي، دوی نارې سورې وهي او سخت پښېمان وي چې کاش کې مو نېک کارونه کړي وای.

پام وکړئ، مخکې له دې چې په قيامت کې په خپلو کړو وړو پښېمانه شئ، د دنيا د اصليت په اړه ژور فکر وکړئ چې دوزخيان په څه شي پښېمانه کېږي او هلته به بيا د څه ارمان کوي؟

مخکې له دې چې موږ او تاسې هم په قيامت کې خدای مکړه دغه ارمانونه وکړو، راځئ په دنيا هغه کارونه وکړو چې په آخرت کې مو له دغو ارمانونو ژغوري.

لومړی ارمان چې دوزخيان به يې کوي:

﴿يَوْمَ تُقَلَّبُ وُجُوهُهُمْ فِي النَّارِ يَقُولُونَ يَا لَيْتَنَا أَطَعْنَا اللَّهَ وَأَطَعْنَا الرَّسُولَا﴾[١٥٢]

١٥١: الحديد، ٢٥ آيت

١٥٢: الأحزاب، ٦٦ آيت

ژباړه: په کومه ورځ چې د دوی (دوزخیانو) مخونه په اور واړول را واړول شي، دوی به ووايي: اې کاش مو د الله تعالی او د رسول الله ﷺ اطاعت کړی وای. یعنې د دوی خبره مو منلې وای.

په دوزخ کې به دویمه هیله د ظالمانو وي:

﴿وَيَوْمَ يَعَضُّ الظَّالِمُ عَلَىٰ يَدَيْهِ يَقُولُ يَا لَيْتَنِي اتَّخَذْتُ مَعَ الرَّسُولِ سَبِيلًا﴾[۱۵۳]

ژباړه: او هغه ورځ چې ظالمان به خپل لاسونه چیچي او وايي به: کاشکې مې د رسول الله ﷺ لار نیولې وای. یا د رسول الله ﷺ خبره مې منلې وای.

په ګڼو حدیثونو کې رسول الله ﷺ ظالمانو ته خبرداری ورکوي چې ظلم مه کوئ او د ظلم پایله تیاره ده.

ظلم که لوی وي که کوچنی بالاخره ظلم دی. که د چا غیبت کوې ظلم دی، په ناحقه که د چا مال خورې ظلم دی. که په چا تهمت کوې ظلم دی. که د موټر چلولو پر وخت خلک ځوروې ظلم دی. خلک وژل ظلم دی. ماشومانو او مېرمنو سره زور زیاتی ظلم دی. او د انسان او الله تعالی په حقونو تیری کول ظلم دی.

د دوزخیانو درییم ارمان؛ هر ځوان دې دې ته جدي پام وکړي.

هغه کسان چې دنیا کې بې لارې ملګري پالي، دوزخ کې به څه وايي؟

﴿يَا وَيْلَتَىٰ لَيْتَنِي لَمْ أَتَّخِذْ فُلَانًا خَلِيلًا﴾[۱۵۴]

ژباړه: اې زما بده بخته! کاش کې مې فلاني سره ملګرتیا نه وای کړې.

۱۵۳: فرقان، ۲۷ آیت

۱۵۴: فرقان، ۲٦ آیت

ډېر داسې ملګري به لرئ چې پر تاسې يې اغېز ډېر وي، که دوی بې لارې وي، ځان ترې وساتئ او که د الله تعالی په لار روان وي، ملګرتيا ورسره لا ټينګه کړئ. د داسې ملګرو له درلودو ډډه وکړئ چې دوزخ ته مو د تلو لامل کېږي.

د دوزخيانو بله هيله:

﴿يَقُولُ يَا لَيْتَنِي قَدَّمْتُ لِحَيَاتِي﴾[155]

ژباړه: کاشکې مې ژوند لپاره له مخکې څه توښه يا نېک عملونه برابر کړي وای.

بل ارمان چې مجرمان به يې کوي:

﴿وَ أَمَّا مَنْ أُوتِيَ كِتابَهُ بِشِمالِهِ فَيَقُولُ يا لَيْتَنِي لَمْ أُوتَ كِتابِيَهْ﴾[156]

ژباړه: د چا عمل پاڼه چې په چپ لاس کې ورکړل شي، هغه به ووايي: کاش کې دا عملنامه بېخي نه وای راکړل شوې.

د مجرمانو بله هيله دا ده چې دوی وايي:

﴿يَٰلَيْتَهَا كَانَتِ ٱلْقَاضِيَةَ﴾[157]

ژباړه: کاشکې د دنيا مرګ د هر څه ختمونکی وای. يعنې له مرګ سره هر څه پای ته رسېدای.

دوزخيان به ارمان کوي چې کاشکې موږ خاورې ايرې وای.

﴿إِنَّا أَنذَرْنَاكُمْ عَذَابًا قَرِيبًا يَوْمَ يَنظُرُ الْمَرْءُ مَا قَدَّمَتْ يَدَاهُ وَيَقُولُ الْكَافِرُ يَا لَيْتَنِي كُنتُ تُرَاباً﴾[158]

۱۵۵: الفجر، ۲۴ آيت

۱۵۶: الحاقه، ۲۵ آيت

۱۵۷: الحاقه، ۲۷ آيت

۱۵۸: النبأ، ۴۰ آيت

ژباړه: موږ تاسې له هغه عذابه ویرولي یاست چې نږدې راتلونکی دی. په هغه ورځ به هر انسان خپل کړه وړه ویني، د دوی په منځ کې کافر به په افسوس ووايي، کاشکې زه خاورې وای. (يعنې هېڅ حساب کتاب راسره نه وای شوی).

مخکې له دې چې خدای مه کړه په قیامت کې د الله تعالی پر وړاندې ذلیل او پښېمانه ودرېږو، ولې په دنیا کې له دې کارونو ځان نه ساتو؟ دنیا د امتحان ځای دی، هغوی چې پکې ناکام شول، د مچ په شان به مخ په لاسونو وهي چې کاش کې مې ښه کارونه کړي وای او د الله پاک او د هغه د رسول ﷺ سپارښتنې مې عملي کړې وای او کاشکې مې د شیطان او بېلارې ملګرو لار نه وای تعقیب کړې.

مخکې له دې چې بیا پښېمانه شې همدا اوس خپل ژوند ته بیا کتنه وکړه.

ځومره ګناهونه دې کړي دي؟

آیا ګناه دې کړې؟

آیا حرام دې خوړلي دي؟

آیا لمونځ دې قضاء کړی دی؟

آیا د مور او پلار نافرماني دې کړې ده؟

آیا په امانت کې دې خیانت کړی دی؟

آیا چا ته دې ښکنځل کړي یا دې څوک ازار کړی دی؟

وخت دې بې ځایه ضایع کړی دی؟

یا دا چې د الله جل جلاله په عبادت کې دې غفلت کړی دی؟

دا ټول او تر دې هم ستر ګناهونه د الله جل جلاله له رحمت څخه لوی نه دي.

د الله جل جلاله رحمت د هغه تر غضبه ډېر پراخ دی.

الله تعالی دا ټول ګناهونه بخښي.

یوازې یوې صادقانه او مخلصانه توبې ته اړتیا ده.

توبې ته تیار شه چې الله دې وبخښي.

ایا تا نه دي اورېدلي چې الله جل جلاله فرمايي:

﴿قُلْ يَا عِبَادِيَ الَّذِينَ أَسْرَفُوا عَلَىٰ أَنْفُسِهِمْ لَا تَقْنَطُوا مِنْ رَحْمَةِ اللَّهِ إِنَّ اللَّهَ يَغْفِرُ الذُّنُوبَ جَمِيعًا إِنَّهُ هُوَ الْغَفُورُ الرَّحِيمُ﴾[١٥٩]

ژباړه: ووایه اې زما هغه بندګانو چې په ځان مو تیری کړی دی، د الله تعالی له رحمت څخه مه ناهیلي کېږئ، الله جل جلاله ټول ګناهونه بخښي او هغه په رښتیني ډول بخښونکی او مهربان دی.

١٥٩: الزمر، ٥٣ آیت

مسلمانانو ته د هندي فلمونو لوبغاړي مهم پیغام

د دنیا مینه لویه ناروغي ده چې کله انسان پرې اخته شي ژوند یې سر تر پایه په مادیاتو پورې وتړل شي او د مادیاتو غلام شي.

معنویات یې له ژوند کډه وکړي او د ژوند اصلي فلسفه ترې هېره شي.

داسې انسانان چې یوازې هدف یې دنیا او له اخرته بې پروا شي، برخلیک یې پښېماني او په اخرت کې ناکامي ده.

انسان چې کله د دنیا په مینه ککړ شي، په عیش او عشرت کې ډوب شي او معنویات هېر کړي، مرګ ناڅاپه ترې هر څه واخلي او دی یوازې په میدان پرېږدي.

خو بریالي انسانان هغه دي چې د مادیاتو ترڅنګ پر معنوي اړخ ډېر پام کوي. د ژوند هدف یې یوازې خپل عیش او عشرت نه وي؛ بلکې په ټوله کې د خپلې ټولنې او خلکو د خیر او نېکمرغۍ نیت ورسره وي.

کله یوازې یوه جمله، یوه ویډیو یا عکس د انسان ژوند بدلولی شي.

د هندي فلمونو مشهور لوبغاړی او کومیډین شکتي کپور چې په ډېرو فلمونو کې یې کار کړی او شاوخوا پنځوس میلیونه ډالره سرمایه لري او ټول ژوند یې د هند د سینما په خدمت کې تیر کړی.

دی شهرت هم لري او شتمني هم نو ډاډه یم چې د خپلې خوشحالۍ لپاره به یې له ډېرو کارونو نه وي کړی، خو ما یې یوه ویډیو وکتله چې پکې نوموړی له یوه حقیقت څخه پرده پورته کوي او موږ ته د ژوند له تجربو یوه ښه مشوره راکوي.

د دې سړي پیغام کېدای شي خیالي وي، خو یو لوی حقیقت او درس پکې نغښتی چې کولای شي ژوند په اړه زموږ فکر بدل کړي او ځینې کسان ورسره له غفلت څخه راویښ شي.

د ده خبرې راته ځکه مهمې ښکاره شوې چې د یو مشهور او مالداره انسان په توګه یې ښایي هر ممکن خوند په دنیا کې اخیستی وي، خو په پای کې یې حقیقت پر وړاندې سترګې پرانیستل شوي دي.

دا د هغه د خبرو ژباړه ده چې وایي:

"یو انسان ټول عمر زحمت ګالي یا محنت کوي، خپل ژوند ته نه رسیږي، بس پیسې ګټي او پښې یې پسې لوڅې کړې وي. وایي دا هر څه د کورنۍ لپاره کوم، د راتلونکې لپاره کار کوي، کار کوي او پیسې راټولوي. کروړ پتي کیږي، لیکن یو ورځ دی ویده وي، ناڅاپه یو څوک ترې کمپله لرې کړي او هغه په خپلو سترګو ویني چې مخامخ ورته د مرګ پرښته ولاړه ده، نو خان صیب ورته وایي وایه زه څه خدمت کولای شم؟

هغه پرښته ورته وایي چې ستا وخت ختم دی، زه دې روح اخیستو لپاره راغلې یم.

هغه انسان له خپل ځایه پورته کیږي او پوښتنه کوي چې څه وایې؟

هغه ورته بیا وایي، ستا وخت ختم دی، زه ستا د روح اخیستو پسې راغلې یم، دنیا نه به ځې.

نو خان صیب ورته وایي چې ګوره، ماسره ډېر مال او دولت دی، زه تا ته لس کروړه روپۍ درکوم، ما ته یوه ورځ د ژوند کولو موقع راکړه.

هغه ورته وایي چې نه، ستا وخت نږدې شوی او تګ وخت راغلی دی.

خان ورته وايي چې شل کروړه درکوم، ما ته تر ماښام وخت راکړه.
ساه اخيستونکې پرښته ورته بيا وايي چې نه داسې نه شي کېدای، ولې خپل وخت ضايع کوې، ستا وخت تمام دی.
مالداره سړی ورته وايي، زما ټول دولت واخله، خو ما ته د يو ساعت اضافي ژوند لپاره وخت راکړه.
هغه ورته وايي چې نه، زما وخت مه ضايع کوه، ځه چې ځو.
خان صيب ورته وايي، ښه نو بيا ما ته د يو خط ليکلو موقع راکړه.
پرښته ورته وايي سمه ده. ژر ژر دې خط وليکه.
خان په خط کې وليکل چې اې زما گرانو ملگرو، موږ ټول ژوند د پيسو، دولت په گټلو لگيا يوو، ښه وخت نه تېروو، دا هېروو چې وخت بايد خپلو کورنيو، خپلوانو او ملگرو ته ورکړو او هغوی سره ښې شيبې ولرو. خو چې کله د ژوند پای راشي، څومره چې انسان مالداره وي، څومره پيسې چې مو ټول عمر گټلې وي هغه په خپل ځای همغسې ټولې شوې پاتې کيږي، د کروړونو پيسو لگولو باندې موږ يوازې يوه ساه نه شو اخيستی. په دغه وخت کې بيا دولت هېڅ گټه نه درته کوي.
نو ځکه زما گرانو ملگرو، تر هغې چې ژوند وي، ښه ژوند وکړئ، په خوشحالۍ ژوند تېر کړئ، د ځان لپاره ژوند وکړئ، د کورنۍ لپاره وخت ورکړئ، په خپلو ملگرو مهرباني وکړئ، ځکه معلومه نه ده چې سبا به وي که نه؟"

د مرګ پر وخت د هر انسان پنځه لويې پښېمانۍ

يوه استراليايۍ نرسه يا روغتياپاله چې د مرګ په بستر د پرتو ناروغانو خدمت به يې کاوه، په روغتون کې له څو کلونو خدمت وروسته د (Top five regrets of the dying) په نوم يو کتاب ليکلی.

د براني وير په نوم دغې روغتيا پالې د خپل کار په موده کې ډېر داسې کسان ليدلي چې د هغې د سترګو په وړاندې يې خپل ژوند له لاسه ورکړی او نوموړې هر هغه څه اورېدلي چې وفات کېدونکو خلکو د ژوند په وروستۍ مرحله کې ويلي دي.

هغې د ټولو پښېمانيو له ډلې پنځه مهمې راټولې کړي او په همدې نوم يې کتاب ليکلی.

د مېرمن وير په وينا، ډېر کم داسې کسان يې ولېدل چې د مرګ په حالت کې د مال په تاوان، د چا په مرګ يا په نورو مادياتو يې پښېماني ښودلې وي.

ما لومړۍ د هغې له قوله د پېښمانيو عنوانونه راخيستي بيا مې پرې خپله تبصره ليکلې.

د براني وير په وينا د خپل کار په موده کې يې وموندل چې ډېر خلک په پنځوو شيانو ډېر افسوس کوي:

لومړۍ: د ځان په اړه د خلکو په څرګندونو اندېښمنېدل او يا د نورو په خوښه ژوند کول.

براني وير وايي، "ډېری کسان په دې پښېمانه وو او افسوس به يې کاوه چې اې کاش مو د نورو لپاره ژوند نه کولی او اې کاش هغه ژوند مو کړی وای چې خپله مو غوښت".

زموږ او تاسې شاوخوا هم ګڼ داسې کسان شته، تل دې ته يې تشويش وي چې خلک يې په اړه څه وايي. د خلکو د راضي ساتلو لپاره ژوند کوي. په ځان يې ژوند تريخ کړی وي خو د خلکو د خوشحالولو په لټه کې وي.

د رسول الله ﷺ ژوند ته که وګورو، هغه مبارک د خپل تره، تربور يا قوم غوښتنې ونه منلې، هر هغه څه يې وکړل چې الله تعالی ورته ويلي وو او ده ته ښه ښکارېدل.

که څه هم قوم يې ورته د مال او مقام په ورکولو ډېر وړانديزونه وکړل چې له دعوت نه لاس واخلي، خو ده مبارک هېڅکله دنيوي څېزونو ته غاړه کېښنښوده او نه يې د خپلو خپلوانو يا د کورنۍ د غړو د خوشحاله ساتلو لپاره حق لار پرېښنوده. بلکې حق لپاره يې ټول قوم پرېښنود او هر ډول مادي امتيازات يې رد کړل.

کوم کتاب کې مې لوستي و چې معاويه رضي الله عنه واک ته تر رسېدو وروسته بي بي عائشې رضي الله عنها ته يې يو ليک استولی و چې ما ته نصيحت وکړه.

هغې ورته په ځواب کې ليکلي وو چې که غواړې چې خلک خوشحال کړې، ټول خلک هېڅکله نه خوشحالېږي.

لومړی الله پاک راضي کړه، خلک پخپله خوشحالېږي.

دويمه پښېماني: د خلکو د خوشحالولو لپاره چپ پاتې کېدل.

ځينې انسانان دا عادت لري چې د خلکو خوشحالولو لپاره د حق له وينا چپ پاتې کېږي. هغه څه چې بايد وويل شي د خلکو د خپګان لپاره يې له ويلو ډډه کوي او حق وينا ناويلې پاتې کېږي.

دا هغه ناسم عادت دی چې پایلې یې منفي وي. که ټول عمر د یو انسان د راضي ساتلو هڅه وکړې، یوه ورځ نه یوه ورځ به دغه کس له تا ناراضه کیږي او بیا به دې د ټول عمر خواري چې د ده خیال دې ساتلی، په یوه ورځ په سیند لاهو کړي. تر دې مخکې چې داسې درسره وشي، د خلکو د خوښ ساتلو لپاره خپل احساسات مه وژنه.

هر هغه کار کوه چې تا ته ښه ښکاري او په اصولو برابر وي.

د چا پروا مه کوه، ځکه د انسان خوشحاله ساتل هغه هدف دی چې هېڅکله نه ترلاسه کیږي. دا هغه څه دي چې ډېری کسان د ژوند په وروستیو کې پرې پښېمانه کیږي او د افسوس نارې یې له خولې وځي.

دریمه پښېماني: ډېری انسانان له دنیا غافله ځي او په دې ځان نه پوهوي چې خوشحال ژوند جوړول او یا نېکمرغي اکتسابي یا د انسان په خپلو هڅو پورې تړلې ده.

هر انسان که ځان په دې ونه پوهوي، د مرګ په وخت په دې ډېر پښېمان وي چې ولې د خوشحالي راتګ ته په تمه شوم او ولې مې نېکمرغۍ ته د رسېدو هڅه ونه کړه او ژوند مې له خوښیو ډک نه کړ!؟

همدا اوس هم وخت شته.

د خپل ژوند اړخونه بدل کړه، چې نېکمرغي دې نصیب شي او د خوښیو اصلي لار ومومې.

ژوند لنډ خو له رازونو ډکه ټولګه ده، ویې سپړه.

څلورمه پښېماني: ډېرى انسانان چې کله د ژوند فرصت له لاسه ورکوي او د مرگ شېبې يې نيږدې کيږي، په دې ډېر پښېمانه وي چې اې کاش مې خپل قيمتي وخت له خپلې کورنۍ، لکه مور او پلار، مېرمن، اولاد او ربښتينو ملگرو سره تېر کړى واى.

هغه کسان به مو ليدلي وي چې خپل وخت په کار، د پيسو په گټلو، په لهو لعب کې تېروي، دغه ډول انسانان ضرور په دې پښېمانه کيږي چې کاش مو خپل وخت په سم ډول تنظيم کړى واى او له وخته مو گټه پورته کړې واى.

يا دا افسوس کوي چې کاش په خپل ژوند مې د مور او پلار خدمت کړى واى او خپل وخت مې د اولاد په سمه روزنه تېر کړى واى.

خو دا هر څه د دې ډول کسانو لپاره افسوس پاتې کيږي او بس!

مخکې له دې چې ژوند در څخه موقع واخلي؛ گټه ترې پورته کړه، دومره گټه چې بيا په ورستيو شېبو کې پرې پښېمان نه يې.

مخکې له دې چې مور او پلار له لاسه ورکړې، خدمت يې وکړه.

پينځمه پښېماني: براني وير وايي، د مرگ پر وخت ډېرى انسانان په دې پښېمانه وي چې اې کاش مو د خپلو خوبونو د ربښتيا کولو لپاره هلې ځلې کړې واى او دا مو نه واى ويلي چې ژوند اوږد دى.

په دې مانا چې هره ورځ مو يو نوى فرصت گڼلى واى او د خپلو هيلو او خوبونو د پوره کولو لپاره مو زحمت گاللى او هڅې مو کړې واى.

تاسې به ډېرى داسې ملگري ليدلي وي چې وايي، ژوند اوږد دى، هر څه به سم شي، خو يوه ورځ پرې ژوند لنډ او ارماني له دنيا وکوچيږي!

رسول الله ﷺ داسې پلار و

له عائشې رضي الله عنها څخه روایت دی چې وایي:

«کله چې به د رسول الله ﷺ لور فاطمة رضي الله عنها د خپل پلار کوټې ته ننوتله، رسول الله ﷺ به پورته شو، هغه به یې ښکل کړه، ښه راغلاست به یې ورته ووایه، لاس څخه به یې ونیوله او خپل څنګ ته یې کېنوله. رسول الله ﷺ هغه پلار و چې خپل اولاد ته یې احترام کاوه»[۱۶۰]

له عمر رضي الله عنه روایت شوی چې حسن او حسین رضي الله عنهما یې ولیدل چې د رسول الله ﷺ پر اوږو ناست وو.

حسن رضي الله عنه په ښي ولي او حسین رضي الله عنه په چپ.

رسول الله ﷺ به خپلو لمسیانو سره لوبې او ټوکې ټکالې هم کولې.

خو موږ، د خپل اولاد پر وړاندې د دیکتاتوري پالیسي غوره کړې، په لوړ باندې شرمېږو.

موږ له اولاده احترام غواړو خو پخپله هغوی ته درناوی نه کوو.

بیا دعوه هم کوو چې رسول الله ﷺ زموږ قائد او لارښود دی او موږ یې لارویان یوو.

یوه ورځ زما وړوکی وراره راسره جومات ته لاړ، په دویم صف کې زما تر څنګ ودرید، له لومړي کتار نه پرې یو سپین ږیري په ډېر غوسه ناک انداز غږ وکړ چې له کتاره ووځه او شا ته یوازې ودرېږه.

وراره ته مې وکتل چې روحیه یې بایللې وه او خپه و.

۱۶۰: دا حدیث د سبیل الهدی والرشاد في سیرة خیر العباد کتاب کې له ابو داود او ترمذي څخه نقل شوی دی.

چې ماشوم وي له جوماته يې شړو، خو چې لوی شي بیا په زور او زاریو هم جومات ته نه راځي.
ولې د اولاد په تربیه کې له رسول الله ﷺ زدکړه نه کوو؟
په یوه روایت کې راځي چې رسول الله به لمونځ کاوه، حسن او حسین رضي الله عنهما به یې په ولو ښکته او پورته کېدل.
څومره توپیر دی زموږ او رسول الله ﷺ د عملونو ترمنځ!

په روزي کې مو ولې برکت نشته؟

څومره مسلمانان مو لیدلي چې په خپله پراخه روزۍ کې د برکت له نشتوالي شکایت کوي.
اصلي لامل يې دا دی چې زموږ له ډلي ډېری ملګري د سهار لمونځ له لمر خاته وروسته قضايي کوي یا يې له سره نه کوي.
هغوی چې سهار لمونځ نه کوي روزي يې بې برکته وي او که څومره پراخه روزي يې وي، خوند به ترې نه اخلي.
الله پاک هر انسان ته که مسلمان وي او که کافر روزي ورکوي، خو برکت د هغه چا په روزي کې وي چې د الله پاک پر لار روان وي او ورته تسلیم وي.
د برکت روزي که لږه وي ډېره ده خو بې برکته روزي که میلیونونه وي هېڅ په شان ده.

د دنیا اصلي حیثیت

د دنیا په ژوند کې هر څه پای لري. د روغتیا خاتمه ناروغي ده، د مالدارۍ خاتمه فقر او په ټوله کې د ژوند پای بیا مرګ دی. تاسو لسګونه کلونه ژوند کړی خو اوس پوهېږئ چې تېر ژوند څه ډول و؟ حتما به دا وایې چې د سترګو رپ په شان.

رسول الله ﷺ د دنیا ډېر ښه تعریف کړی:

یوه ورځ خیر البشر ﷺ ویده و، کله چې راپاڅېد د هغه څه نښه یې پر مخ مبارک پاتې وه چې پرې ویده و. یو صحابي رضي الله عنه ورته وړاندیز وکړ چې کاش موږ درته داسې بستره یا تخت جوړ کړو چې ته پرې آرامه خوب وکړې.

رسول الله ﷺ وفرمایل:

« ما لي وما للدُّنيا، ما أنا في الدُّنيا إلَّا كراكبٍ استَظلَّ تحتَ شجرةٍ ثمَّ راحَ وترَكَها»[١٦١]

ژباړه: ما ته یې د دنیا څه؟ زه په دنیا کې داسې یم لکه یو مسافر چې د یوې ونې لاندې دمه وکړي، راحت شي بیا پاڅېږي او ترې لاړ شي.

د دنیا حیثیت همدا دی! دا دنیا فاني ده او هېڅ حیثیت نه لري چې انسان دې پرې آخرت له لاسه ورکړي. مسلمان مؤمن باید په دنیا کې هم خپله برخه ولري او آخرت هم باید هېر نه کړي.

[١٦١]: أخرجه الترمذي (٢٣٧٧) واللفظ له، وابن ماجه (٤١٠٩)، وأحمد (٣٧٠٩)

﴿وَابْتَغِ فِيمَا آتَاكَ اللَّهُ الدَّارَ الْآخِرَةَ ۖ وَلَا تَنسَ نَصِيبَكَ مِنَ الدُّنْيَا ۖ وَأَحْسِن كَمَا أَحْسَنَ اللَّهُ إِلَيْكَ ۖ وَلَا تَبْغِ الْفَسَادَ فِي الْأَرْضِ ۖ إِنَّ اللَّهَ لَا يُحِبُّ الْمُفْسِدِينَ﴾[۱۶۲]

ژباړه: هغه څه (کوم امکانات) چې الله تا ته درکړي دي، په هغې سره د آخرت د کور جوړولو فکر وکړه او له دنیا نه هم خپله برخه مه هېروه. احسان وکړه لکه څنګه چې الله له تا سره احسان کړی او په ځمکه کې د فساد هڅه مه کوه، الله عزوجل فساد کوونکي نه خوښوي.

د دنیا او آخرت ترمنځ باید منځلاري و اوسو، خو آخرت باید پر دنیا لومړی کړو او په هر کار کې مو پام آخرت ته وي چې سرمایه ورته برابره کړو.

د یو استرالیایي میلیاردر ځوان د ژوند کیسه کې لوی درس پروت دی. د دې ځوان په اړه ګڼې ویډیوګانې په یوټیوب کې شته چې د ده د نوم (علي بنات یا Ali Banat) په لټولو یې موندلی شئ. ما یې هم په اړه یوه ویډیو کړې وه چې لنډ وخت کې څو لکه کسانو کتلې وه.

د هغه د ژوند کیسه داسې ده:

دا ځوان علي بنات نومېږي. له مالي اړخه د علي بنات ژوند بریالی و، د دنیا تر ډېرو خلکو یې هوسا ژوند درلود خو د ژوند په وروستیو کې په سرطان ناروغۍ اخته شو.

په یوه ویډیویي مرکه کې یو کس له ده پوښتنه کوي:

"اوس د ژوند کوم پړاو ته رسېدلی یې او څه درسره شوي؟"

---

[۱۶۲]: القصص، ۷۷ آیت

علي بنات يې په ځواب کې وايي: "د ژوند په دې پړاو کې الله پاک ما ته ډالۍ راکړه، الحمدلله زه يې په ټول بدن کې د سرطان په ډالۍ و نازولم، له دې وروسته مې پرېکړه وکړه چې خپل ژوند بدل کړم او ټول ژوند غريبانو سره مرستې کولو ته وقف کړم."

پوښتنه: "ولې سرطان ناروغي ډالۍ ګڼې؟"

علي بنات: "الحمدلله! ډالۍ ځکه ده چې الله تعالی موقع راکړه چې ځان بدل کړم."

پوښتنه: "سرطان دې سترګې د څه په اړه پرانيستې؟"

علي بنات: "سبحان الله، په ژوند کې هر څه ته، آن ډېرو عادي شيانو لکه د پاکې هوا تنفس کولو ته مې سترګې پرانيستل شوې."

علي بنات ته ډاکترانو ويلي وو چې يوازې اووه مياشتې به ژوندی وي. د دې خبر په اورېدو نوموړي خپل بريالی تجارت پرېښود او ژوند ته يې بيا کتنه وکړه، هر څه ورته بدلېدونکي ښکارېدل.

هغه چې کله په خپلې ناروغۍ خبر کړای شو، په غبرګون کې يې له خپل قېمتي ګاډي نه لاس واخيست. ښکلي او قيمتي ساعتونه او آن جامې يې بېوزله هېوادونو ته يوړې او پر خلکو باندې يې ووېشلې. هغه په مرکه کې وايي: "الحمدلله ما غوښتل دا دنيا په داسې حالت کې پرېږدم چې هېڅ شی را څخه پاتې نه وي."

نوموړي له عيش او عشرت څخه ډک ژوند درلود، له الماسو جوړ لاس بند يې ۶۰ زره ډالر ارزښت درلود. لاسي ګړۍ يې د ۱۳۰۰ ډالرو وه او يوازې د حمام څپلۍ يې په ۷۰۰ ډالرو اخيستې وې.

علي ناڅاپه د دنیا خوندونه پرېښودل او د فاني نړۍ په اړه یې سترګې پرانیستې. هغه په مرکه کې وایي چې د ګاډي ارزښت یې ٦ لکه ډالره و، خو وروسته له دې چې بدل شو د ګاډي په اړه یې وویل:

"د دغه ګاډي قیمت د حمام هغو څپلیو ته نه رسي چې افریقایي غریب ماشوم ته مې ډالۍ کړې، په الله تعالی قسم ما ته د هغه افریقایي ماشوم خندا د دې ګاډي په اندازه ارزښت لري."

علي خپل ټول شته د فقیرانو په خدمت کې کړل، افریقا ته له تګ وروسته یې «د مسلم اروند د ورلډ» په نوم خیریه بنسټ جوړ کړ، له دې لارې به یې غریبو هېوادو کې جوماتونه او مدرسې جوړولې.

که څه هم ډاکترانو علي ته د ژوند اووه میاشتې وخت ښودلی و، خو الله تعالی ورته د شاوخوا درې کالو ژوند کولو موقع ورکړه.

په دې موده کې نوموړي ګڼ نېک کارونه وکړل، خو بالاخره یې ژوند پای ته ورسېده او علي بنات د ۲۰۱۸ کال د مې میاشت په ۲۹مه نېټه د اسټرالیا په سیډني ښار کې له دې نړۍ سترګې پټې کړې. میلیاردر علي بنات د خپل ژوند په وروستیو کې د پند اخیستو لپاره له خپلې مړینې مخکې خلکو ته یو ویډیویي پیغام ثبت کړی و چې دده له وفات وروسته په خواله رسنیو کې خپور شو.

نوموړي په دې ویډیو کې دا څرګندونې کړې دي:

"لکه څرنګه چې تاسو پوهېږئ، الحمدلله زه نور له دې دنیا لاړم، زه خویندو او ورونو ته یو پیغام لرم، تاسو وکتل چې ما په دې دنیا هر څه درلودل. ګاډي، پیسې او نور... د ناروغۍ پر وخت به ما ته خلکو پیغامونه را استول چې ورور تا ځان ته جنت یقیني کړی دی.

ته به جنت ته ځې، دوی به ویل وروره! تا د ټولنې او اُمت لپاره ډېر څه وکړل، سبحان الله، دا د یو کوچني او ساده نعمت ارزښت نه لري چې الله تعالی موږ ته د دې وړتیا راکړې چې سهار له خوبه راپاڅېږو او تر حمامه په خپلو پښو لاړ شو. دا هغه څه دي چې ورو، ورو ما له لاسه ورکړل، الحمدلله ډېر کم کسان د ژوند په وروستیو کې داسې چانس ترلاسه کوي چې وپوهېږي څه وخت مړه کېږي.

ځینې کسان بیا ناڅاپه خپل ژوند له لاسه ورکوي، تاسو لیدلي چې یو شمېر کسان د شپې په نڅا خونو یا نایټ کلبونو کې ناڅاپه راوغورځېږي او مړه شي، نور بیا په بېلا بېلو ځایونو کې خپل ژوند له لاسه ورکوي. هڅه وکړئ چې په خپل ژوند کې یو هدف ولرئ، پلان جوړ کړئ او پروژې پلی کړئ، یو څه وکړئ، په الله قسم د قیامت په ورځ به درسره یوازې همدا مرسته وکړي، هغو خویندو او ورونو ته چې لا هم ژوندي دي، زما نصیحت دا دی چې د ژوند ښه ډېر ژر ژر بدلېږي. موږ تر دې چې ډېر د اسلام ښودنې ومنو؛ په خپلو خواهشانو کې غرق یوو. زه د ډېرو خلکو لیدو ته ورغلی یم؛ خو چې کله ناروغ وم له دوبۍ، برېټانیا او نورو ځایونو خلک یوازې زما پوښتنې ته راتلل، همدا د الله تعالی لپاره مینه ده. هغوی چې ناروغ دي؛ خفه دي او یا ځورېږي، دوی ته وایم چې اندېښنه مه کوئ؛ ځکه الله تعالی به تاسو ته داسې کسان در ولېږي چې تاسو یې تمه نه درلوده، پر الله تعالی توکل وکړئ. تاسو ټولو ته مې بل پیغام دا دی چې که یو، دوه یا درېیو کسانو سره مرسته وکړئ یا مو دوی متأثره کړل چې یو څه وکړي، په یاد ولرئ چې په قبر کې به درسره همدا مرسته وکړي او د هر څه بدله به درکړل شي."

د علي بنات په مرګ ګڼ شمېر مسلمانان او نامسلمانان خفه شول، یو عیسوي پر خپل یوټیوب د علي مړینې ته په غبرګون کې وایي:

"زموږ د ورور علي بنات یو سپېڅلی روح و، دی د هغو خلکو له ډلې دی چې موږ ورته اړتیا لرو، دا هغه کسان دي چې خپل مثبت اړخ له خلکو سره شریکوي، چې یو څه وکړي، یوازې د دې لپاره چې له خلکو سره یې مرسته کړې وي."

د علي بنات په ژوند او مرګ کې زموږ لپاره درسونه څه دي؟

لومړی درس: علي بنات ته ډاکترانو اووه میاشتې وخت ورکړی و، خو هغه په داسې حال کې چې سرطان یې درلود، شاوخوا درې کاله ژوند وکړ او په هغه نېټه مړ شو چې الله پاک ورته ټاکلې وه. الله تعالی په هر څه ښه پوهېږي، خو ښکاري چې الله پاک هغه ته د نېکۍ ارادې او ښه کارونو د ترسره کولو لپاره کافي موقع ورکړه چې د آخرت لپاره ځان ته توښه برابره کړي.

راځئ له ځانه وپوښتو چې موږ څومره وخت لرو؟ د خیر کارونو او ځان بدلولو لپاره؟

آیا دا یقین لرئ چې تر سبا به ژوندي یاست؟

د دې دنیا فاني ژوند موږ ته دا زمزمه کړې چې تل به ژوندي یو! حال دا چې ښه پوهېږو چې غولوي مو. دا دنیا بل هېڅ نه ده مګر د آزموینې ځای دی.

دویم درس: موږ په دنیا کې هر څه ترلاسه کوو لکه ښکلي کورونه، قیمتي ګاډي، له حرامو او حلالو لارو پانګه او ګڼ نور...

خو آیا د قیامت لپاره مو د دې نیم چند خواري کړې؟

دا نړۍ او پکې له حرامو لارو روزي په دې ارزي چې خپل آخرت خراب کړو؟ حال دا چې ښه پوهېږو له دې دنیا د کوچېدو پر وخت موږ له ځان سره څه وړلای شو؟ یوازې یو کفن او بس!

درېیم درس: په ټولنه کې فعاله ونډه ولرئ، له خلکو سره مرسته وکړئ، د بېوزلو او یتیمانو لاس نیوی وکړئ او د فعال مسلمان رول ولوبوئ. همدا په قیامت او قبر کې په کارېږي!

د ژوند مهمه قاعده

عبدالله بن عباس رضي الله عنه تنکی ځوان و. یوه ورځ له رسول الله ﷺ وسلم سره پر اوښ ناست و. رسول الله ﷺ ورته وویل: "اې ځوانه زه درته څو خبرې در زده کوم: الله تعالی په یاد ساته چې هغه تا په یاد وساتي. کله چې دې مرسته غوښته، له الله تعالی یې غواړه او پوه شه چې که ټوله دنیا تا ته د ګټې رسولو لپاره راټوله شي، هېڅ به درته ونه کړي مګر هغه چې الله تعالی درته لیکلي وي، خو که ټول خلک راټول شي چې تا ته ضرر ورسوي، هېڅکله به درته ضرر و نه شي رسولی مګر هغه چې الله تعالی درته لیکلي وي. پوه شه چې نصر یا مرسته له صبر سره ده. له هر زړه تنګوالي وروسته راحت یا هوساینه ده او پوه شه چې له هرې سختۍ وروسته آسانې ده، لکه څنګه چې الله تبارک و تعالی فرمایي: ﴿ إِنَّ مَعَ الْعُسْرِ يُسْرًا﴾[١٦٣][١٦٤]

١٦٣: الشرح، ٦ آیت

١٦٤: دا حدیث ترمذي روآیت کړی او حسن صحیح یې بللی

آیا ژوند مو له کړاوونو ډک دی؟

آیا له سحر، جادو، کوډو، د سترګو اغېز، پېریانو، زړه تنګوالي او نورو ستونزو په عذاب یاست او ژوند یې درته تریخ او بې خونده کړی؟

پوهېږئ لامل یې موږ او تاسې خپله یو او ملامت هم همدا موږ یوو.

شاید پوښتنه مو دا وي چې ولې؟

الله تعالی او د هغه رسول ﷺ مبارکو حدیثونو کې د دې کړاونو ښه علاج راښودلی خو موږ ترې په بې پروایي تېرېږو او غور پرې نه کوو.

قرآن کریم په خپله شفاء دی. ځینې سورتونه در ښایم که هره ورځ سهار او ماښام مو لوستل الله پاک به مو له دغو ستونزو خوندي ساتي، ان شاء الله.

رسول الله ﷺ فرمایلي: د دې سورتونو تر شا خزانې دي.

دا خزانې را وسپړئ، ګټه ترې واخلئ او ځان پرې له ستونزو خوندي ساتئ.

دا په دې معنی نه ده چې موږ د ناروغیو د درملنې لپاره له طبي درملو یا ډاکټر ته له تللو بې پروا شو، نه بلکې د مسلمانانو په توګه موږ دا باور لرو چې د ناروغۍ د علاج لپاره باید ډاکټر ته لاړ شو او دوا هم وخورو. خو ترځنګ یې د الله پاک د کلام په مرسته هم له بېلابیلو بلاوو ځان خوندي وساتو.

ځکه الله تعالی انسانان پیدا کړي او تر هر چا ښه پوهېږي چې د ناروغیو دوا یې څه ده، د انسان وجود څه ډول کار کوي او څنګه روغیږي.

لومړۍ خزانه: سورة الفاتحه

د قرآن کریم لومړی سورت (سورة الفاتحة).

د دې مبارک سورت لوستل د بدني او نفسي ناروغیو درملنه کوي.

امام بخاري له أبو سعید الخدري رضي الله عنه څخه روایت کړی چې ویلي یې دي: د رسول الله ﷺ د صحابه وو یوه ډله د عربو په یوه کلي باندې تېرېده خو د کلي هغو خلکو یې میلمه پالنه ونه کړه، وروسته د کلي مشر کوم شي وچیچلو. صحابه وو ته یې وویل تاسې سره کومه دوا شته؟

هغوی ویل هو شته خو تاسې موږ ته د خوراک لپاره څه رانکړل نو موږ ستاسې د مشر درملنه تر هغې نه کوو چې اجوره را نه کړئ. هغوی ورته د پسونو یوه رمه ورکړه او صحابه وو رضي الله عنهم هغه قومي مشر په سورة الفاتحه دم کړ.[١٦٥]

أَعُوذُ بِاللَّهِ مِنَ الشَّيطَانِ الرَّجِيمِ: پناه غواړم په الله پاک له رټل شوي شیطان څخه.

﴿بِسْمِ اللَّهِ الرَّحْمَٰنِ الرَّحِيمِ﴾

(پیل کوم) د الله په نوم چې ډېر مهربان او زیات رحم لرونکی دی.

﴿الْحَمْدُ لِلَّهِ رَبِّ الْعَالَمِينَ﴾

ټوله ثنا ستاینه یوازې الله لره ده چې د ټولو مخلوقاتو پالونکی دی.

﴿الرَّحْمَٰنِ الرَّحِيمِ﴾

ډېر مهربان زیات رحم لرونکی دی.

١٦٥: رواه البخاري، في صحيح البخاري، عن أبي سعيد الخدري، الصفحة أو الرقم: ٥٧٣٦، صحيح.

﴿مَالِكِ يَوْمِ الدِّينِ﴾
د جزا (قيامت) د ورځې مالك دی.
﴿إِيَّاكَ نَعْبُدُ وَإِيَّاكَ نَسْتَعِينُ﴾
مونږ یوازې همدا ستا عبادت کوو او همدا له تا څخه مرسته غواړو.
﴿اهْدِنَا الصِّرَاطَ الْمُسْتَقِيمَ﴾
(زموږ ربه) مونږ ته سمه لاره وښایه.
﴿صِرَاطَ الَّذِينَ أَنْعَمْتَ عَلَيْهِمْ غَيْرِ الْمَغْضُوبِ عَلَيْهِمْ وَلَا الضَّالِّينَ﴾[١٦٦]
د هغو کسانو لاره چې تا پرې پېرزوینه کړې ده، نه د هغو کسانو لاره چې غضب ورباندې شوی او نه د هغو کسانو لاره چې لار ورکې دي.
دويمه خزانه: سورة الاخلاص
د قرآن کریم له اخري خوا درېیم سورت دی.
رسول الله ﷺدا مبارک سورة ثلث القرآن بللی دی، یانې په درېیو کې د قرآن کریم یوه برخه ده. په دې معنی چې که درې وار ولوستل شي، لکه مکمل قرآنکریم چې لوستل شوی وي.
په صحیح البخاري کې له بي بي عائشې رضي الله عنها څخه روایت شوی چې فرمايي:
«أنَّ النَّبيَّ صلَّى اللهُ عليه وسلَّم كانَ إذا أوَى إلى فِراشِهِ كُلَّ لَيْلَةٍ جَمع كَفَّيْهِ، ثُمَّ نَفَثَ فِيهِما، فَقَرَأَ فِيهِما: ﴿قُلْ هُوَ اللَّهُ أَحَدٌ﴾، و ﴿قُلْ أَعُوذُ بِرَبِّ الْفَلَقِ﴾، و ﴿قُلْ أَعُوذُ بِرَبِّ النَّاسِ﴾، ثُمَّ يَمْسَحُ بهما ما اسْتَطاعَ

١٦٦: الفاتحة

مِن جَسَدِهِ، يَبْدَأُ بهِما علَى رَأْسِهِ ووَجْهِهِ وما أقْبَلَ مِن جَسَدِهِ، يَفْعَلُ ذلكَ ثَلاثَ مَرَّاتٍ.»[١٦٧]

کله چې به رسول الله ﷺ هره شپه د خوب بسترې ته تللو، نو لاسونه به يې لپه کول او بيا به يې پکې چوف کول په دغو لپه شويو لاسونو کې به يې اخلاص سورت ﴿قُلْ هُوَ اللَّهُ أَحَدٌ﴾، الفلق سورت ﴿قُلْ أَعُوذُ بِرَبِّ الْفَلَقِ﴾ او الناس سورت ﴿قُلْ أَعُوذُ بِرَبِّ النَّاسِ﴾ لوستل بيا (لاسونو کې چوف کول) او تر هغې وروسته به يې ټول بدن پرې تر کومه ځايه چې کېدای شو مسح کاوه.

د بدن مسح کول به يې له سر او مخ څخه پيلول او د بدن لوري ته به تللو او دا کار به يې درې وارې ترسره کاوه.

په يوه بل حديث کې رسول الله ﷺ فرمايلي:

« من قرأ قُلْ هُوَ اللهُ أَحَدٌ عشرَ مراتٍ بنى اللهُ له بيتًا في الجنَّةِ»[١٦٨]

ژباړه: چا چې يوولس وارې قل هو الله (سورت اخلاص) ولوست؛ الله پاک ورته په جنت کې کور جوړ کړ.

عمر رضي الله عنه پوښتنه وکړه چې که ډېر يې ولولو يا رسول الله؟ هغه مبارک ورته وويل چې څومره يې لوستی شئ الله تعالی د پراخی او پاکی خاوند دی.

په دنيا کې د يو کور ترلاسه کولو لپاره څومره زيار ګالو؟

بيا د جنت کور په اړه مو څه نظر دی؟

١٦٧: صحيح البخاري (٥٠١٧)

١٦٨: الراوي : معاذ بن أنس | المحدث : الألباني | المصدر : صحيح الجامع | الصفحة أو الرقم : ٦٤٧٢ | خلاصة حكم المحدث : صحيح

په يوه مبارک حديث کې راځي:

«كانَ رَجُلٌ مِنَ الأنْصارِ يَؤُمُّهُمْ في مَسْجِدِ قُباءٍ، وكانَ كُلَّما افْتَتَحَ سُورَةً يَقْرَأُ بها لهمْ في الصَّلاَةِ ممَّا يَقْرَأُ به افْتَتَحَ: بقُلْ هو اللَّهُ أحَدٌ حتَّى يَفْرُغَ مِنْها، ثُمَّ يَقْرَأُ سُورَةً أُخْرَى معها، وكانَ يَصْنَعُ ذلكَ في كُلِّ رَكْعَةٍ، فَكَلَّمَهُ أصْحابُهُ، فقالوا: إنَّكَ تَفْتَتِحُ بهذِه السُّورَةِ، ثُمَّ لا تَرَى أنَّها تُجْزِئُكَ حتَّى تَقْرَأَ بأُخْرَى، فَإِمَّا تَقْرَأُ بها وإمَّا أنْ تَدَعَها، وتَقْرَأَ بأُخْرَى فقالَ: ما أنا بتارِكِها، إنْ أحْبَبْتُمْ أنْ أؤُمَّكُمْ بذلكَ فَعَلْتُ، وإنْ كَرِهْتُمْ تَرَكْتُكُمْ، وكانُوا يَرَوْنَ أنَّه مِن أفْضَلِهِمْ، وكَرِهُوا أنْ يَؤُمَّهُمْ غيرُهُ، فَلَمَّا أتاهُمُ النبيُّ صَلَّى اللهُ عليه وسلَّمَ أخْبَرُوهُ الخَبَرَ، فقالَ: «يا فُلاَنُ، ما يَمْنَعُكَ أنْ تَفْعَلَ ما يَأْمُرُكَ به أصْحابُكَ، وما يَحْمِلُكَ علَى لُزُومِ هذِه السُّورَةِ في كُلِّ رَكْعَةٍ» فقالَ: إنِّي أُحِبُّها، فقالَ: «حُبُّكَ إيَّاها أدْخَلَكَ الجَنَّةَ»[١٦٩]

ژباړه: د انصارو يو سړی و، چې په مسجد قباء کې يې د خلکو امامت کاوه چې د هر رکعت پر مهال به يې لومړی قل هو الله أحد سورت لوسته، بيا به يې وروسته بل سورت تلاوت کاوه، خلکو ورته ترې غوښتنه وکړه چې متفاوت سورتونه ولولي خو هغه ځواب ورکړ چې دا کار نه پرېږدم، که غواړئ ستاسې امامت وکړم په همدې طريقه مخکې ځم که نه امامت نه کوم، خلکو د ده امامت خوښاوه او تر نورو يې غوره باله، رسول الله ﷺ ته يې خبره ورسوله، هغه له امام څخه پوښتنه وکړه چې" اې فلانيه! ولې هغه څه نه ترسره کوې چې ستا ملګري يې غوښتنه کوي او څه شي اړ کړی يې چې هر رکعت کې دغه سورت لولې؟"

١٦٩: صحيح البخاري (٧٧٤)

هغه وویل: له دې سورت سره مې مینه ده. رسول الله ﷺ په ځواب کې وویل: "د دې سورت مینه به تا جنت ته داخل کړي".

سبحان الله! څومره لویه نېکمرغي په دومره اسانه کار!

سورة الأخلاص له معنی سره زده کړه او همېشه یې تلاوت کوه:

﴿قُلْ هُوَ اللَّهُ أَحَدٌ﴾

ووایه هغه الله دی، یوازې یو.

﴿اللَّهُ الصَّمَدُ﴾

الله هیچاته اړ نه دی او ټول هغه ته اړ دي.

﴿لَمْ يَلِدْ وَلَمْ يُولَدْ﴾

نه هغه څوك زېږولی دی او نه هغه زېږول شوی دی.

﴿وَلَمْ يَكُنْ لَهُ كُفُوًا أَحَدٌ﴾[۱۷۰]

او نشته هغه لره هېڅوک سیال

درېیمه خزانه: آیت الکرسي

د ایت الکرسي په اړه رسول الله ﷺ فرمایلي:

«مَن قرأ آيةَ الكرسيِّ دبُرَ كلِّ صلاةٍ مَكْتوبةٍ ، لم يمنَعهُ مِن دخولِ الجنَّةِ ، إلَّا الموتُ»[۱۷۱]

ژباړه: چا چې ایت الکرسي د هر فرض لمونځ څخه وروسته ولوست، جنت ته بې له مرگ پرته بل هېڅ شی مخه ونه نیسي.

۱۷۰: الاخلاص، ۱-۴ آیتونه

۱۷۱: بلوغ المرام، ۹۷ پانه. د حدیث حکم: صحیح

يعنې کله چې فرض لمونځ خلاص کړې او ورپسې دغه عظيم ايت ولولې ستا او د جنت ترمنځ يوازې مرگ دی چې کله تر بل فرض لمونځ پورې وفات شې مخامخ به جنت ځې ان شاء الله.
نو له هر فرض لمونځ څخه وروسته دا عظيم ايت لوله:
﴿اللَّهُ لَا إِلَٰهَ إِلَّا هُوَ الْحَيُّ الْقَيُّومُ ۚ لَا تَأْخُذُهُ سِنَةٌ وَلَا نَوْمٌ ۚ لَهُ مَا فِي السَّمَاوَاتِ وَمَا فِي الْأَرْضِ ۗ مَنْ ذَا الَّذِي يَشْفَعُ عِنْدَهُ إِلَّا بِإِذْنِهِ ۚ يَعْلَمُ مَا بَيْنَ أَيْدِيهِمْ وَمَا خَلْفَهُمْ ۖ وَلَا يُحِيطُونَ بِشَيْءٍ مِنْ عِلْمِهِ إِلَّا بِمَا شَاءَ ۚ وَسِعَ كُرْسِيُّهُ السَّمَاوَاتِ وَالْأَرْضَ ۖ وَلَا يَئُودُهُ حِفْظُهُمَا ۚ وَهُوَ الْعَلِيُّ الْعَظِيمُ﴾[۱۷۲]

ژباړه: له الله پرته بل خدای نشته، مگر يوازې همدغه يو رب دی چې همېشه ژوندی دی او ټول کائنات يې تنظيم کړي دي، هغه نه ويده کېږي او نه پرکالي پرې راځي، په اسمانونو او ځمکه کې چې هر څه دي د هغه دي، څوك دی چې د هغه په وړاندې د هغه له اجازې پرته سپارښت وکړای شي؟ څه چې د بندگانو په وړاندې دي پر هغو هم خبر دی او څه چې له هغو نه پټ دي پر هغو هم خبر دی او د هغه له معلوماتو نه هيڅ شی د هغوې په ادراك کې نشي ايساريدای مگر دا چې د کوم شي علم ورکول هغه په خپله وغواړي، د هغه حکومت پر اسمانونو او ځمکه خپور شوی دی او د هغو ساتنه د هغه له پاره کوم ستومانوونکی کار نه دی يوازې هماغه يو لوی او لوړ رب دی.

۱۷۲: البقره، ۲۵۵ آيت

څلورمه خزانه: د بقرې سورت آخري آیتونه

دا لویه خزانه ده چې انسانان يې په اړه بې پروا دي! د بقرې سورت دوه وروستي آیتونه دي. دا هغه آیتونه دي چې د هر ډول ناروغیو علاج پکې شته، خصوصاً د هغو ناروغیو چې له سحر، جادو او پېریانو سره تړاو لري.

او دا مبارک آیتونه له کور څخه ضرر رسوونکي مخلوق لکه پېریان او شیطانان شړي.

رسول الله ﷺ فرمايي: «مَنْ قَرَأَ بالآيَتَيْنِ مِنْ آخِرِ سُورةِ البقَرةِ في لَيْلَةٍ كَفَتاهُ»[173]

ژباړه: چا چې د بقرې سورت دوه آخري آیتونه د شپې لخوا ولوستل، همدغه ورته کفایت کوي.

هغه دا ایتونه دي:

﴿آمَنَ الرَّسُولُ بِمَا أُنْزِلَ إِلَيْهِ مِنْ رَبِّهِ وَالْمُؤْمِنُونَ ۚ كُلٌّ آمَنَ بِاللَّهِ وَمَلَائِكَتِهِ وَكُتُبِهِ وَرُسُلِهِ لَا نُفَرِّقُ بَيْنَ أَحَدٍ مِنْ رُسُلِهِ ۚ وَقَالُوا سَمِعْنَا وَأَطَعْنَا ۖ غُفْرَانَكَ رَبَّنَا وَإِلَيْكَ الْمَصِيرُ ﴿٢٨٥﴾ لَا يُكَلِّفُ اللَّهُ نَفْسًا إِلَّا وُسْعَهَا ۚ لَهَا مَا كَسَبَتْ وَعَلَيْهَا مَا اكْتَسَبَتْ ۗ رَبَّنَا لَا تُؤَاخِذْنَا إِنْ نَسِينَا أَوْ أَخْطَأْنَا ۚ رَبَّنَا وَلَا تَحْمِلْ عَلَيْنَا إِصْرًا كَمَا حَمَلْتَهُ عَلَى الَّذِينَ مِنْ قَبْلِنَا ۚ رَبَّنَا وَلَا تُحَمِّلْنَا مَا لَا طَاقَةَ لَنَا بِهِ ۖ وَاعْفُ عَنَّا وَاغْفِرْ لَنَا وَارْحَمْنَا ۚ أَنْتَ مَوْلَانَا فَانْصُرْنَا عَلَى الْقَوْمِ الْكَافِرِينَ﴾[174]

۱۷۳: متفق علیه

۱۷٤: البقرة، ۲۸۵ او ۲۸٦ آیتونه

ژباړه: پيغمبر ﷺ پر هغه هدايت ايمان راوړی دی چې د هغه د رب لخوا پر هغه نازل شوی دی او څوك چې د دې پېغمبر منونکي دي، هغوی هم دا هدايت د زړه په مينه منلی دی. دوی ټولو الله، د هغه پرښتې، د هغه کتابونه او د هغه پيغمبران (عليهم السلام) منلي دي او د هغو وينا دا ده چې :"موږ د الله په پيغمبرانو کې د يو له بل سره توپير نه کوو، مونږ حکم واورېده او اطاعت مو ومانه. زمونږ څښتنه! ستا څخه د گناه د بخښنې غوښتونکي يوو او همدا ستا لوري ته زموږ درتگ دی. الله پاک هېڅ نفس ته د هغه له وسې پورته مسئووليت نه متوجه کوي. چا چې څه ښه کړي دي د هغو ميوه د هماغه ده او چا چې څه بدي کړې ده د هغې گناه پر هماغه ده. زموږ ربه! که له موږ نه څه هېر او خطا را څخه وشي، موږ پرې مه نيسه. څښتنه! پر موږ هغه پېټی مه ږده چې له مونږ نه پر مخکينيو خلکو دې ايښی و. زموږ څښتنه! د کوم پيټي پورته کولو چې په موږ کې وس نشته، هغه پر موږ مه ږده، له موږ سره آساني وکړه، زموږ (له گناهونو) څخه تېر شه، پر موږ رحم وکړه، ته زموږ کار جوړوونکی يې، د کافرانو په مقابل کې زموږ مرسته وکړه. په دې ايتونو کې عجيبې دعاگانې دي که په ټول ژوند دې يوازې همدغه دعاگانې قبولې شي، بس دي.

د دې آيتونو مانا ته چې پام وکړئ، ښيي چې د تشويشونو، اندېښنو، ذهني او عصبي ناروغيو علاج هم پکې شته، ځکه دا ناروغۍ له طاقت نه لوړو څېزونو په کولو او په اړه يې د تشويش کولو څخه پيدا کېږي.

پنځمه خزانه: د بقرې او آل عمران سورتونه

د قرآن کریم لوستل سراسر برکتونه او اجرونه دي. دا کتاب د انسان د زړه ډاډ او خوشحالوونکی، د تشویشونو حل، بهترین لارښود، د عقل او ذهن رڼا، له دوزخه بچ کوونکی او جنت ته د تللو بهترینه وسیله. سورت بقرة او آل عمران د قرآن کریم نورو سورتونو په شان له برکتونو او اجرونو ډک دي.

رسول الله ﷺ یې په دوامداره لوستلو ټینګار کړی دی.

«اقْرَؤُوا القرآن فإنَّه يَأْتي يومَ القِيامَةِ شَفِيعًا لأَصْحابِهِ، اقْرَؤُوا الزَّهْراوَيْنِ البَقَرَةَ، وسُورَةَ آلِ عِمْرانَ، فإنَّهُما تَأْتِيانِ يَومَ القِيامَةِ كَأنَّهُما غَمامَتانِ، أوْ كَأنَّهُما غَيايَتانِ، أوْ كَأنَّهُما فِرْقانِ مِن طَيْرٍ صَوافَّ، تُحاجّانِ عن أصْحابِهِما، اقْرَؤُوا سُورَةَ البَقَرَةِ، فإنَّ أخْذَها بَرَكَةٌ، وتَرْكَها حَسْرَةٌ، ولا تَسْتَطِيعُها البَطَلَةُ. قالَ مُعاوِيَةُ: بَلَغَنِي أنَّ البَطَلَةَ: السَّحَرَةُ.

[وفي رواية]: غيرَ أنَّه قالَ: وكَأنَّهُما في كِلَيْهِما، ولَمْ يَذْكُرْ قَوْلَ مُعاوِيَةَ بَلَغَنِي.»[۱۷۵]

ژباړه: قرآن لولئ بې له شکه دغه کتاب د قیامت په ورځ د خپلو لوستونکو لپاره شفاعت کوي. زهراوین لولئ: سورة البقرة او سورة آل عمران. بې له شکه دغه دوه سورتونه په قیامت کې داسې راځي لکه وریځې (خپل لوستونکی پر سر د سخت لمر د ګرمي پرمهال سیوری غوړوي) یا د سر سیوري په شان (لکه په سر چې یو څه نیول کیږي چې لمر نه بچ شي) یا د هغو الوتونکو مرغیو په شان چې څنګ په څنګ رواني وي او سیوری کوي (د ځمکې په هغه برخه چې الوتنه کوي

۱۷۵: صحیح مسلم (۸۰۴).

سیوری یې جوړ کړی وي (الله پاک ته د خپل لوستونکی د سخت لمر له تودوخې یا د قیامت له سختۍ د بچ کېدو شفاعت کوي). د خپلو ملګرو (لوستونکو) دفاع کوي. دوامداره تلاوت یې برکت دی او پرېښوده یې پښېماني ده. ساحران یې پر لوستونکي برلاسه کېدای نه شي (ځوک چې دا مبارک سورتونه لولي له سحر څخه به خوندي وي).

شپږمه خزانه: د کهف سورت لس لومړي آیتونه

د کهف سورت د لسو لومړیو آیتونو حفظ او زده کولو سره مسلمان د دجال له فتنې څخه بچ کیږي.

رسول الله صلی علیه وسلم فرمایلي: «مَنْ حَفِظَ عَشْرَ آيَاتٍ مِنْ أَوَّلِ سُورَةِ الْكَهْفِ عُصِمَ مِنَ الدَّجَّالِ»[۱۷۶]

ژباړه: چا چې د کهف سورت لس لومړي آیتونه حفظ کړل؛ له دجال څخه بچ شو.

د کهف سورت لس لومړني لس ایتونه دا دي:

﴿الْحَمْدُ لِلَّهِ الَّذِي أَنْزَلَ عَلَىٰ عَبْدِهِ الْكِتَابَ وَلَمْ يَجْعَلْ لَهُ عِوَجًا ۜ﴾

ژباړه: ثنا ستاینه الله ته ده چې هغه پر خپل بنده دغه کتاب نازل کړ او په هغه کې یې کوم کوږوالی پرې نښود.

﴿قَيِّمًا لِيُنْذِرَ بَأْسًا شَدِيدًا مِنْ لَدُنْهُ وَيُبَشِّرَ الْمُؤْمِنِينَ الَّذِينَ يَعْمَلُونَ الصَّالِحَاتِ أَنَّ لَهُمْ أَجْرًا حَسَنًا﴾

ژباړه: د سمو سیخو خبرو ویونکی کتاب، تر څو چې خلکو ته د الله د سخت عذاب اخطار ورکړي او ایمان راوړونکو او نیك عملو ته د دې زیری ورکړي چې د هغو لپاره غوره اجر دی.

---

[۱۷۶]: صحیح مسلم. صحح الألباني

﴿مَاكِثِينَ فِيهِ أَبَدًا﴾

ژباړه: چې په هغه کې به هغوی د تل له پاره اوسېږي.

﴿وَيُنْذِرَ الَّذِينَ قَالُوا اتَّخَذَ اللَّهُ وَلَدًا﴾

ژباړه: او هغه خلك و وېروي چې وايي الله څوك په زوی ولی نیولی.

﴿مَا لَهُمْ بِهِ مِنْ عِلْمٍ وَلَا لِآبَائِهِمْ ۚ كَبُرَتْ كَلِمَةً تَخْرُجُ مِنْ أَفْوَاهِهِمْ ۚ إِنْ يَقُولُونَ إِلَّا كَذِبًا﴾

ژباړه: د دې خبرې څخه نه هغوی څه علم لري او نه د هغوی پلار او نیکه درلود، ستره خبره ده چې د دوی له خولې څخه راووځي، هغوی محض دروغ وايي.

﴿فَلَعَلَّكَ بَاخِعٌ نَفْسَكَ عَلَىٰ آثَارِهِمْ إِنْ لَمْ يُؤْمِنُوا بِهَٰذَا الْحَدِيثِ أَسَفًا﴾

ژباړه: ښه نو (اې محمده ﷺ) ښايي ته په هغو پسې له غم خوړلو نه خپل ځان بايلې که دوی پر دغه ښوونه ایمان را نه وړي.

﴿إِنَّا جَعَلْنَا مَا عَلَى الْأَرْضِ زِينَةً لَهَا لِنَبْلُوَهُمْ أَيُّهُمْ أَحْسَنُ عَمَلًا﴾

ژباړه: حقیقت دا دی دا څه وسایل چې د ځمکې پر مخ دي، هغه موږ د ځمکې ښکلا ګرځولي دي. تر څو چې دوی و آزمايو چې په دوی کې څوك ښه عمل کوونکی دی.

﴿وَإِنَّا لَجَاعِلُونَ مَا عَلَيْهَا صَعِيدًا جُرُزًا﴾

ژباړه: په پای کې له دغو ټولو نه چې د هغې پر مخ دي؛ موږ يو هوار ډګر جوړوونکي يوو.

﴿أَمْ حَسِبْتَ أَنَّ أَصْحَابَ الْكَهْفِ وَالرَّقِيمِ كَانُوا مِنْ آيَاتِنَا عَجَبًا﴾

ژباړه: آيا ته انګېرې چې د سمڅې او لوحې خاوندان زموږ له کومو ډېرو حيرانوونکو نښانو څخه وو؟

﴿إِذْ أَوَى الْفِتْيَةُ إِلَى الْكَهْفِ فَقَالُوا رَبَّنَا آتِنَا مِنْ لَدُنْكَ رَحْمَةً وَهَيِّئْ لَنَا مِنْ أَمْرِنَا رَشَدًا﴾

ژباړه: کله چې ځو تنو زلميانو سمځې ته پناه ور وړه او ويې ويل: اې پروردګاره! موږ په خپل ځانګړي رحمت سره سر لوړي کړه او زموږ چاره سمه کړه.

د انسان لپاره تر ټولو لويه فتنه يا امتحان همدا د دجال فتنه ده.

دغه پورتني لس ايتونه حفظ کړئ او همېشه يې لولئ، له دې سره به تر ټولو لويې فتنې څخه بچ شئ.

اوومه خزانه: سورت اخلاص او معوذتين

د قرآن کريم دوه وروستي سورتونه (قُلْ أَعُوذُ بِرَبِّ الْفَلَقِ او قُلْ أَعُوذُ بِرَبِّ النَّاسِ) له هر ډول شر يا ضرر څخه ځان د خوندي پاتې کېدو لپاره بهترين آيتونه او سورتونه دي.

هر انسان دغو دوو سورتونو دوامداره لوستلو ته لکه د خوراک او څښاک په شان اړتيا لري او بايد په دوامداره ډول خصوصا سهار او ماښام دغه سورتونه ولولي.

دا مبارک سورتونه د سحر يا جادو، د سترګو نظر او نور شر څخه د انسان خوندي ساتلو کې ډېر تاثير لري.

رسول الله ﷺ فرمايلي:

«أَلَمْ تَرَ آيَاتٍ أُنْزِلَتِ اللَّيْلَةَ لَمْ يُرَ مِثْلُهُنَّ قَطُّ: ﴿قُلْ أَعُوذُ بِرَبِّ الْفَلَقِ ﴿١﴾ مِنْ شَرِّ مَا خَلَقَ﴾»[۱۷۷]

۱۷۷: صحيح مسلم

ژباړه: ایا هغه ایتونه مو ندي کتلي چې د هغې په شان پخوا هیڅ نه دي نازل شوي: ﴿قُلْ أَعُوذُ بِرَبِّ الْفَلَقِ ﴿١﴾ مِنْ شَرِّ مَا خَلَقَ﴾.

ځوک چې سورت اخلاص (قُلْ هُوَ اللَّهُ أَحَدٌ...) او معوذتین د شپې درې ځله ولولي؛ له شر او بلا څخه به وساتل شي او د هر څه پر وړاندې یې بسنه کوي. که حسودې سترګې وي، که جادو وي او که بل هر شر وي.

د صحیح بخاري د یوه حدیث کې روایت شوي:

«كانَ صَلَّى اللهُ عليهِ وسَلَّمَ إذا أَوَى إلى فِرَاشِهِ كُلَّ ليلَةٍ جَمَعَ كَفَّيْهِ، ثمَّ نَفَثَ فيهِمَا فقَرَأَ فيهِمَا: ﴿قُلْ هُوَ اللَّهُ أَحَدٌ﴾، و﴿قُلْ أَعُوذُ بِرَبِّ الْفَلَقِ﴾، و﴿قُلْ أَعُوذُ بِرَبِّ النَّاسِ﴾، ثُمَّ يَمْسَحُ بهِمَا ما اسْتَطَاعَ مِنْ جَسَدِهِ، يَبْدَأُ بهِمَا على رَأْسِهِ ووَجْهِهِ وما أَقْبَلَ مِنْ جَسَدِهِ، يَفْعَلُ ذلكَ ثَلاثَ مَرَّاتٍ»[١٧٨]

ژباړه: رسول الله ﷺ چې به هره شپه کله د خوب بسترې ته تللو لاسونه به یې لپه کړل، ﴿قُلْ هُوَ اللَّهُ أَحَدٌ﴾، و﴿قُلْ أَعُوذُ بِرَبِّ الْفَلَقِ﴾، و﴿قُلْ أَعُوذُ بِرَبِّ النَّاسِ﴾ سورتونه به یې ولوستل او په لاسونو کې به یې چوف کړل بیا به یې پرې خپل ټول بدن مسح کاوه تر کومه ځایه چې یې لاس رسیده او له سر څخه به یې پیل کاوه او د بدن لوري ته تللو. دا کار به یې درې وارې تکراروه.

موږ د خپل رسول ﷺ په وعده پوره ایمان لرو چې د هغه خبرې له ځانه نه دي مګر د وحیې په بنسټ. په دې معنی چې دا د الله تعالی له لوري انسانانو ته د خوندیتوب ډالۍ ده!

١٧٨: صحیح البخاري

د هر چا هره خبره مه منه

زموږ او ستاسې ډېرى ستونزې له دې امله دي چې د هر چا په خبره پرته له دې چې په اړه يې دقيق معلومات وکړو باور کوو او سملاسي غبرګون ښکاره کوو. خو الله تعالی څه سپارښتنه کوي؟

﴿يَا أَيُّهَا الَّذِينَ آمَنُوا إِنْ جَاءَكُمْ فَاسِقٌ بِنَبَإٍ فَتَبَيَّنُوا أَنْ تُصِيبُوا قَوْمًا بِجَهَالَةٍ فَتُصْبِحُوا عَلَىٰ مَا فَعَلْتُمْ نَادِمِينَ﴾[۱۷۹]

ژباړه: اې مؤمنانو! که کوم فاسق تاسې ته له کوم خبر سره راشي، نو تاسې (د هغه د خبر په اړه) پلټنه او تحقيق وکړئ، هسې نه چې کومې ډلې ته په ناپوهۍ سره ضرر ورسوئ او بيا پخپلو کړو پښېمان شئ.

د دجال له فتنې څنګه په امان شو؟

اکثره خلک د هرې جمعې په ورځ د کهف مبارک سورت لولي چې د دجال له لويې فتنې په امان شي. دا هغه مبارک سورت دی چې رسول الله ﷺ يې په اړه سپارښتنه کړې چې هره جمعه يې ولولو، ځکه د انسان په ژوند کې تر ټولو لويې فتنې د دجال له فتنې مو ژغوري.

کهف سورت د قرآن کريم په پنځلسمه سپاره کې ۱۸ام سورت دی چې په مکه مکرمه کې نازل شوی دی. ۱۱۰ آيتونه او ۱۲ رکوع ګانې لري.

د سورة الكهف فضيلت

په صحيح بخاري کې يو حديث روايت شوی چې يو ځل براء بن عازم (رضي الله عنه) کهف سورت لوستلو، د هغه پام شو چې آس يې لړزېږي او ډېر نا آرام دی او د آس څخه پاس يوه رڼا رابښکته شوې وه.

۱۷۹: الحجرات، ٦ آيت

هغه وايي: کله چې به ما تلاوت بس کړ، دغه رڼا به پاس آسمان لور ته لوړېدله او کله چې به مې تلاوت بيا پيل کړ، رڼا به بېرته راکوزېدله. براء پيغمبر ﷺ ته لاړ او دا خبره يې ورسره شريکه کړه، هغه مبارک ورته په ځواب کې وفرمايل: «تلک السکينة نزلت».

ابن حجر رحمه الله وايي: له سکينة څخه مراد ملايکې دي؛ ځکه کوم ځای ته چې ملايکې ځي، هلته سکون يا آرامښت احساسېږي.

نو د براء رضي الله عنه د تلاوت اورېدو ته هم ملايکې راغلې وې.

تيرو پاڼو کې مو هغه حديث هم بيان کړ چې رسول الله ﷺ فرمايلي و څوک چې د کهف سورت لس لومړني ايتونه حفظ کړي د دجال له فتنې به خوندي شي. بل حديث مبارک کې روايت شوي چې رسول الله ﷺ فرمايلي: «من قرأ سورةَ (الكهفِ) في يومِ الجمعةِ أضاء له من النورِ ما بين الجمُعَتَين»[180]

ژباړه: څوک چې د جمعې په ورځ د کهف سورت تلاوت کړي، له دې جمعې څخه به تر بلې جمعې پورې د تلاوت کوونکي له مخ څخه يو نور روښانه وي او ځلېږي به.

په يوه بل حديث کې بيا راغلي چې څوک د جمعې په شپه د کهف سورت ولولي تر بلې جمعې به د هغه له مخه تر اسمانه نور ځلېږي.

د کهف سورت موضوع:

د کهف سورت اصلي موضوع دا ده چې د دې سورت په تلاوت کولو سره الله متعال انسان له هر ډول امتحان او آزمېښت څخه ساتي.

[180]: صحيح الترغيب (٧٣٦)، د حديث حکم: صحيح

کهف له کیسو ډک سورت دی او په هره کیسه کې د الله تعالی یو لوی امتحان دی چې خپل بندګان پکې امتحانوي.

په دې سورت کې د نورو کیسو تر څنګ څلور عمومي کیسې دي:

١. د ځوانانو کیسه (د دین په مقابل کې فتنه)

٢. د پیسو یا مال د فتنې کیسه.

٣. د خضر او موسی علیهم السلام کیسه (د علم فتنه)

۴. د ذوالقرنین کیسه (د قدرت یا ځواک فتنه).

١: د ځوانانو کیسه:

یوه ډله ځوانان چې د ظلم په مقابله کې را ولاړیږي او الله تعالی یې په کهف (غار) کې ساتي.

په دې کیسه کې الله تعالی موږ د دین په اړه له امتحانه خبروي او وايي، یوه ډله ځوانان وو چې په الله سبحانه و تعالی باندې یې ایمان درلود. هر هغه چا چې به ایمان درلود نو خلکو او پاچا به هغوی وژل. پاچا غوښتل دغه ډله ځوانان چې په الله تعالی یې ایمان درلود له منځه یوسي، خو هغوی د دې ظلم په مقابل کې په کهف (غره په منځ کې سمڅه) کې الله تعالی ته پناه یوړه او الله تعالی د هغوی سوال قبول او هغوی ته یې پناه ورکړه او اوږده موده یې هلته په اوږده خوب ویده کړل.

٢: د مال یا پیسو د فتنې کیسه:

په دې کیسه کې الله متعال موږ ته ښودنه کوي، کله چې پیسې یا دنیوي مال د انسان هر څه شي یا د انسان ټول هدف پیسې شي بیا څه پیښیږي؟ د پیسو په مقابل کې انسان مغروره او متکبره کیږي.

د دې ستونزې د حل لپاره د کيسې په پای کې الله تعالی بيا وايي چې دا دنيا د لنډې مودې لپاره ده، يوازې الله تعالی د مال ورکوونکی دی او شته هر څه به يوه ورځ د ټولو له لاسه وځي.

۳: د موسی او خضر عليهم السلام کيسه:

په دې کيسه کې الله تعالی موږ ته د کم يا ناوړه علم فتنه په ښه کوي، يعنې کله چې علم انسان تواضع او عاجزي ته ونه رسوي يا علم انسان متواضع نه کړي، دا بيا فتنه ده چې انسان يې له امله متکبره او مغروره کيږي.

۴: څلورمه او آخري کيسه د کهف په سورت کې د ذوالقرنين ده:

په دې برخه کې د ځواک او قدرت فتنه بيانيږي. په دې کيسه کې الله متعال خپلو بندګانو ته وايي چې الله تعالی ذوالقرنين امتحان کړل، خو هغوی څنګه او په څه ډول له دې امتحان څخه ووتل.

د دجال له فتنې سره د کهف سورت تړاو

د انسانانو په ژوند کې د دجال له فتنې څخه بله لويه او ناوړه فتنه نشته، په دې اړه پيغمبر ﷺ فرمايي: له هغه وخت نه چې الله تعالی آدم عليه السلام پيدا کړی تر قيامت پورې د دجال له فتنې څخه بل لوی امتحان په انسانانو نه شته.

د دجال فتنه داسې يو امتحان دی چې د نوموړي په راتګ سره به ډېرو خلکو ته تاوان ورسيږي، خلک به ووژل شي، وينې به توی شي او بالاخره دجال به راشي او د خدايۍ دعوه به وکړي.

دجال ته به الله تعالی موقتي توان ورکړی او له امله به يې هغه د خلکو د خوراک او څښاک کنټرول ترلاسه کړي.

دا قوت به الله تعالی ورکړی وي چې په داسې سختو شرایطو کې خپل مخلص او مؤمن بنده ګان امتحان کړي.
په داسې سختو حالاتو کې چې خوراک او څښاک په خلکو بند شي، نو دوی چاته رجوع کوي، الله تعالی ته چې حقیقي مالک او هر څه د هغه په قدرت کې دي او که دجال ته چې مؤقت قدرت ورکړل شوی؟
دجال به دغه ډول کارونه ترسره کړي تر څو د کمزوري ایمان خاوندان وغولوي او خلکو ته به وایي چې زه خدای یم، نعوذ بالله.
هغه خلک چې د دجال د امر اطاعت وکړي او په نوموړي ایمان راوړي، دوی به پرمختګ کوي او هر څه به ترلاسه کړي، او څوک چې د نوموړي اطاعت نه کوي، په دوی به خوراک او څښاک بند کړي او ځمکه به پرې وچه شي، چې همدا د الله تعالی امتحان دی.
په دې اړه الله تعالی مؤمنانو ته ډاډ ورکوي چې: ﴿وَ إِنَّا لَجاعِلُونَ ما عَلَيْها صَعِيداً جُرُزاً﴾[181]
ژباړه: هغه زه یم چې په دې ځمکه هر څه پیدا کوم او وچوم یې او بیا ترې سپېره ډاګ جوړوم.
الله تعالی په کهف سورت کې خپلو بندګانو ته وایي چې که غواړئ رزق ترلاسه کړئ، زما لوري ته راشئ، نه د دجال طرف ته.
د ځمکې د وچولو او سپېره کولو واک یوازې له الله تعالی سره دی نه له دجال سره، خو ځیني خلک به غولېږي او د دجال د فتنې ښکار او د الله تعالی په امتحان کې به ناکامه کېږي.

[181]: الکهف، ۸ آیت

له دې لوی امتحان او د دجال له فتنې څخه د خلاصون په اړه پیغمبر ﷺ موږ ته ډېره واضح ښودانه کړې، که موږ پرې عمل وکړو، ان شاء الله چې په ډېرې آسانۍ به له دې لوی امتحان او لویې فتنې څخه خلاصون ومومو.

ابو سعید رضي الله عنه روایت کوي، پیغمبر ﷺ فرمایلي دي: «هر څوک چې کهف سورت داسې تلاوت کړي لکه څنګه چې نازل شوی (په تجوید، خشوع او په حوصله) او بیا هغه له دجال سره مخ شي، الله تعالی به د دې شخص حفاظت وکړي او د دجال قدرت او فتنه به پرې هیڅ تأثیر ونه کړي».[۱۸۲]

د کهف سبب نزول

ابن جریر طبري له ابن عباس رضي الله عنه څخه روایت کړی، کله چې په مکه مکرمه کې د نبي کریم ﷺ د نبوت آوازه خپره شوه او د مکې قریش په دې خبر ډېر خپه شول، نو یې نضربن حارث او عقبه بن ابي معیط د مدینې منورې په لور د یهودو عالمانو څخه د پوښتنې لپاره واستول چې هغوی د تورات او انجیل عالمان وو. دوی دغه عالمان وپوښتل چې د دې نوي پیغمبر په اړه څه وایې؟

یهودو عالمانو دوی ته وویل چې له دې پیغمبر نه د درې شیانو پوښتنه وکړئ، که یې د دې پوښتنو سم ځوابونه وویل، نو پوه شئ چې دغه د الله تعالي نبي او رسول دی او که یې سم ځوابونه و نه ویل، نو پوه شئ چې دا نبي او رسول نه دی.

---

[۱۸۲]: المستدرک للحاکم

یهودو عالمانو وویل: له هغه نه اوله پوښتنه د هغو ځوانانو په اړه وکړئ چې په تېره زمانه کې د خپل ښار نه ووتل (اصحاب کهف)، دویمه پوښتنه تري د هغه سړي وکړئ چا چې د دنیا د مشرق او مغرب سفر وکړ (ذوالقرنین) او درېیمه پوښتنه تري د روح په اړه وکړئ چې روح څه شی دی.

دواړه قریشیان بېرته مکې ته راغلل او خپلو خلکو ته یې د یهودو عالمانو ټوله کیسه وکړه. قریش له همدې درې سوالونو سره د نبي کریم ﷺ په مقابل کې حاضر شول او دا درې پوښتنې یې ترې وکړلې.

نبي کریم ﷺ ورته وویل چې زه به تاسو ته د دې سوالونو ځوابونه سبا ووایم، خلک لاړل او هغه مبارک د وحیې په انتظار و، تر څو د دې سوالونو ځوابونه ورته د وحې له لارې وویل شي. وعده پوره شوه خو وحیه نازل نه شوه او نه هم جبرئیل امین راغی، د مکې قریشو په رسول الله ﷺ باندې ملنډې پیل کړې، هغه مبارک په دې کار سخت غمجن او پریشانه شو. پینځلس ورځې وروسته جبرئیل امین د سورت کهف له وحیې سره یوځای نازل شو.

د وحیې د ځنډېدو علت دا و چې پیغمبر ﷺ د وعدې ورکولو په پای وخت کې ان شاء الله نه و ویلي.

په دې سورت کې دا موضوع هم یاده شوې الله تعالی خپل رسول ﷺ ته وایي: کله چې له چا سره وعده کوې، نو ضرور ان شاء الله وایه.

د دې ترڅنګ په دې سورت کې الله تعالی د قریشو سوالونو ته ځوابونه وایي او دا ثابتوي چې محمد ﷺ برحقه نبي او رسول دی.

که غواړئ له امتحانونو او فتنو څخه په امان شئ، د هرې جمعې په ورځ د کهف سورت تلاوت کول خپل تلپاتې عادت کړئ.

د مرستې لپاره اصلي مرستندوی ته مخ کړه

که دې څه له لاسه ورکړل، مه خپه کېږه، بلکې خپل رب ته ودرېږه او ووایه: ربه! په بدل کې یې تر دې غوره راکړه!

په دې سره ته د الله تعالی په آزموینه کې بریالی کېږې او الله سبحانه و تعالی به له خپلې خزانې بې حسابه اجر او مال یا د هغه څه بدله درکړي چې له لاسه دې ورکړي.

د الله پاک داسې ډکې خزانې دي چې هېڅ ترې نه کمېږي.

د الله تعالی مینه څنګه ترلاسه کړم؟

ځینې انسانان د شهرت، مال او مقام ډېر لېوال وي. پوهېږئ د خلکو لپاره هغه وخت د احترام وړ کېږي چې د الله تعالی مینه ترلاسه کړي.

په قدسي حدیث مبارک کې راځي: «إنَّ اللَّهَ إذا أحَبَّ عَبْدًا دَعا جِبْرِيلَ فقالَ: إنِّي أُحِبُّ فُلانًا فأحِبَّهُ، قالَ: فيُحِبُّهُ جِبْرِيلُ، ثُمَّ يُنادِي في السَّماءِ فيَقولُ: إنَّ اللَّهَ يُحِبُّ فُلانًا فأحِبُّوهُ، فيُحِبُّهُ أهْلُ السَّماءِ، قالَ ثُمَّ يُوضَعُ له القَبُولُ في الأرْضِ، وإذا أبْغَضَ عَبْدًا دَعا جِبْرِيلَ فيَقولُ: إنِّي أُبْغِضُ فُلانًا فأبْغِضْهُ، قالَ فيُبْغِضُهُ جِبْرِيلُ، ثُمَّ يُنادِي في أهْلِ السَّماءِ إنَّ اللَّهَ يُبْغِضُ فُلانًا فأبْغِضُوهُ، قالَ: فيُبْغِضُونَهُ، ثُمَّ تُوضَعُ له البَغْضاءُ في الأرْضِ»[۱۸۳]

[۱۸۳]: صحیح مسلم۲۶۳۷

ژباړه: کله چې الله تعالی ته یو بنده گران شي، جبرئیل علیه السلام ته وايي فلانی ما ته گران دی، نو ته هم ورسره مينه وکړه. جبرئیل ورسره مينه کوي، جبرئيل په آسمان کې غږ کوي چې: اې د آسمان اهله الله تعالی له فلاني سره مينه کوي، نو تاسې هم ورسره مينه وکړئ. د آسمان ټول اهل له ده سره مينه کوي، نو دی په ځمکه کې د مينې او احترام وړ شي. خو که د (الله پاک) يو انسان نه خوښېږي، جبرئیل ته وايي چې زه له فلاني بنده څخه کرکه کوم ته هم ترې کرکه وکړه، بیا ورسره جبرئیل هم کرکه کوي او په آسمان کې غږ کوي چې اې د آسمان خلکو الله پاک له فلاني انسان څخه کرکه کوي تاسې هم ترې کرکه وکړئ بيا په دنيا کې هم د انسانانو زړونه کې ورته کرکه پيدا شي.

چې کله پر الله تعالی گران شې، د آسمان اهل درته درناوی کوي او د ځمکې خلک در سره مينه کوي، نو له دې هاخوا څه غواړې؟

ښه شايد پوښتنه دې دا وي چې د الله تعالی مينه څنگه ترلاسه کېږي؟

د فرضو، واجبو او سنتو عبادتونو ترڅنگ نفلي عبادتونه ډېر کوه. علماء وايي مسلمان په نفلي عبادتونو خپل رب ته ډېر نژدې کيدای شي، ځکه فرضي او واجب عبادتونه خو ستا مسؤليت او پر تا لازمي دي.

بايد يې ترسره کړې، خو چې کله نفلي عبادتونه کوې اړيکې دې له خپل رب سره لا پياوړې کيږي.

پر دې سربيره کله چې زړه دې له کينې، غيبت، کرکې او خيانت پاک وي او په هر کار کې پاک نيت او غوره اخلاق ولرې...

او ځان د سورت الشعراء له ۸۳ څخه تر ۹۲ آيتونو مصداق کړې، په دې هم د الله پاک محبت ترلاسه کوای شې، ان شاء الله.

همېشه د سورت الشعراء دا ایتونه لوله او غور پرې کوه:

﴿رَبِّ هَبْ لِي حُكْمًا وَأَلْحِقْنِي بِالصَّالِحِينَ﴾

اې زما ربه! ماته حکم را وښایه او ما له صالحانو سره یو ځای کړه.

﴿وَاجْعَلْ لِي لِسَانَ صِدْقٍ فِي الْآخِرِينَ﴾

او په وروسته نسلونو کې رېښتیانی نومیالیتوب راپه برخه کړه.

﴿وَاجْعَلْنِي مِنْ وَرَثَةِ جَنَّةِ النَّعِيمِ﴾

او ماله نعمتونو څخه د مالامال جنت له وارثانو څخه وګرځوه.

﴿وَاغْفِرْ لِأَبِي إِنَّهُ كَانَ مِنَ الضَّالِّينَ﴾

او زما پلارته بخښنه وکړه چې بېشکه هغه له ګمراهانو څخه دی.

﴿وَلَا تُخْزِنِي يَوْمَ يُبْعَثُونَ﴾

او ما په هغه ورځ مه رسوا کوه چې کله ټول خلك ژوندي را پاڅول شي.

﴿يَوْمَ لَا يَنْفَعُ مَالٌ وَلَا بَنُونَ﴾

کله چې نه مال څه ګټه ورسوي نه اولاد.

﴿إِلَّا مَنْ أَتَى اللَّهَ بِقَلْبٍ سَلِيمٍ﴾

مګر دا چې څوك له روغ سپېڅلي زړه سره د الله حضور ته ورغلی وي.

﴿وَأُزْلِفَتِ الْجَنَّةُ لِلْمُتَّقِينَ﴾

(په هغه ورځ به) جنت پرهیزګارانو ته نږدې راوستل شي.

﴿وَبُرِّزَتِ الْجَحِيمُ لِلْغَاوِينَ﴾

او دوزخ به د ګمراه شویو خلکو لپاره پرانستل شي.

د قتل امر يې وشو خو پاچا ورته په ګونډو شو

په روايتونو کې راځي چې حجاج بن يوسف د پياوړي عالم حسن البصري د وژلو امر وکړ. حجاج ناست دی، يو کس شمشېر په لاس امر ته ولاړ دی. حسن بصري راوستل شو. کله چې حسن بصري د حجاج دربار ته ننويستل شو، حجاج يې په ليدو ودرېد، په خپل ځای کې يې کښناوه له ډېر احترام وروسته يې بيرته رخصت کړ.

د دربار خلک ورته حيران شول.

يوه درباري کس له حسن بصري نه پوښتنه وکړه چې ته يې راوستی يې وې چې ودې وژني، خو برعکس ستا درناوی يې وکړ او رخصت يې کړې. کله چې راوستل کېدې له ځان سره دې څه ويل، رښتيا راته ووايه تا څه ويل؟

حسن بصري ځواب ورکړ: خپل رب ته مې وويل،اې هغه ربه چې په سخت وخت کې مې مرسته کوې. اې هغه خالقه چې د وحشت پر وخت مې ساتنه کوې. د دې سړي سزا ما ته داسې کړه لکه څنګه چې دې ابراهيم عليه السلام ته اور په سلامتي بدل کړ.

چې الله تعالی درسره مرسته وکړي، نو څوک به درته ضرر ورسولی شي؟ خو که الله تعالی در څخه بېزاره شي او تا يوازې پرېږدي، څوک به درته ګټه ورسوي او څوک به دې مل شي؟

دا قاعده زده کړه او په سختو حالتونو کې پرې زړه ډاډه کوه:

چا چې الله تعالی ياد کړ، هر څه ورته تسليم شول، خو چا چې الله تعالی ياد نه کړ، له هر څه به ډارېږي.

په سختيو کې د زړه ډاډ يوازې الله تعالی دی او بس.

د عثمان رضي الله عنه ژړا

روایتونو کې راغلي چې عثمان رضي الله عنه به کله چې د قبر ترڅنګ تیریدو یا به ولاړ و، سخت به یې ژړل. خو کله چې ورته د آخرت خبره کېده، چندان اغیز به یې پرې نه کاوه. دې عادت یې خلک پوښتنې ته اړ کړل چې څنګه د قیامت په اړه درته هر څه ویل کېږي دومره پروا یې نه کوې، خو چې قبر وویني ژاړې.

عثمان رضي الله عنه وویل: قبر د قیامت لومړی منزل دی چې که په دې ځای کې انسان بریالی شي تر آخره بریالی دی، خو که په دې ځای کې انسان مخ توری شو، تر ابده به تباه او برباد وي.

د دوه شیانو په اړه اندېښنه کوې، خو بې ځایه

انسانان معمولا د دوو شیانو په اړه اندېښنه کوي او ترې ډارېږي:

یو ژوند چې مړ نه شي او دویم روزي چې غریب نه شي.

د دې دواړو نعمتونو په اړه اندېښنه بې ځایه او بې معنا ده.

ځکه دا دواړه د الله تعالی په واک کې دي.

الله تعالی انسان ته ژوند او روزي ورکوي او بېرته یې ترې اخلي.

له انسانانو مه ډارېږئ چې ستاسې روزي او ژوند به واخلي.

هېڅ نه شي کولای، مګر دا چې الله تعالی غوښتي وي.

کله چې دا خبره مو زړه ته لار وکړي او په زړه کې مو ځای پر ځای شي، له الله تعالی پرته له هېڅ شي به ونه ډارېږئ او سر به له خپل خالق پرته بل چاته ټیټ نه کړئ!

خو د روزي لپاره شرط دا دی چې ته به زحمت باسې کاروبار به کوې بیا به په الله تعالی د نتیجې لپاره توکل کوې.

یوازې په مال جنت نه ګټل کیږي

عبدالرحمن بن عوف رضي الله عنه د عشره مبشره یا د هغو لسو صحابه وو رضي الله عنهم له ډلې دی، چې رسول الله ﷺ پرې په دنیا کې د جنت زیری کړی و. عبدالرحمن بن عوف رضي الله عنه سوداګر و، خو یوازې په مال یې جنت نه دی ګټلی؛ بلکې یو ښه دعوت ګر هم و. مال یې په زړه کې نه و، په لاسونو کې یې و یعنې صدقه به یې کوله او خپل مال یې د دین د خدمت لپاره کاراوه.

صدقه د الله تعالی غضب په رحمت بدلوي. هره ګناه که در څخه کېده، ورپسې توبه کوه او صدقه ورکوه، ځکه الله پاک فرمایلي:

﴿إِنَّ الْحَسَنَاتِ يُذْهِبْنَ السَّيِّئَاتِ ۚ﴾[184]

ژباړه: ببشکه نیک عملونه ګناهونه له منځه وړي.

زموږ په ګران هېواد کې ډېرې ببوزله کورنۍ شته چې د سهار او ماښام لپاره څه نه لري. کونډې یتیمان د ژوند له کړاوونو ځوریږي. که ته صدقه ورکړې او که نه، پر دوی دغه حالت حتماً تیریږي، خو ته به د الله تعالی پر وړاندې مسؤل یې.

یو څو شیبې فکر وکړه چې ته فقیر یې او د خپلو اولادونو خوراک او څښاک د برابرولو وس نه لرې، له خلکو به دې تمه څه وي؟ همدغه تمه له تا هم کیږي.

۱۸۴: هود، ۱۱۴ آیت

د شتمنو کسانو لپاره صدقه تر ټولو ښه نفلي عبادت دی. مال ستاسې لپاره امتحان دی، الله تعالی یې در څخه بېرته اخیستی هم شي، خو که د مسکینانو حق ترې وباسئ، مال به مو برکتي او ژوند او اولاد به مو بختور وي. رسول الله ﷺ په یوه حدیث کې په قسم سره ویلي چې صدقه د انسان مال نه کموي. د قرآن کریم ګڼ آیتونه هم ټینګار کوي چې صدقه مال څو چنده زیاتوي.

دوه کارونه مو د الله تعالی له عذابه ساتي

استغفار ویل او د خپل ژوند په هره برخه کې د رسول الله ﷺ سنت عملي کول.

له الله پاک بخښنه غوښتل یا استغفار د انسان ژوند له بېلابېلو کړاوونو بچ کوي. په دې اړه د دې کتاب نورو برخو کې تفصیلي خبرې شوي.

دویم هغه شی چې موږ او تاسې د الله تعالی له عذابه بچ کوي، د رسول الله ﷺ سنت عملي کول دي.

تر هغه چې موږ د خپل ژوند په هره برخه کې د رسول الله ﷺ سنت عملي کوو، په خپلو کورونو کې یې تطبیقوو، په خپلو عملونو کې ورته پام کوو، د مال ګټلو پر وخت، د صدقې ورکولو پر وخت، په سفر کې، د خپګان پر وخت، د خوښیو پر وخت او په بله هره برخه کې د خیر البشر سنت عملي کوو، نو د الله تعالی له عذابه به په امان یوو.

﴿وَمَا كَانَ اللَّهُ لِيُعَذِّبَهُمْ وَأَنْتَ فِيهِمْ ۚ وَمَا كَانَ اللَّهُ مُعَذِّبَهُمْ وَهُمْ يَسْتَغْفِرُونَ﴾[185]

ژباړه: په هغه وخت کې خو الله تعالی پر هغوی د عذاب نازلوونکی نه ؤ چې ته د هغو په منځ کې موجود وې. او نه د الله دا عادت دی چې خلك بخښنه غوښتونکي وي او هغه ورته سزا ورکړي.

یوه ډېره دقیقه خبره ده، پام ورته وکړئ:

معاذ رضي الله عنه له رسول الله ﷺ سره روان و، پوښتنه يې ترې وکړه: «يا مُعاذ ما حقُّ اللهِ على عبادِهِ».

ژباړه:اې معاذه پر انسان د الله تعالی حق څه دی؟

هغه ویل: الله تعالی او د هغه رسول ښه پوهیږي، دوه ځلې بيا يې همدا پوښتنه وکړه او هغه ورته ځواب ورکړ.

رسول الله ﷺ ورته وفرمایل: پر بنده ګانو د الله تعالی حق دا دی چې بندګي يې وکړي او شريک ورسره ونه نيسي.

رسول الله ﷺ بیا له معاذ نه پوښتنه وکړه، کله چې بنده ګان د الله تعالی عبادت وکړي، نو پر الله تعالی د دوی حق څه دی؟

جلیل القدر صحابي ورته ځواب ورکړ، چې الله تعالی او د هغه رسول ښه پوهیږي. نو رسول الله ﷺ ورته وویل: هغه بنده ګان چې د الله تعالی عبادت کوي، پر الله تعالی د دوی حق دا دی چې له عذاب نه يې وساتي، په عذاب يې اخته نه کړي.

که مو د ژوند په هره برخه کې د رسول الله ﷺ پر سنتو عمل کاوه، هیڅکله به په عذاب اخته نه شئ.

۱۸۵: الأنفال، ۳۳ آیت

له ستونزو د وتلو آسانه طریقه

الله تعالی په قرآن کریم کې فرمایي:

﴿يُرِيدُ اللَّهُ أَن يُخَفِّفَ عَنكُمْ ۚ وَخُلِقَ الْإِنسَانُ ضَعِيفًا﴾[۱۸۶]

ژباړه: الله تعالی پر تاسې آسانول غواړي (ځکه چې) انسان ضعیف هست کړای شوی دی.

دا د الله پاک کرم او مهرباني ده چې انسان یې کمزوری پیدا کړی. ځکه که انسان قوي پیدا کړل شوی وای، دی به له خپل ربه بې پروا وای او هر کار کې به یې پر خپل قوت تکیه کولای، چې په پایله کې بې لارې کېده او په خپله یې پر ځان دوزخ لازمي کاوه.

نو ځکه الله تعالی په انسان لوی احسان کړی چې ضعیف یې پیدا کړی چې خپل خالق ته محتاج وي، کله چې الله تعالی ته احتیاج شي، په همدې کمزورتیا بریالی کیږي او بالاخره جنت گټي.

انسان کمزوری دی، له ناروغۍ، له دښمن، له فقر، له ظالم او نورو ډارېږي، همدا ډار یې اړ کوي چې الله تعالی ته رجوع وکړي او مرسته ترې وغواړي. کله چې انسان الله تعالی ته سر ټیټ کړي او هر هغه سپارښتنه چې الله تعالی انسان ته کړې عملي کړي، بدله یې دا ده چې په دنیا او آخرت کې به بریالی شي. په دنیا کې به سپیڅلی ژوند تېر کړي او په آخرت کې به یې تر ټولو لوی نعمت یا جنت نصیب شي.

کله چې ته په دې باور شې چې د هر څه ورکوونکی او اخیستونکی الله تعالی دی، لوړوونکی او ټیټوونکی، عزت ورکوونکی او ذلیله کوونکی او روزي ورکوونکی او اخیستونکی یوازې الله تعالی دی؛ تا پر خپل

۱۸۶: النساء، ۲۸ آیت

رب تکیه وکړه چې په هر حالت کې به دې مرسته کوي او یوازې به دې نه پرېږدي. نو له همدې امله د خپلو ستونزو حل، د ناکراریو څخه د وتلو او د بریالي کېدو مرسته یوازې له خپل خالقه غواړه.

ځکه ته یې کمزوری او ځان ته محتاج پیدا کړی یې چې سوال ترې وکړې او هغه درسره مرسته وکړي. بل چاته مه ورځه، یوازې الله تعالی کفایت کوي.

﴿مَنْ عَمِلَ صَالِحًا مِنْ ذَكَرٍ أَوْ أُنْثَىٰ وَهُوَ مُؤْمِنٌ فَلَنُحْيِيَنَّهُ حَيَاةً طَيِّبَةً ۖ وَلَنَجْزِيَنَّهُمْ أَجْرَهُمْ بِأَحْسَنِ مَا كَانُوا يَعْمَلُونَ﴾[۱۸۷]

ژباړه: هر څوك چې ښه عمل وکړي، که هغه نارینه وي او که ښځه، په دې شرط چې مؤمن وي، پر هغه به موږ په دنیا کې سپیڅلی ژوند تېر کړو او (په آخرت کې به) دغسې خلکو ته د هغو اجر له ډېرو ښو عملونو سره سم ورکړو.

ستا د ایمان یوه نښه دا ده چې په سختیو او خوښیو او په هر حال کې له الله تعالی راضي اوسې.

یوه عربي وینا ده چې: «اذا کان الله علیک فمن معک، و اذا کان معک فمن علیک»

ژباړه: که الله تعالی دې مل نه وي، نو څوک به ستا مرسته وکړي، خو که د الله تعالی مرسته درسره وه؛ هیڅ شی تا ته ضرر نه شي رسولی.

د رحمان بابا شعر هم همدا مفهوم لري چې وايي:

چې الله در سره مل نه وي رحمانه
که لښکرې درسره وي یک تنها یې

۱۸۷: النحل، ۹۷ آیت

په الله تعالی د نیک گومان بدله جنت دی.
له ستونزو مه ډارېږه، ستونزې دي چې تا خپل خالق ته ستنوي، که نه، نو بې لارې کېدې او دوزخ به دې ځای و. خوښ شه او په هر حالت کې چې يې خپل خالق ته ووايه چې الحمد لله علی کل حال!
په هر حال مې شکر دی اې زما مهربان ربه!

د بریا څلوریزه

هر انسان په ژوند کې دا هیله حتما لري چې يو بريالی او کامیاب انسان وي.
په دې برخه کې لسگونه زره ان ښايي میلیونونه مقالې او کتابونه لیکل شوي دي او لا هم لیکل کیږي.
خو زه درته د بريالي کېدو لپاره د گڼو مقالو او کتابونو د مطالبو نچوړ وایم، باوري یم چې په ژوند او فکر کې مو لوی بدلونونه راوستل شي او د بريالي ژوند په لور به مو گامونه چټک شي.
که دا ټکي عملي کړئ، ډاډه اوسئ بريالي به یاست. ان شاء الله!
دا موضوع مې د کویټ تکړه عالم طارق السویدان څخه راخیستې او ځینې شیان مې ورزیات یا کم کړي. نوموړی د ځوانانو په روزلو کې کافي تجربه لري او تر اوسه يې لسگونه زره خلک د رهبریت، مدیریت او نورو برخو کې روزلي دي.
د بریا دغه قواعد په څلورو برخو کې بیانوم، د انسان په ذات، په اړیکو، مال او کمال کې.
په دې هره برخه کې بیا څلور نور قواعد دي.

بریا ولې دومره مهمه ده چې هر انسان ورته د رسېدو هیله لري؟
بریا په حقیقت کې د عقل، روح، عاطفې او جسد ترمنځ توازن ساتلو ته ویل کېږي.
یعنې حقیقي بریا هغه وخت ترلاسه کېدای شي چې انسان په عقل، روح، عاطفه او جسد کې بریالی وي. دا بشپړه بریا ده چې له دې هاخوا نور څه ته پکې اړتیا نه شته.
پیل د تولید یا لاسته راوړنې له څلوریزې کوم:
د لاسته راوړنې یا تولید لومړی قاعده د انسان په ذات کې کامیابي ده.
لومړی قاعده: ته د خپلې بریا او ناکامۍ مسؤل یې
که ته بریالی کېږې یا که ته یو ناکام انسان یې، دا هر څه ستا له امله پېښ شوي او لومړی مسؤل یې ته یې.
که یو انسان په ژوند کې ناکام دی، دا د هغه خپله پرېکړه ده چې ناکام دې وي او هغه چې بریالی دی دا هم د هغه خپله پرېکړه ده چې یو بریالی انسان وي، دواړه د خپل حال مسؤلین دي.
ځینې کسان مو ښایي لیدلي وي چې کله یې د کورنۍ یو غړی بریالی نه وي، ملامتي یې په ښوونکي ور اچوي یا په حکومت او یا په هېواد. همدا به وایي یره په افغانستان کې حالت خراب دی.
نو ځکه مې زوی، لور یا زه خپله ناکام انسان یم.
خو دې ته نه ګوري چې دا د ناکام شوي انسان خپله پرېکړه ده.
داسې ډېر انسانان شته چې د خپلو ملامتیو پړه پر نورو اچوي، دا ډول خلک هېڅکله بریالي کېدای نه شي، ځکه دا ډول منفي بافي، تنبلي او دا فکر هر څه ویجاړوي.

یوه لویه ستونزه چې ځینې خلک یې لري دا ده چې د ناکامۍ لپاره بهانې لټوي. داسې خلک د هر کار لپاره چې یې وګوماري، له پیل څخه یې د ناکامي په اړه فکر کوي چې د دې پایله خو منفي ده او د ناکامۍ لپاره له وړاندې عذرونه وړاندې کوي.
تاسې ووایئ، دا ډول انسان څنګه په ژوند کې بریالي کېدای شي؟
دا اسلوب همدغه انسان پخپله په ژوند کې ناکامۍ سره مخامخ کوي.
له داسې انسانانو ځان ساتئ، مه ورسره ملګرتیا کوئ او مه ترې په کارونو کې مشوره غواړئ. د منفي فکر خاوندان تل جوړ کار خرابوي، خو هغوی چې مثبت فکر کوي، د ستونزو لپاره ورسره حل لارې وي.
که د منفي فکر خاوندانو دربانډې یو وار سیوری وغوړاوه، تاسې به هم په خپل حال کړي.
ښه پام وکړه، په ژوند کې یوازې دوه غوراوي دي، دریم نشته؛ په دوی کې به یو غوره کوې. یا به ستونزو ته تسلیمېږې او ناکامي به منې، یا به هڅې کوې او ځان به بریا ته رسوې.
وایي انسان هغه وخت ناکامېږي چې هڅه بس کړي.
چې لوېدې، راپورته کېږه. پرېکړه ستاسې په لاس کې ده.
ډېری انسان به مو لیدلي وي چې لټان وي، کار نه کوي، مطالعه نه کوي، د ژوند ښه کولو لپاره هلې ځلې نه کوي، یوازې خوري او ویده کېږي. خو چې پوښتنه ترې وکړې ولې ناکام یې؟ شل بهانې به کوي.
د بریا اساس دا دی چې انسان په خپلې ناکامۍ اعتراف وکړي او وپوهېږي چې دی ناکام دی او خپله ناکامي وپېژني.
ناکامي لکه ناروغي چې کله یې تشخیص وشي علاج یې اسان دی.

دویمه قاعده: له ځان سره ریښتینی او مخلص اوسه

دا قاعده په لیکلې بڼه آسانه ښکاري، خو پلي کول یې سخت کار دی. بریالي انسانان معمولاً د ځان لپاره په هر څه کې د خپلې وسې مطابق محدودیتونه ټاکي، له ځان نه پوښتي چې څه غواړي؟

خپل د کمزورتیا ټکي او عیبونه لټوي او د اصلاح لپاره یې کوټلي گامونه اخلي.

ځینې انسانان به مو لیدلي وي چې درته وایي به زه د مال پروا نه لرم یا د فلاني شي پروا راسره نشته، خو چې په عمل کې یې وگورې تر ټولو ډېر پام به یې پر همغه څه وي چې دوی ترې ځان بې پروا بولي. داسې خلک له ځان سره ریښتیني نه دي، له ځان نه پوښتنه کوئ چې له ژونده څه ترلاسه کول غواړئ؟ د هر کار پایله کې څه غواړئ؟

انسان له اخلاص پرته نه په خپله بریالی کېدای شي او نه خپل اُمت لپاره څه کولای شي. هغه انسانان ټولنه نه شي ښېرازه کولای چې هم او غم یې یوازې دنیا او مادیات گڼل وي، بلکې یوازې مخلص او هغوی چې د دنیا او اخرت ترمنځ توازن ساتي کولای شي چې اسلامي ټولنه د نېکمرغۍ لور ته مخکې یوسي.

یو ځل یوازې کېنه، داسې یوازې چې بل هېڅوک دې څنگ کې نه وي، موبایل درسره نه وي او آرامه فضا وي. له ځانه پوښتنه وکړه چې څه غواړې؟

ستا عیبونه او مخته دې خنډونه څه دي چې هدف ته له رسېدو یې پاتې کړی یې؟

که ته په خپلو عیبونو پوهېږې، باید په دې وویاړې، ځکه په آسانۍ کوای شې چې اصلاح یې کړې. خو که په خپلو عیبونو نه پوهېږې، دا بیا کار لا پسې سختوي ځکه چې خپل عیب ونه پېژنې، څنګه یې لرې کوې؟

د بریا یوه اساسي برخه د خپلو منفي صفتونو پېژندنه ده.

درېیمه قاعده: د ارادې خاوند اوسه

پیل کې اجازه راکړئ یوه خبره ښکاره وکړم. هر څه چې تاسې یې له ما یا نورو اورئ، هېڅ ګټه نه کوي او هېڅ ارزښت نه لري تر هغې چې تاسې یوه پیاوړې اراده ونه لرئ.

له بده مرغه زه یا بل څوک نه شو کوای تاسي ته اراده درکړو، ځکه تاسې باید په خپله ځان ته اراده پیدا کړئ.

نه استاد، نه پلار او نه مور ستاسې اراده پیاوړې کوای شي.

اراده داخلي پرېکړه ده چې باید ویې کړئ. له الله پاک د پیاوړې ارادې توفیق وغواړئ.

ځینې انسانان له بریا سره هېڅ لېوالتیا نه لري، ته دوی څنګه بریالي کوای شې؟

اراده په هر څه کې اصل دی. یو شی چې ستا اراده پیاوړې کوای شي هدف ټاکل دي. که ته ځان لپاره یو مشخص هدف وټاکې اراده دې ورسره پیاوړې کیدای شي. چې اراده دې وکړه ورپسې مهم کار عملي ګام اخیستل دي.

یو بل شی چې په انسان کې اراده پیاوړې کوي، له بریالیو انسانانو سره ملګرتیا او اړیکې پالل دي. یا له بریالیو خلکو سره وخت تیروه یا د نامتو بریالیو خلکو په اړه مطالعه کوه او د هغوی ژوند لوله.

خو برعکس که ستا ملګري ناکام، بې ارادې او لټان وي، په ژوند کې د بریا تمه مه کوه. دوی ستا اراده کمزورې کوي.

څلورمه قاعده: په غبرګونونو ژوند مه کوه

که ته په هر څه کې غبرګون ښکاره کوې، د بریا چانس دې کموي. هېڅوک باید دا وړتیا ونه لري چې تا احساساتي یا غصه کړي او غلط فکر کولو ته دې وهڅوي. دا تر ډېره د انسان خپله پرېکړه ده.

که زه وغواړم چې غصه نه شم، څوک نه شي کولای ما احساساتي کړي؟ که زه خپل احساسات کنټرول کړم، ولې باید د خلکو په چلند ناراحت شم؟

شاید د غصې او چیغو پر مهال ووایې چې فلاني زه احساساتي کړم ځکه مې غبږ لوړ شو، خو د غبږ لوړولو او احساساتي کېدو پرېکړه ته په خپله کوې.

په یاد ساته چې د یو کار او د هغې د غبرګون ترمنځ څو ثانیې فاصله ده چې موږ پکې پرېکړه کولای شو چې غبرګون وښایو که نه.

ځینې کسان به دې لیدلي وي چې کله ډېر قهرجن شي خپل سر له دېواله سره جنګوي یا بل ډول غبرګون ښیي چې ځان ته زیان اړوي. داسې خلک د بریا تمه نه شي کولای، ځکه بریا په تواضع او حوصله کې نغښتې.

یو شمېر خلک وایي، غصه کېدنه یا دا ډول صفتونه ارثي دي.

ناسمه خبره ده. علم ثابته کړې چې دا ناوړه صفات ارثي نه بلکې اکتسابي دي، تا په خپله ځان ته دغه عادت غوره کړی.

یوه خبره په یاد ساته، ستا سلوک یا چلند ستا په شاوخوا خلکو اثر کوي. هېڅ داسې ماشوم به ونه مومې چې آواز لوړوي، مگر دا چې کورنۍ به یې هم همدغسې وي. ستا چلند ستا پر کورنۍ په ځانگړې توگه پر ماشومانو مو مخامخ اغېز کوي.

اړیکې زموږ حیاتي اړتیا

یو هغه شی چې زموږ په ژوند کې حیاتي ارزښت لري، اړیکې دي. همدا اړیکې دي چې په مټ یې موږ د بریا لوړو څوکو ته رسېدلی شو. د هر ډول بریالیو اړیکو لپاره څلور مهمې قاعدې دي چې په بنسټ یې کوای شې خپلې اړیکې تنظیم کړې.

لومړۍ قاعده: خپل مسوولیتونه معلوم کړه

ته د الله تعالی بنده یې ترځنگ یې د یو چا پلار، زوی یا ورور یې. یا د یو چا گاونډی یې، د ټولنې یو غړی یې یا د یوې ادارې مشر یا یې کار کوونکی یې، یا د یو چا ملگری یې او بلاخره له یوه یو اړخ څخه مسؤلیت او اړیکه لرې. تر ټولو مهمه دا چې د اسلامي امت پر وړاندې مسؤل یې. دا ټول هغه مسوولیتونه دي چې په هر چا کې تر یوه حده توپیر کوي. اړیکې هغه وخت بریالۍ کېږي چې انسان کښني او خپل مسؤلیتونه ځان ته وټاکي او ویې پېژني.

دویمه قاعده :هر مسؤلیت په خپل وخت اداء کوه

مور، هر یو د الله سبحانه و تعالی پر وړاندې شرعي مسؤلیت لرو چې باید پر خپل وخت ادا شي. که پکې پاتې راغلو، مسؤلیت مو په سمه توګه نه دی ادا کړی. د مور او پلار پر وړاندې مسؤلیت لرو. دا همدا راز شرعي مسؤلیت او اړیکه ده. همداسې د مېرمنې یا مېړه، اولادونو او نورو پر وړاندې مسؤلیت او له دوی سره اړیکه لرو. دا له ملګرو یا خپلوانو سره تر اړیکو مهمې او متفاوتې اړیکې دي او لومړیتوب لري. تر ټولو مهمه او لومړنۍ اړیکه چې باید ویې پالې، له الله تعالی سره ده. که په دې بریالی شوې، باقي اړیکې به دې د الله تعالی په توفیق په خپله بریالۍ وي.

دویمه مهمه اړیکه له مور او پلار سره ده، دریمه له مېرمنې او ماشومانو سره او همداسې نوره کورنۍ او خپلوان او بیا ملګري.

ځینې ځوانان د دې معادلې برعکس روان دي.

ډېر وخت یې له ملګرو سره په شب نشینیو او بنډارونو تېرېږي. لږ وخت له خپلوانو سره تېروي، خو مېرمنې او اولادونو او مور او پلار ته ډېر کم وخت ورکوي.

د الله تعالی د عبادت او حق ادا کولو کې خو بې پروا وي.

که له خپلو ملګرو سره یوه ورځ تېره نه کړې، په دې کار نه ګناهګارېږې، خو که مو مور او پلار، مېرمنې او اولادونو ته وخت ور نه کړې، مسؤل یې او پرې ګنهګارېږې.

درېیمه قاعده: په خپلو کړنو واک او حاکمیت پیدا کړه

خلکو ته سپکې سپورې مه وایه او د بل چا سپکاوی هم مه منه.

بې ځایه غصه کنټرولوه او ځان په دې مه ستایه چې زه غصه ناک یم. که دې احساسات کنټرول ساتل، د هر کار پایله به دې ګټوره وي.

څلورمه قاعده: نېک اخلاق او پاک نیت ولره

د هرې اړیکې بنسټ نیت دی. که مو نیت پاک وي او اخلاق مو ښه وي، اړیکه مو بریالۍ ده. که نه برعکس کوږ بار تر منزله نه رسېږي.

لسګونه حدیثونه شته چې د اخلاقو بې حده ستاینه پکې شوې.

د بېلګې په توګه که دې حدیث ته ځیر شو د ټول دین د راتګ یو لامل اخلاق ښودل شوي! رسول الله ﷺ فرمايي:

«إنما بُعِثْتُ لأُتَمِّمَ مكارمَ و في روايةٍ (صالحَ) الأخلاقِ».[188]

ژباړه: زه مبعوث شوی یم چې د اخلاقو مکارم (ښه والي او ځانګړنې) پوره کړم.

ځینې خلک په دې باور دي چې اسلام د جګړې دین دی او اسلام د تورې په زور په نړۍ کې خپور شوی.

زه د رسول الله ﷺ یو لاروی یم. له رسول الله ﷺ پرته اوس او بیا هیڅ رهبر نه لرم. زما رهبر زما لارښود رسول الله ﷺ دی.

زه د سیرت یو زده کوونکی یم، په ډاډ یې درته وایم تاسې د خیر البشر له بعثت څخه د مبارک ژوند تر پایه یې دقیق ډول مطالعه کړئ، لکه څنګه چې یوه مصري څېړونکي ویلي یوازې شاوخوا ۷ سلنه عمر یې په غزواتو کې تېر شوی، هغه غزوې چې ترې ډېره برې تحمیل شوې وې یعنې پیل یې رسول الله ﷺ نه و کړی، بلکې د مشرکینو پر وړاندې یې د خپلو خلکو او د الله تعالی د دین دفاع کوله.

۱۸۸: أخرجه أحمد (۸۹۳۹)، السلسلة الصحيحة الصفحة أو الرقم: ۴۵

پاتې ۹۳ سلنه ژوند یې اخلاقو، د ژوند اصولو، دعوت، عبادت او نورو نېکو عملونو ته ځانګړی و.
خو موږ یې همغه یو اړخ ته پام کړی نه ټول ژوند ته.
هېڅکله دا مه وایه چې د رسول الله ﷺ سیرت له جګړې ډک دی.
اللهم صلی علی محمد و علی آل محمد!
بېرته خپلې موضوع ته راستنېږم، دروغجن ته احترام مه کوه او له دوکه باز سره اړیکه مه پاله، ځکه اړیکه هغه وخت بریالۍ کېږي چې د الله تعالی د خوښې وړ بندګانو یا پرهېزګارانو سره ملګرتیا وپالې، هغوی چې تواضع لري، د خلکو احترام کوي، له الله تعالی سره یې اړیکه لومړیتوب وي.
خلاصه دا چې د اړیکو الف با اخلاق دي.
که په اړیکه کې دا نه وي؛ پیکه ده او وخت پرې مه ضایع کوه.

بریا خلکو ته په ګټه رسولو کې ده

تل هڅه کوئ چې په دنیا کې ګټور اوسئ. له ځانه دا پوښتنه وکړئ چې اسلامي اُمت، خپل هېواد، خپلې ټولنې، خپلې کورنۍ او ځان ته مو څه کړي؟
د شلمې پېړۍ مصري ادیب مصطفی صادق الرافعي یو جالب قول دی چې وايي: "ان لم تَزِد شیئاً علی الدنیا، کنتَ انتّ زائداً علی الدنیا".
ژباړه: که ته دنیا ته څه ګټه ونه رسوې یا څه ورزیات نه کړې، ته په دنیا کې اضافي یا په دنیا بوج یې.

دا ګټه رسول نه دي چې ته ووایې زه فلانی دنده کوم او خلکو ته پکې خیر رسوم یا ورته نور کارونه چې عام خلک یې کوي.
د بېلګې په ډول عادي زدکړې اکثریت خلک کوي، خو که تا په کومه برخه کې تر تخصص زده کړې کړې وي، تا په حقیقت کې ټولنې ته یو څه کړي.
هر سړی اولادونه لري او په شتون یې ویاړي، خو که تا داسې اولاد روزلی وي چې تر دوکتورا زدکړې یې کړي وي، بیا نو تا ټولنې ته ګټه رسولې ده.
اصلي ګټه دا ده چې متفاوت ګټور کار باید وکړې، هغه چې ستا شاخوا کسانو نه وي کړی.

څلور قاعدې دي چې انسان پرې بریالی کېدای شي

لومړۍ قاعده: د ګټې رسولو برخه باید محدوده کړې:
هر څوک چې غواړي بریالی او تر نورو پرمختللی و اوسي، باید ځان ته یوه برخه غوره کړي او خپل ټول فکر او تمرکز پر همغې وکړي.
هغوی چې غواړي هر څه وکړي، هېڅ نه شي کوای.
ښایي یو څوک ووایي چې زما د دوه برخو یا مسلکونو سره لېوالتیا ده او په دواړو پام کوم. که غواړې دواړه پر مخ یوسې، یوه اصلي برخه کړه او بلې ته دویم لومړیتوب ورکړه. انرژي او وخت دې د لومړیتوب په بنسټ ورته تقسیم کړه.
نن ورځ جدي اړتیا ده چې د یوې برخې په جزیاتو کې تخصص وکړې.

په اوسني وخت کې د ځوانانو لپاره تر ټولو مهمه دا ده چې خپل پام پر یوه شي ورټول کړي او په نورو برخو کې چې لېوالتیا لري، د خپل وسې په اندازه تمرکز وکړي.

دویمه قاعده: خپل هدفونه وټاکه

ځان ته دا ولیکه چې راتلونکو ۱۲ میاشتو کې څه غواړې؟

یا په راتلونکو ۲۰ کلونو کې کومې لویې پروژې پلي کول یا د کومو لویو هدفونو لاسته راوړل غواړې؟

مثلا غواړم تر راتلونکو څو کلونو لس کتابونه په بېلابېلو برخو کې ولیکم یا تر پنځه کلونو به یو کوچنی شرکت بریالی کړم چې زما او د کورنۍ لپاره د ګټې سرچینه وي.

تر راتلونکو دوو کلونو لوی خیریه روغتون یا بنسټ جوړوم چې پکې د یتیمانو او غریبو خلکو وړیا درملنه وشي.

پوهېږې ولې زموږ ځینې ځوانان په حاشیوي شیانو کې بند پاتې دي او کوچنیو کوچنیو شیانو پورې ژوند تړي او کله چې یې ژوند پای ته ورسیږي له کومې لاسته راوړنې پرته دنیا پرېږدي؟

ځکه چې دوی د ځان لپاره هدفونه نه ټاکي.

مثلاً ځینې کسان به دې لیدلي وي چې ټوله ورځ په خواله رسنیو کې په خلکو پسې د بد او رد په لیکلو او ویډیوګانو په خپرولو تېروي او په پای کې هېڅ لاسته راوړنه نه لري. داسې ځوانان به هم پیژنې چې نن شپه د فلاني او بله شپه د بیستاني په کور کې د سهار تر آذانه په بې ګټې مجلسونو او قطعه بازیو یا ګیمونو وخت ضایع کوي او د ژوند ټول هدف یې یوازې ساعت تیری وي.

دریمه قاعده: ځان ته پلان جوړ کړه

له عمل پرته پلان یا هدف یوازې هیله وي او همداسې پاتې کیږي. هر انسان هدفونه لري خو یوازې هغوی هدف ته رسیدلی شي چې عملي گامونه اخلي.

داسې ځوانان به مو کېدای شي لیدلي وي چې وایي، غواړم فلسطین آزاد کړم، یا ورته لوی ارمانونه لري، خو د سهار لمونځ ترې قضا وي، کوچنی کار په ډېرې لټۍ کوي، نو فلسطین دا ډول آزادېدلی شي!؟

ته خپل اصلي فرض او یو آسانه کار نه شې کولای، نو دومره لوی هدف ولې ځان ته ټاکې؟

لوی هدفونو ته د رسېدو لپاره باید خپل مهارتونه، علم، شخصیت، او نور پیاوړي کړو. یوازې په خوبونو او هیلو هېڅ نه شې ترسره کوای.

د برېښنا مخترع توماس اډېسن وایي: اختراع یو په سلو کې ارمان او ۹۹ په سلو کې زحمت دی. یعنې کله چې انسان یوه هیله لري چې یو کار وکړي یو سلنه یې هیله ده او ۹۹ سلنه زحمت ته اړتیا لري چې دغه خوب په واقعیت بدل شي، خو کله چې موږ د خپلو خوبونو لپاره تگلاره او پلان چمتو کړو، په آسانۍ کولای شو خپلو هیلو او هدفونو ته ورسېږو. یوازې د هیلو په نړۍ کې ژوند مه کوه.

څلورمه قاعده: څو وارې هڅه وکړه

توماس اډېسن چې کله برق اختراع کاوه؛ ۲٦۱ تجربې یې وکړې، ۲٦۰ تجربې یې ناکامه شوې خو، ده له ناکمیو سره سره پرلپسې هڅې جاري ساتلې تر دې چې بالاخره بریالی شو او برېښنا یې رامنځ ته کړه.

د هغه دا خبره مشهوره ده چې ویلي یې دي، ما ته ۲۶۰ لارې معلومې دي چې برق چالان نه کړای شئ.
کله چې یو هدف ته ځان رسول غواړې، هره لار ورته تجربه کړه، که په پیل کې ناکام شوې خیر دی بیا هڅه وکړه تر دې چې بریالی شې. کوښښ او بیا بیا هڅه د بریا راز دی. هدف ته رسېدل زحمت غواړي، خو ورته ناهیلی کېږه مه.
کله چې ستاسې لومړۍ تجربه ناکامه شي، لازمه ده چې دویمه تجربه تر لومړۍ مختلفه وکړې.
ورته لار او کار بیاځلي مه تجربه کوه چې پکې ناکام شوې. که دویمه لار ناکامه شوه درېیمه باید بېله وي او همداسې نورې. د اډېسن هره تجربه تر بلې مختلفه وه. که دا څلور قاعدې عملي کړې، ان شاء الله بریالی، ټولنې ته ګټور او هدف درلودونکی انسان به شې.

تر ټولو لویه پښېماني

شپه که هر څومره اوږده وي، خو سهار حتماً راتلونکی دی.
عمر چې څومره اوږد شي، یوه ورځ ختمېدونکی دی.
کله چې جنازه قبر ته لېږدوې، په یاد ساته چې ته به هم یوه ورځ د خلکو پر اوږو بار قبر ته لېږدول کېږې.
نو ځکه پام کوه چې هلته د ورتللو په وخت کې له دې ډلې انسانانو نه شې چې په اړه یې ویل کېږي:

تر ټولو ډېر پښېمانه کېدونکی هغه عالم دی چې د علم په واسطه يې خلک جنت ته لاړ شي، خو دی پخپله پوهه دوزخ ته. ځکه په خپل علم يې عمل نه وي کړی.

بل تر ټولو ډېر پښېمانه کېدونکی هغه مالداره يا غني دی چې په مال يې ورثه يا اولادونه او نور خلک جنت ته ځي. خو دی پخپله د خپل مال له امله دوزخ ته. ځکه دی بخيل وي، صدقه نه کوي، د خير او ښېګنې په لار کې يې نه کاروي، يا مال يې حرام وي، خو کارکوونکي او اولاد يې د هغه مال صدقه کوي او د خير ګټه ترې اخلي.

نو مخکې له دې چې پښېمانه شې، په همدې دنيا کې له خپلو شته وو ګټه واخله او ځان ته پرې جنت وګټه.

په آخرت کې د بريالي کېدو لپاره مهمې قاعدې

که دنيا کې هرڅومره بريالی يې او لاسته راوړنې لرې، خو که الله مه کړه په قيامت کې دې ځای د دوزخ کنده وي، د دې لاسته راوړنو ګټه به څه وي؟

که مور په دنيا کې هر څه کوو، هدف مو بايد ترې په آخرت کې بريالي کېدل وي؛ ځکه آخرت تر دنيا بې حسابه وارې غوره دی!

﴿وَلَلْآخِرَةُ خَيْرٌ لَكَ مِنَ الْأُولَىٰ﴾[189]

ژباړه: او هرومرو ستا لپاره وروستی دور (قيامت) تر لومړي دور (دنيا) څخه ډېر ښه دی.

۱۸۹: الضحی، ۴ آيت

ځومره ژوند به وکړې، سل کاله؟ بلاخره به مو مرگ له ستوني ونيسي او د بلې دنيا پر لور به ورځو.
هغه نړۍ چې هېڅ پای نه لري او د تل لپاره به ژوندي يوو.
د داسې تلپاتې ژوند په وړاندې به د دنيا ژوند څه ارزښت ولري؟!
د دې لپاره چې په آخرت کې بريالي شوو، بايد څلور قاعدې پلې کړو.
لومړۍ قاعده: د نيت پاکوالی
د حديثو د معتبر کتاب صحيح البخاري لومړی حديث چې دغه مبارک کتاب پرې پيل شوی، د نيت د پاکوالي په اړه دی.
«إِنَّمَا الأَعْمَالُ بِالنِّيَّاتِ»[١٩٠]
ژباړه: هر عمل (د عمل بدله) نيت پورې تړلې.
که يو انسان په گيلاس کې شراب ووينې او د اوبو گومان پرې وکړي او ويې څکي، نه گناهگارېږي. ځکه نيت يې د اوبو د څښلو و.
خو برعکس که اوبه د شرابو په نيت وڅښي گناهگار دی، ځکه هر عمل ترسره کول نيت پورې تړلی چې په کوم هدف ترسره کيږي.
که موږ کتابونه ليکو، که دار الايتامونه، خيريه بنسټونه او روغتونونه جوړوو، خو تر شا يې زموږ نيت پاک نه وي، په آخرت کې هېڅ گټه نه کوي. د هرې ريښتينې بريا بنسټ پاک نيت دی.
دويمه قاعده: الله تعالی ښه وپېژنه
هر مسلمان الله تعالی پېژني، خو په تمامه معنی او سم ډول يې کم کسان پېژني.

١٩٠: البخاري

هر څومره چې الله تعالی په ژوره توګه وپېژنو، همدومره به مو ورسره مینه زیاته شي او چې څومره مو له الله تعالی سره محبت زیاتیږي، په همغه اندازه په دنیا او آخرت کې ورسره سعادت زیاتیږي.

علي رضي الله عنه ته یو قول راجع دی چې وايي:

که په قیامت کې زما حساب کتاب مې مور او پلار ته وسپارل شي، هېڅکله به پرې راضي نه شم تر هغې چې الله تعالی په خپله زما حساب او کتاب وکړي، ځکه الله تعالی تر مور او پلار ډېر مهربان دی.

درېیمه قاعده: د رسول الله ﷺ سیرت زده کړه

د شلمې پېړۍ پیاوړی عالم ابو الحسن الندوي وايي: په ژوند کې هیڅ شي دومره ګټه راته نه ده کړې څومره چې په ماشومتوب کې د انا (نیا) کیسو ګټه راته کړې.

هغه وايي زه د اووه او لسو کلونو ترمنځ وم چې نیا به مې راته د سیرت النبي ﷺ کیسې کولې.

کله چې د رسول الله ﷺ په اړه کتابونه لولې، یوازې د غزاګانو په برخه کې مه تمېږه یا یې یوازې د تاریخ په توګه مه لوله، ځکه په سیرت کې ډېر عالي انساني اړخونه هم شته چې د رسول الله ﷺ ژوند په اړه دي.

په سیرت کې اداري، د رهبرۍ، له مېرمنو سره د تعامل، له خلکو سره د چلند او نورو ټولنیزو فعالیتونو په اړه عالي بېلګې شته چې خپل ژوند کې یې عملي کولی او ګټه ترې اخیستلی شو.

د قیادت یا رهبري د علم په اړه تر ټولو لویه څېړنه د کوزېس امپوزنر ده چې په خپل کتاب د رهبرۍ ننګوني (The leadership challenge) کې یې خپره کړې ده.

په دې ځېړنه کې پوښتنه شوې چې یو رهبر باید کومې ځانګړنې ولري؟
یا کومې ځانګړتیاوې دي چې خلک یې په رهبر کې غواړي؟
په دې ځېړنه کې دا پوښتنه په شپږو لویو وچو یعنې نژدې ټولو هېوادونو کې د ۲۵ کلونو په اوږدو کې له یونیم میلیون کسانو شوې.
هر کال په هر ځای کې د دې پوښتنې لپاره یوازینی ځواب چې نه دی بدل شوی دا دی چې په رهبر کې صداقت او امانت داري غوره صفتونه دي. یعنې رهبر باید صادق او امانت کار وي.
همدا هغه صفتونه دي چې په رسول الله ﷺ کې وو او کافران او مسلمانان په دې یقیني وو چې په خیر البشر ﷺ کې دا ځانګړنې شته.
د رسول الله ﷺ یو تر ټولو لوی صفت چې الله تعالی هم ستایلی، رحمت دی. نه یوازې پر انسانانو بلکې پر حیواناتو هم رحم کوونکی و.
په حدیث شریف کې راځي چې په قیامت کې به انسان له هغه چا سره حشر کېږي چې مینه یې ورسره وه.
«الْمَرْءُ مَعَ مَنْ أَحَبَّ»[۱۹۱]
ژباړه: په قیامت کې به انسان له هغه چا سره وي چې مینه ورسره لري.
جنت کې د لوړې درجې د ترلاسه کولو لپاره باید رسول الله ﷺ په تمامه معنی وپېژنې او کله چې یې وپېژنې؛ دا ده اوسه چې ریښتینې مینه به دې ورسره پیدا شي او چې له رسول الله ﷺ سره دې مینه وي، د پورتني حدیث مصداق به شې ان شاء الله.
خلورمه قاعده: د زړه له تله عبادت کوه
حقیقي عبادت هغه دی چې د زړه له تله وشي.

۱۹۱: روی البخاري (٦١٦٩) ، ومسلم (٢٦٤٠)

دا سم کار دی چې د عبادت ظاهري حرکات دې سم وي خو عبادت هغه وخت په سم ډول ادا کیږي چې په پوره پام او اخلاص ترسره شي. تقوا او خشوع له زړه سرچینه اخلي، ځکه له زړه یوازې الله تعالی خبر وي. دا به ښه ګڼه وکړي چې انسان په لمونځ کې خپل حرکات کنټرول کړي خو زړه يې پرې سکون ترلاسه نه کړي.

د زړه مخامخ اړیکه له الله پاک سره ده. که زړه پاک وساتو، په قیامت کې به د الله تعالی په مقابل کې له سپیڅلي زړه سره دریږو په هغه ورځ چې نه مال او نه اولاد ګټه کوي، مګر دا چې څوک له پاک زړه سره خپل رب ته ورستون شي.

په آخرت کې د بریالي کېدو لپاره دا څلور قاعدې ډېرې مهمې دي. له دې لارې کولای شې جنت او پکې ابدي ژوند وګټې ان شاء الله.

ولې ناهیلی یې؟

نا امیده شوی یې، له ژونده دې زړه تور شوی، حالاتو ستړی کړی یې، له خلکو بیزاره یې، سرګرداني دې زیاته او له دې ستونزو د وتلو لار در څخه ورکه ده؟ د الله تعالی دا قول دې نه دی اوریدلی؟

﴿قُلْ يَا عِبَادِيَ الَّذِينَ أَسْرَفُوا عَلَىٰ أَنفُسِهِمْ لَا تَقْنَطُوا مِن رَّحْمَةِ اللَّهِ ۚ إِنَّ اللَّهَ يَغْفِرُ الذُّنُوبَ جَمِيعًا ۚ إِنَّهُ هُوَ الْغَفُورُ الرَّحِيمُ﴾[۱۹۲]

ژباړه: اې پیغمبر ﷺ، زما هغو بندګانو ته ووایه چې له ځان سره يې زیاتی کړی (ګناه يې کړې او ناهیلي دي)، د الله له رحمت څخه مه

۱۹۲: الزمر، ۵۳ آیت

ناهيلي کېږئ. په يقيني ډول الله تعالی ټول ګناهونه بخښي، هغه ښه بخښونکی او مهربان دی.

په بل آيت شريف کې درته الله تعالی سپارښتنه کوي:

﴿وَلَا تَيْأَسُوا مِن رَّوْحِ اللَّهِ ۖ إِنَّهُ لَا يَيْأَسُ مِن رَّوْحِ اللَّهِ إِلَّا الْقَوْمُ الْكَافِرُونَ﴾[193]

ژباړه: د الله تعالی له رحمته ناهيلي مه اوسئ، بېشکه د هغه له رحمته نه ناهيلي کېږي، مګر کافران.

نو په تا څه شوي اې تر ټولو غوره مخلوقه چې خپل خالق ته نه ورستنېږې؟

ولې دې ځان په غفلت کې اچولی؟

ولې د شيطان دوکه خورې؟

ولې په لوی لاس ځان تباه کوې؟

خو ستون شه هغه خالق ته چې پر هر څه واکمن دی.

يوازې رجوع وکړه او ورته ووايه چې مهربان ربه، زما د ستونزو هيڅ حل نشته، مګر، دا چې ته يې راته حل کړې. زما ستونزې حل کړه.

که دې دا کار وکړ، بيا نو ډاډه اوسه، ځکه که الله درسره مل وي، د دنيا لښکرې دې پر وړاندې په ګونډو دي.

خو که په الله تکيه نه لرې رحمان بابا درته څومره ښه ويلي:

که الله درسره مل نه وي رحمانه
که لښکرې در سره وي يک تنها يې

193: يوسف، 87 آيت

د عقل د پیاوړي کولو لپاره دوه مهمې قاعدې

بریالی دی هغه انسان چې تر نورو یې عقل پیاوړی وي.

په پیاوړي عقل سره هم په دنیا کې بریالي کېدای شو او که سم یې وکاروو، آخرت هم پرې ګټلی شو.

لاندې قواعد درسره د عقل په پیاوړي کولو کې مرسته کوي:

لومړۍ قاعده: مطالعه ډېره کوه

د پوهنتون په سطحه د محصلینو لپاره میاشتنی معیار چې مطالعه باید وکړي، په میاشت کې دوه کتابونه دي چې هر کتاب باید شاوخوا ۲۰۰ پاڼې وي یا په میاشت کې څلور سوه پاڼې.

دې کې د ښوونځي یا پوهنتون اساسي مضامین شامل نه دي، بلکې د هغې ترڅنګ افاقي مطالعه ده چې دوی یې باید وکړي.

که له دې کم ولولي لاسته راوړنه به یې کمه وي.

پنځوس سلنه مطالعه مو باید د اصلي زده کړو او پاتې په متفاوتو برخو کې وي.

مثلاً یو څوک دعوتګر دی، هغه باید پنځوس یا شپېته سلنه مطالعه په دین کې وکړي، پاتې څلوېښت سلنه په نورو برخو تقسیم کړي. یا یو کس په رسنیو کې کار کوي، دی باید پنځوس سلنه مطالعه د رسنیو په برخه کې وکړي او پاتې په نورو بېلابېلو برخو کې وي.

د مطالعې لپاره د ښه او مناسب کتاب ټاکل هنر دی. په اوسني وخت کې هر کتاب مه لوله؛ بلکې د کتاب د ټاکلو هنر زده کړه، ځکه که مهم کتاب ونه ټاکې یو خو به دې وخت ضایع شي، بل دا چې د مطالعې پر شوق دې اغېز کوي.

دویمه قاعده: د ځان لپاره الګو وټاکه

د خپل عقل د روزلو لپاره د خپل تخصص په برخه کې لږ تر لږه ځو ژوندي علماء یا په کار پوه خلک د ځان لپاره د الګو په توګه وټاکه. د دوی کړنې، درسونه او فعالیتونه همېشه څاره.

ځینې عالمان او په کارپوه خلک دي چې یوه ویډیو یا علمي اثر یې له ما څخه نه پاتې کېږي. هر ځای چې دوی فعالیت لري زه یې څارم او هره نوې ویډیو یا علمي لیکنه چې یې خپرېږي، زه یې ګورم او لولم. دې کار ما ته په علمي برخه کې ډېره ګټه کړې.

د قارون له مال څخه زیات خو حلال مال وګټه

په دنیا کې څومره چې کوای شې واك او قدرت ترلاسه کړه، خو دا ټول په خپل لاس کې واخله چې حق ورباندې تقویه کړې.

د الله پاک په لار کې ترې استفاده وکړه. هم به دې دنیا ګټلې وي او هم به دې د رب په رضا کولو سره آخرت ګټلی وي.

په خپل حال د خلکو ژوند هوسا کړه او د خیر او علم خپرولو کې د خلکو ملاتړ کوه. هغوی چې بیا بېخي له دنیا لاس اخلي او کمزوری اقتصادي وضعیت لري او د خپل ژوند د بدایه کولو هڅې نه کوي او ګوښه نشینه وي، دا بیا رهبانیت دی چې رسول الله ﷺ له دغه ګوښه پاتې کېدو څخه منع کړې ده. الله پاک په قرآن کریم کې فرمایي چې د دنیا برخه دې مه هېروه.

خو په هر حالت کې آخرت پر دنیا لومړی کوه ځکه هغه ژوند دايمي او د دنيا ژوند يې په مقابل کې له بحر څخه د يوه څاڅکي راخيستلو په شان دي.

د مسلمانانو د ناکامۍ څلوريزه

له بده مرغه په اسلامي اُمت کې ځيني پديدې خپرې شوې او پخوانۍ ريښې لري چې د دې اُمت د شاتګ او د ناکامېدو لامل شوې دي.

د نورو ترڅنګ څلور عمده لاملونه دي چې اسلامي اُمت يې له اصلي پرمختګ شاته کړی.

د ځينو علماوو په نظر موږ د اټکل له مخې څلور سوه کاله ته اړتيا لرو چې له نړۍ سره په عصري برخه کې د سيالي په کتار کې ځان ودروو.

د وروسته پاتې کېدو اصلي لاملونه زموږ باور، پر موږ د وهم اغېز او څو نورې پديدې دي چې لاندې يې يادونه شوې.

دا پديدې بيا د ځوانانو ترمنځ ډېرې دي چې د هرې ستونزې او د هرې ناکامۍ پړه پر همدې اچوي. په ډېر تأسف سره چې دې هر څه ته ديني جنبه ورکول کيږي او د دين په نوم يې پر خلکو سيوری غوړولی.

زموږ د اسلامي اُمت د علماوو دا دنده ده چې د دغو پديدو په اړه د خلکو وهمونو کچه راکمه کړي، خو له بده مرغه ځينې کسان د عالم يا دين پوه په نوم په خپله د دې لامل کيږي چې دا شومې پديدې د خلکو تر منځ لا پسې پراخې شي او وده وکړي.

عام خلک چې کله د دغه ډول کسانو له خولې اوري چې دا وهمونه حقيقي ستونزې دي، يقين پرې کوي، ځان مجبور، عاجز، ناکام او له

ژونده بېزاره ګڼي او د هرې ستونزې لپاره بهانه ورته پیدا کیږي. دوی په ژوند کې له ګټې وټې ووځي او له اساسي فعالیت ځان بې برخې کړي، د تولید، د پرمختګ، د کمال او له لاسته راوړنو څخه ځان محروم کړي.

د کویټ تکړه عالم دوکتور طارق السویدان د دې لپاره څلور عمده ستونزې په ګوته کړې، چې د مسلمانانو ژوند یې اغېزمن کړی.

لومړۍ پدیده: پېریان (جنیات)

یو شمېر انسانان شته چې د هرې ناکامۍ او ستونزې پړه په پېریانو ور اچوي. ځینې وایي په ما خو پېریان ناست دي، په ما جادو شوی، زه د خلکو سترګو خراب کړی یم.

له دې لارې یې ځان او نورو ته ګڼې ستونزې جوړې کړې وي او د هرې ستونزې او ناکامۍ دلیل همدا ګڼي.

د دوی انکار بیا هغه وخت لا پسې تود شي او دنیا په بله کوي چې کله ورته کوم تعویذګر ووایي چې ته په رښتیا هم جادو، پېریانو یا سترګو اغېزمن کړی یې. په هر کلي کې دا کیسې شته او خلک ترې خلاص نه دي.

په دې کې علماء اختلاف لري چې آیا پېریان کولای شي چې د انسان بشپړ واک ترلاسه کړي لکه څنګه چې زموږ په ټولنو کې پېښیږي. یو شمېر یې پلویان دي چې داسې کیږي، خو ځیني بیا دا نه مني چې شیطان یا پېریان دې د انسان بشپړ کنټرول په لاس کې واخلي.

که هر ډول وي، خو دا طبیعي ده چې زموږ په ټولنو کې ډېرې داسې شیان چې هېڅ له پېریانو سره اړیکه نه لري، په پېریانو اچول کیږي.

که څوک عصبي تکلیف ولري او له چا سره مشوره وکړي، لومړی سلا یې ورته دا وي چې ته فلاني تعویذگر ته ورشه شاید پیریان درباندې ناست وي.

هغوی چې وایي پیریان کولای شي د انسان د بدن واک ترلاسه کړي او هغوی چې د دې نظر مخالف دي، د دواړو نظرونه مې لوستي. خو سخته ده چې انسان په اسانۍ قانع شي چې پیریان دې وکولای شي د مؤمن بشپړ کنټرول ترلاسه کړي.

د قرآن کریم دا مبارک آیتونه یې ښه دلیل دی.

﴿فَإِذَا قَرَأْتَ الْقُرْآنَ فَاسْتَعِذْ بِاللَّهِ مِنَ الشَّيْطَانِ الرَّجِيمِ﴾[۱۹۴]

ژباړه: کله چې ته په قرآن لوستلو پیل وکړې نو په الله پاک له رټل شوي شیطان څخه پناه وغواړه.

﴿إِنَّهُ لَيْسَ لَهُ سُلْطَانٌ عَلَى الَّذِينَ آمَنُوا وَعَلَىٰ رَبِّهِمْ يَتَوَكَّلُونَ﴾[۱۹۵]

ژباړه: د هغه (شیطان) پر هغو خلکو تسلط نه وي چې ایمان یې راوړی وي او پر خپل رب توکل کوي.

﴿إِنَّمَا سُلْطَانُهُ عَلَى الَّذِينَ يَتَوَلَّوْنَهُ وَالَّذِينَ هُمْ بِهِ مُشْرِكُونَ﴾[۱۹۶]

ژباړه: د هغه (شیطان) زور خو پر همغو خلکو رسیږي چې هغه خپل سرپرست گرځوي او د هغه په لمسونه شرك کوي.

په قیامت کې د دې هر څه پړه شیطان پخپله پر انسان ور اچوي، ابلیس به د دوزخ خاوندانو ته وایي:

۱۹۴: النحل، ۹۸ آیت

۱۹۵: النحل، ۹۹ آیت

۱۹۶: النحل، ۱۰۰ آیت

﴿وَقَالَ الشَّيْطَانُ لَمَّا قُضِيَ الْأَمْرُ إِنَّ اللَّهَ وَعَدَكُمْ وَعْدَ الْحَقِّ وَوَعَدْتُكُمْ فَأَخْلَفْتُكُمْ ۖ وَمَا كَانَ لِيَ عَلَيْكُم مِّن سُلْطَانٍ إِلَّا أَن دَعَوْتُكُمْ فَاسْتَجَبْتُمْ لِي ۖ فَلَا تَلُومُونِي وَلُومُوا أَنفُسَكُم ۖ مَّا أَنَا بِمُصْرِخِكُمْ وَمَا أَنتُم بِمُصْرِخِيَّ ۖ إِنِّي كَفَرْتُ بِمَا أَشْرَكْتُمُونِ مِن قَبْلُ ۗ إِنَّ الظَّالِمِينَ لَهُمْ عَذَابٌ أَلِيمٌ﴾[۱۹۷]

ژباړه: او کله چې فیصله وکړای شي نو شیطان به ووایي" حقیقت دا دی، الله تعالی چې له تاسې سره کومې وعدې کړې وې، هغه ټولې رېښتنې وې او ما چې له تاسې سره څومره وعدې وکړې له هغو نه مې یوه هم درسره پوره نه کړه، زما پر تاسې څه زور نه ؤ، ما له دې پرته نور څه نه دي کړي، چې د خپلې لارې پر لوري مې تاسې ته بلنه درکړه او تاسې زما بلنه ومنله. اوس پر ما پړه مه اچوئ، خپل ځانونه پړ وګڼئ. دلته نه زه ستاسې فریاد ته رسېدای شم او نه تاسې زما فریاد ته. له دې نه مخکې چې تاسې زه په خدایۍ کې شریك ګرځولی وم زه له هغې نه بری الذمه یم، د داسې ظالمانو له پاره خو په یقیني ډول دردناکه سزا ده".

اوس پوښتنه دا ده چې انسان پیاوړی دی که شیطان یا پېریان؟

طبیعي ده چې هغه انسانان چې د الله پاک په لار مستقیم روان وي، مؤمن وي او عبادتونه او تقوا کوي شیطان پرې برلاسه کېدای نه شي.

دویمه پدیده:سحر یا جادو

ما ته په ټولنیزو شبکو یا خواله رسنیو کې ګڼ ځوانان پیغامونه پرېږدي چې پر ما سحر شوی او ژوند یې ډېر را تریخ کړی.

۱۹۷: ابراهیم، ۲۲ آیت

زما لومړی پوښتنه ترې دا وي: څنګه پوهېږې چې په تا سحر شوی.
وایي ولا ملګري راته وایي، یا فلاني کس راته وویل چې ته داسې
ښکارې لکه سحر چې دربانديې شوی وي، یا وایي چې زه یې پخپله
علامې ګورم او احساس کوم.
زه ترې وپوښتم چې علامې یې څه دي؟
ځواب یې دا وي چې سر مې ډېری وخت درد کوي، زړه مې تنګ وي،
کار او ژوند خوند نه راکوي او کسل یم یا ورته نور.
دا طبیعي ده چې سحر په انسان تأثیر کوي، خو زموږ هر حالت په دې
دلالت نه کوي چې حتماً به سحر شوی وي.
الله پاک په قرآن کریم کې د سحر په اړه فرمایي:
﴿قَالَ أَلْقُوا ۖ فَلَمَّا أَلْقَوْا سَحَرُوا أَعْيُنَ النَّاسِ وَاسْتَرْهَبُوهُمْ وَجَاءُوا بِسِحْرٍ عَظِيمٍ﴾[198]
ژباړه: (موسی علیه السلام ساحرانو ته) وویل: "تاسې یې وغورځوئ"
هغوی چې د خپلو منترونو په ویلو خپل پړي او همساګانې وغورځولې،
نو سترګې یې مسحورې او زړونه یې په وېره کې واچول او ډېرې غټې
کودې یې وکړې.
د آیت معنی ته ژور پام وکړئ، د خلکو سترګو باندې یې جادو کاوه.
موږ دقیق نه پوهیږو چې دغه حالت چې موږ یې لرو آیا د سحر له کبله
دی او که کوم بله ستونزه ده؟

198: الأعراف، ۱۱۶ آیت

سحر شته او په انسان تاثیر کوي، له دې انکار نه شي کېدای، اما زما هدف دا چې هر ناخواله له سحر سره نښو تړلی ځکه په دې ډاډه نه یوو چې دغه زموږ حالت د سحر په واسطه دی او که طبي مشکل لرو.
په دې برخه کې د خلکو شکایتونو او ګیلو ته چې پام وکړې داسې احساسیږي لکه د ټولو خلکو چې بل کار نه وي او ټوله ورځ ناست وي په خلکو جادو کوي.
زموږ ډېری وخت زړه تنګوالی او ورته ذهني ناکرارۍ له دې امله وي چې موږ له خپل خالق سره فاصله ډېره کړې او له خپل رب نه لرې شوي یوو.
د انسان په بدن کې روح دی، دا روح الله پاک داسې جوړ کړی چې له هغه سره له اړیکې پرته یې تنده په بل شي نه خړوبیږي.
کله چې موږ د خپل روح له خالق سره اړیکه ونه پالو او ترې بې پروا شو، روح مو په عذاب وي او غواړي چې ته یې تنده د خپل رب په مینه ورخړوبه کړې. ځکه د الله پاک عبادت او ذکر د روح غذا ده، ته چې روح ته دغه غذا نه ورکوې، په دې معنی چې وږی وي او باید موږ شي. الله پاک دا روح داسې پیدا کړی چې د هغه له عبادت او ذکر پرته په بل هیڅ شي نه کراریږي. ځکه خو الله پاک فرمایي:
﴿الَّذِينَ آمَنُوا وَتَطْمَئِنُّ قُلُوبُهُمْ بِذِكْرِ اللَّهِ ۗ أَلَا بِذِكْرِ اللَّهِ تَطْمَئِنُّ الْقُلُوبُ﴾[۱۹۹]

۱۹۹: الرعد، ۲۸ آیت

ژباړه: هغه کسان چې ایمان یې راوړی او زړونو ته یې د الله په یاد سره ډاډینه (اطمنان) ور په برخه کېږي. خبردار اوسئ! همدغه د الله یاد هغه شی دی چې په هغه سره زړونو ته اطمنان ور په برخه کېږي.

دریمه پدیده: د سترګو اغېز

د سترګو اغېز حق دی او په صحیحو حدیثونو سره ثابته ده چې سترګې تاثیر کوي، خو هره ستونزه په سترګو پورې نه شو تړلی، ځکه دا غیبي موضوع ده او سل سلنه دقیق تفسیر یې څوک نه شي کولای.

یوازې پیغمبرانو کوای شول چې الله پاک ورته وحیه کوله، یا د الله پاک په مرسته به هغوی د غیبي موضوعاتو تعبیر کاوه.

یوازې رسول الله ﷺ پوهېده چې د سترګو د اغېز تفسیر وکړي؛ ځکه د وحیې مرسته ورسره وه.

سترګې حق دي او اغېز کوي، خو دا چې موضوع غیبي ده؛ موږ پرې نه پوهېږو.

نه زه، نه ته او نه هم هغه څوک چې ستا غاړې ته تعویز در اچوي.

هېڅ یو نه پوهېږو چې دغه حالت چې ته ترې کړېږې د سترګو د تأثیر له کبله دی یا که کوم بل څه دي؟

ځینې خلک د مکروبونو له امله ناروغي هم په سحر او سترګو ور اچوي. د معدې په تکلیف اخته وي، یا مکروب یې معده زخمي کړې وي، خو خلک به ورته وایي چې چا دربندې سحر کړی یا نظر شوی یې.

د رسول الله ﷺ او د صحابه کرامو د خلافت په ټول تاریخ کې د سترګو اغېز یوازې دوه ځایه یاد شوی دی. خو زموږ په چم ګاونډ کې د ورځې څو ځله دا خلکو ته ویل کېږي چې سترګو دربندې تاثیر کړی؟

د دې وهمونو او ستونزو د حل یوازې دا دی چې په الله تعالی توکل وکړو او سهار او ماښام اذکار و وایو.
همېشه د قرآن کریم ایتونه، دعاګانې او ازکار وایه او ځان پرې له هر شر او ضرر ځخه خوندي ساته.
د سهار او ماښام لپاره ځانګړي اذکار دي چې په حدیثو ثابت دي. هغه زده کړه او هر سهار او ماښام یې دوامداره وایه.
یوه حدیث کې راځي چې کله به رسول الله ﷺ د خوب بسترې ته تللو نو د اخلاص (قل هو الله أحد) معوذتین (قل اعوذ برب الفق او قل اعوذ برب الناس) سورتونه به یې تلاوت کول او بیا به یې په لاسونو چوف کول او ټول ځان به یې مسحه کاوه او دا کار به یې درې وارې تکراروه.
که غواړې چې همېشه له جادو او د سترګو له تاثیره ته او ستا کورنۍ خوندي وي، پخپله هم دغه نبوي طریقه عملي کوه او خپل اولاد هم همداسې پرې مسحه کوه. ان شاء الله له دې ستونزو به خوندي یې.
بل دا چې همېشه په اوداسه اوسه او ژبه د الله په ذکر او د قرآن کریم په تلاوت بوخته ساته، سحر یا جادو، سترګې او نورې شومې پدیدې دربانديې تأثیر نه کوي ان شاء الله.
ځلورمه پدیده: د خوب تعبیر
په اوسنۍ زمانه کې ډېره سخته ده چې څوک دې د خوب سل فیصده صحیح تعبیر وکړای شي.
زموږ په کلي کې یو تکړه عالم و چې کله به یې دیني مسایل تشریح کول، زما به ورته پام و چې مطالعه یې ژوره ده.

یوه ورځ مې ورسره مجلس کاوه چې د کلي يو ځوان ورته راغی او له هغه سره يې يو خوب شريک کړ او ورته يې وويل چې بېګاه مې خوب ليده چې زما غاښ وځي. هغه ورته سملاسي ځواب ورکړ چې د دې خوب تعبير دا دی چې نږدې ورځو کې به په تجارت کې تاوان وکړې يا به درنه د تجارت شريک چې د هغه ورور و جدا شي.

ما ترې پوښتنه وکړه چې مولوي صاحب ددغه خوب تعبير دې د څه په اساس وکړ؟

هغه له ما پوښتنه وکړه چې ولې ته د خوب په تعبيره باور نه لرې؟

ما ورته وويل، باور لرم، خو د پيغمبرانو خوب ليدل او تعبير حق دی، د يوسف عليه السلام د خوب تعبير مې ور ياد کړ او ورته ومې ويل چې له پيغمبرانو سره د وحيې ملاتړ و، له ځانه يې خوب نه تعبيراوه.

بلکې الله پاک ورته اصل کې تعبير ښوده. نو دا چې د خوب تعبير غيبي مسئله ده زه او ته د څه په اساس تعبير کوو؟

اوږد بحث مو وکړ خو زه يې قانع نه کړم، خو ښکارېده چې هغه قانع و که څه هم موقف يې اجازه نه ورکوله چې په څرګنده اقرار وکړي.

ما ورته بيا ټينګار کاوه چې په اوسنۍ زمانه کې د خوب دغه ډول تعبيرول فتنې جوړوي او د خلکو ژوند له کړاونو سره مخامخ کوي.

بل دا چې دا ډول خوبونه خلکو ته وهم پيدا کوي، هر چا چې خوب ليده فکر به کوي چې هغه نو د الله پاک ولي دی ځکه خوبونهويني.

د نړۍ د معتبرو مفتيانو او علماوو اوسنۍ فتوا هم همدا ده چې په اوسنۍ زمانه کې د خوب تعبير فتنه پيدا کوي، مه يې کوئ.

د قرآن کریم هر ځای چې د خوب یا احلام خبره راغلې ورسره د اضغاث کلمه ذکر شوې. اضغاث بې معنا یا ګډوډ خوبونو ته ویل کیږي.
د بیلګې په ډول دا مبارک آیت:
﴿قَالُوا أَضْغَاثُ أَحْلَامٍ ۖ وَمَا نَحْنُ بِتَأْوِيلِ الْأَحْلَامِ بِعَالِمِينَ﴾[200]
ژباړه: هغوی وویل دا خو ګډوډ خوبونه دي او مونږ د دغه شان خوبونو پر مطلب نه پوهېږو.
په سورت یوسف کې د دې موضوع وضاحت راغلی دی چې کله د مصر پاچا خوب ولید چې اووه څربې غواوې دي چې اووه خوارې غواوې یې خوري او د غلې اووه شنه وږي دي او نور اووه وچ. هغه له خپلو درباریانو پوښتنه وکړه چې د دغه خوب تعبیر څه دی؟
هغوی ځواب ورکړ چې دا هسې ګډوډ او بې معنا خوب دی چې موږ یې په تعبیر نه پوهیږو تر دې چې بیا ورته چا یوسف علیه السلام چې په زندان کې بندي و، وښود او هغه ورته دا خوب تعبیر کړ.
په قرآن کریم کې خوب یا حلم کلمه اووه ځله راغلې، هر ځل ورسره د اضغاث کلمه یاده شوې. اضغاث بې اساسه او هوایي شي ته ویل کیږي. هغه چې پیغمبرانو یې تعبیر کړی، هغه بیا رؤیا دی.
د احلام او رؤیا تر منځ ځینو علماوو توپیر کړی او وایي چې قرآن کریم یې توپیر کوي، خو موږ یې نه کوو: رؤیا هغه خوب دی چې تکراریږي یا یو څوک یې بیا بیا ویني.
خو که یو وار دې کومه شپه خوب ولید، دا عادي خوب دی تعبیر پسې یې ځان مه سرګردانه کوه.

۲۰۰: یوسف، ۴۴ آیت

په الله تعالی باندې توکل وکړه او له شیطان نه پناه وغواړه.

ځکه د یوسف علیه السلام په زمانه کې قرآن کریم د مصر پاچا یادونه کوي: ﴿إِنِّي أَرَىٰ﴾.

دا مضارع فعل دی او په دې دلالت کوي چې دا فعل څو وارې تکرار شوی دی. که نه شاید آیت داسې وای چې اني رأیتُ، یعني ما یو ځل خوب ولید او بس.

بشپړ آیت داسې دی:

﴿وَقَالَ الْمَلِكُ إِنِّي أَرَىٰ سَبْعَ بَقَرَاتٍ سِمَانٍ يَأْكُلُهُنَّ سَبْعٌ عِجَافٌ وَسَبْعَ سُنْبُلَاتٍ خُضْرٍ وَأُخَرَ يَابِسَاتٍ ۖ يَا أَيُّهَا الْمَلَأُ أَفْتُونِي فِي رُؤْيَايَ إِن كُنتُمْ لِلرُّؤْيَا تَعْبُرُونَ﴾[۲۰۱]

ژباړه: یوه ورځ پاچا وویل " ما په خوب کې لیدلي دي چې اووه څربې غواوې دي چې اووه خوارې غواوې یې خوري...

او د غلې اووه شنه وږي دي او اووه نور وچ. اې درباریانو، ما ته د دې خوب تعبیر وښایاست که تاسې د خوبونو په تعبیر پوهیږئ".

موږ باید د دین جوهر خلکو ته وښایو

نور بس دی چې د کلونو لپاره دغه ډول ستونزو د خلکو ژوند متاثره کړی او له ستونزو سره مخامخ کړي. راځئ د دین اصلي جوهر خلکو ته وښایو چې د دینداري په واسطه نیکمرغي او سعادت ترلاسه کړو.

۲۰۱: یوسف، ۴۳ آیت

زموږ ټولو دا مسوولیت دی چې خپل پاک دین اصلي حالت ته وګرځوو، د ژوند تګلاره یې کړو هغسې چې الله تعالی موږ ته ښودلي او رسول الله ﷺ موږ ته بیان کړی.

دین سراسر د انسان په ګټه دی

ځینې انسانان فکر کوي چې عبادت، یا د الله تعالی پر لار باندې تګ پر دوی بوج دی او که دا کار وکړي، په تکلیف کیږي.

پوهیږې همدا د شیطان یو چال دی چې انسان پرې دوکه کوي.

هغه کسان چې لمونځ نه کوي، شیطان یې څنګه تېر باسي؟

کله چې ورته د عبادت سپارښتنه کیږي یا یې عبادت ته شوق راځي، شیطان وسوسه زړه کې ور اچوي چې ستا خو ډېر لوی ګناهونه دي، پخوا دې هم لمونځ نه دی کړی، نو څنګه یې اوس شروع کوې.

یا دا وسوسه چې زه سر له سبا یا بلې ورځې به لمونځ پیل کړې.

ډېر نېک انسانان هره ورځ په دې تمه د خیر کار ځنډوي چې سبا یا بله ورځ به یې وکړم، خو کله نا کله په دوی هغه سبا نه راځي.

یا دا وسوسه چې کله دې ستونزه نه وه؛ نو عبادت به دې نه کاوه، اوس چې درته مشکلات پیدا شوي، خپل رب ته ستنیږې او عبادت یې کوې، یعنې یوازې د ګټې او مطلب لپاره عبادت کوې؟

یوې خبرې ته پام وکړه، دین سراسر د ګټې لپاره عملي کیږي.

هر کار باید د یوه مصلحت او همدا راز عبادت باید د مطلب لپاره وشي، بې مطلبه یو کار څه معنی؟

موږ ټول ولې لمونځ یا نور عبادتونه کوو؟ ځکه چې د رب رضایت او په بدل کې یې له خپل رب څخه جنت غواړو یا دا چې الله پاک موږ ته امر کړی او موږ د خپل رب لپاره دغه فریضه ادا کوو. همدا مو مطلب دی او د یوه مقصد لپاره دا کار کوو. قرآن کریم ورته د تجارت تشبیه کارولې. الله پاک فرمايي:

﴿يَا أَيُّهَا الَّذِينَ آمَنُوا هَلْ أَدُلُّكُمْ عَلَىٰ تِجَارَةٍ تُنْجِيكُمْ مِنْ عَذَابٍ أَلِيمٍ﴾[۲۰۲]

ژباړه: اې مؤمنانو، آیا زه وښایم تاسې ته هغه تجارت چې تاسې له دردناك عذاب نه وژغوري؟

دا تجارت څه شی دی؟

پر الله او د هغه پر پیغمبر ایمان راوړئ او د الله په لاره کې پخپلو مالونو او خپلو ځانونو سره جهاد وکړئ ، همدغه ستاسې له پاره بهتره ده که تاسې پوهیږئ.

په بل آیت مبارک کې راځي:

﴿إِنَّ اللَّهَ اشْتَرَىٰ مِنَ الْمُؤْمِنِينَ أَنْفُسَهُمْ وَأَمْوَالَهُمْ بِأَنَّ لَهُمُ الْجَنَّةَ ۚ﴾[۲۰۳]

ژباړه: حقیقت دا دی چې الله تعالی له مؤمنانو څخه د هغوی نفسونه او د هغوی مالونه د جنت په بدله کې پیرلي دي.

د شیطان تر ټولو لویه دوکه چې موږ او تاسې ته یې راکوي دا ده چې وایي له الله پاک سره دې اړیکه په ګټه نه ده، عبادت دې ستړی کوي او خوند پکې نشته او هسې ځان په تکلیفوې.

۲۰۲: الصف، ۱۰ آیت

۲۰۳: التوبه، ۱۱۱ آیت

دا لوی غفلت دی چې انسان د دې لپاره عبادت پرېږدي چې تکلیف دی. پوهېږې، په سراسر دین کې، په عبادت کې او د دین په امر او نهی کې د انسان ګټه ده.
الله تعالی هېڅ شی حرام کړی نه دی، مګر دا چې زموږ پکې ګټه وي.
دا ټول نظام د انسان په ګټه څرخوي او اشرف المخلوقات یې ټاکلی.
الله پاک فرمایلي:
﴿مَا أَنْزَلْنَا عَلَيْكَ الْقُرْآنَ لِتَشْقَىٰ﴾[٢٠٤]
ژباړه: موږ دا قرآن په تا باندې د دې لپاره ندی نازل کړی چې ته په کړاو اخته شې.
ویې لوله، هېڅ داسې شی به پیدا نه کړې چې الله پاک حرام کړی وي او هغه کې دې د انسان لپاره تاوان نه وي.
کله چې انسان په دې یقین شي چې الله پاک هر څه زموږ د ګټې او مصلحت لپاره منع کړي، نه ترسره کول به یې ورته آسان شي.
خو که ځان دې په دې باور کړ چې په ګناه کې خوندونه دي، ګناه درته آسانه، ځان ساتل ترې سختېږي او عبادت در باندې بوج کیږي.
کله چې له ګناه سره مخامخېدې، یا عبادت درباندې بوج کېده، دا آیت ځان ته یادوه:
﴿مَا أَنْزَلْنَا عَلَيْكَ الْقُرْآنَ لِتَشْقَىٰ﴾[٢٠٥]

٢٠٤: طه، ٢ آیت

٢٠٥: طه، ٢ آیت

له الله تعالی سره اړیکه جوړول څومره آسان دي

د یوه هېواد ولسمشر یا هغه انسان چې پر تاسې ډېر ګران وي او لیدنه یې ستاسې ارمان وي او دغه انسان ډېر بوخت ژوند او تقسیم اوقات ولري، وخت اخیستل، مجلس کول یا اړیکه جوړول ورسره څومره سخت دي؟

که د کوم سیاسي چارواکي څنګ ته ورځې څومره نزاکتونه او پروټوکولونه به زغمې چې بلاخره دې ورسره ملاقات وشي یا دې کوم کار لپاره واسطه شي. خو یوه شي ته دې پام شوی دی؟

د پاچاهانو پاچا، مالک الملک، د آسمانونو او د ځمکې خالق، زما او ستا رب سره اړیکه جوړول څومره آسانه کار دی؟

دومره آسانه لکه د سترګو رپ، همدومره آسانه.

مهربانه رب ستا لپاره هره ورځ د ملاقات پنځه موقعې برابرې کړې.

رسول الله ﷺ فرمايي: لمونځ د انسان او د خالق تر منځ اړیکه ده.

یعنې ستا او د الله تعالی تر منځ ملاقات دی.

که غواړې داده شې، د لمونځ ژباړه زده کړه، پوه به شې چې هره جمله یې څه معنا. مهربان رب په خپل سپیځلي کتاب کې څه فرمایلي؟

﴿وَإِذَا سَأَلَكَ عِبَادِي عَنِّي فَإِنِّي قَرِيبٌ ۖ أُجِيبُ دَعْوَةَ الدَّاعِ إِذَا دَعَانِ ۖ فَلْيَسْتَجِيبُوا لِي وَلْيُؤْمِنُوا بِي لَعَلَّهُمْ يَرْشُدُونَ﴾[۲۰۶]

ژباړه: (الله تعالی خپل حبیب ﷺ ته وايي) که زما بندګان له تا نه زما په اړه پوښتنه وکړي، نو ته ورته ووایه چې، زه دوی ته ډېر نږدې یم. بلونکی چې کله ما ور وبولي (دعا کوونکی چې کله دعا وکړي)، زه د

۲۰۶: البقرة، ۱۸٦ آیت

هغه بلنه (دعا) منم، نو دوی ته هم ښايي چې زما بلنه ومني او پر ما ايمان راوړي (ته دا خبره دوی ته واوروه کېدای شي دوی ايمان راوړي). څومره مهربان رب، په دومره لويې پاچاهۍ او قدرت تا ته وايي چې زما بلنه ومنه، خو ته ترې بې پروا يې!؟

ته يوه تيټ پوړي انسان ته چې له کبر او غرور ډک وي، څومره تيټ او پاس کېږې، خو د خالق عز و جل، مهربان رب پر وړاندې دومره بې پروا يې؟!

زموږ رب وايي چې که اړتيا دې وه، ما ته غږ وکړه، زه ځواب درکوم او زه او ته سرګردان يوو خپله بقا په چاپلوسۍ او انسان ته په تيټ او پاس کېدو کې لټوو؟

﴿وَلَقَدْ خَلَقْنَا الْإِنسَانَ وَنَعْلَمُ مَا تُوَسْوِسُ بِهِ نَفْسُهُ ۖ وَنَحْنُ أَقْرَبُ إِلَيْهِ مِنْ حَبْلِ الْوَرِيدِ﴾[207]

ژباړه: په حقيقت کې موږ انسان پيدا کړی دی او د هغه په زړه کې په وسوسو پوهېږو او موږ د هغه له شاه رګ يا د ورمېږ له رګ نه هم ورته نږدې يوو.

۲۰۷: ق، ۱٦ آيت

د لمونځ دنيوي او اخروي ګټې

هره ورځ د پنځه وخت لمونځ په ادا کولو به الله تعالی موږ ته دوه ډوله انعامونه راکړي: دنيوي او اخروي.

لومړی انعام په دنيا کې سکون، نېکمرغي، برکت، هوساينه، او قلبي ډاډ يا اطمئنان القلب.

دويم انعام په آخرت کې تر ټولو لوی نعمت، جنت الفردوس!

څومره لوی نعمت دی. الله تعالی درته دا سپارښتنه کړې:

﴿وَالَّذِينَ هُمْ عَلَىٰ صَلَوَاتِهِمْ يُحَافِظُونَ﴾[٢٠٨]

ژباړه: او هغه کسان چې د خپلو لمونځونو ساتنه کوي (پابند وي).

﴿أُولَٰئِكَ هُمُ الْوَارِثُونَ﴾[٢٠٩]

ژباړه: همدوی وارثان دي.

د څه شي وارثان دي؟

﴿الَّذِينَ يَرِثُونَ الْفِرْدَوْسَ هُمْ فِيهَا خَالِدُونَ﴾[٢١٠]

ژباړه: هغوی چې په ميراث کې جنت الفردوس مومي او په هغې کې به د تل لپاره استوګن وي.

په بل آيت کې رب عزوجل فرمايي:

﴿وَالَّذِينَ هُمْ عَلَىٰ صَلَاتِهِمْ يُحَافِظُونَ ﴿٣٤﴾ أُولَٰئِكَ فِي جَنَّاتٍ مُكْرَمُونَ﴾[٢١١]

٢٠٨: المؤمنون، ٩ آيت

٢٠٩: المؤمنون، ١٠ آيت

٢١٠: المؤمنون، ١١ آيت

٢١١: المعارج، ٣۴-٣۵ آيتونه

ژباړه: او هغه کسان چې د خپل لمانځه ساتنه کوي، يا همېشه لمونځ کوي، دغه کسان به په عزت سره د جنت په باغونو کې وي.
غافل به وي هغه انسان چې د دې لوی نعمت ترلاسه کولو لپاره هره ورځ پنځه وخته لږ تر لږه څو دقيقې خپل خالق ته نه ځانګړې کوي!
که غواړې الله پاک د لمونځ کولو توفيق درکړي، همېشه د ابراهيم عليه السلام دا دعا په ژبه جاري ساته:
﴿رَبِّ اجْعَلْنِي مُقِيمَ الصَّلَاةِ وَمِن ذُرِّيَّتِي ۚ رَبَّنَا وَتَقَبَّلْ دُعَاءِ﴾[۲۱۲]
ژباړه: پروردګاره ما د لمونځ قايموونکی وګرځوه او زما له اولاد څخه هم (داسې خلك راپورته کړه چې دغه عبادت ادا کړي) زموږ ربه! دعا مو قبوله کړه.

په ځان ظالمه، ولې؟

مه وارخطا کېږه، اندېښنه مه کوه او ځان مه ځپه!
ولې دې ځان ته ژوند او حالات دومره پيچلي او سخت کړي؟
الله سبحانه و تعالی خو شته کنه!
ته چې څومره ستونزې لرې، هر حالت چې دربانديې راغلی، که فشار دربانديې زيات دی، که دې کاروبار خراب دی، روزي دې کمه ده، که بې وظيفې يې او بل هر حالت چې ته يې اندېښمن کړی يې، الله تعالی په دې ټولو برلاسی او د هر څه خالق دی!

۲۱۲: إبراهيم، ۴۰ آيت

﴿مَنْ عَمِلَ صَالِحًا مِّن ذَكَرٍ أَوْ أُنثَى وَهُوَ مُؤْمِنٌ فَلَنُحْيِيَنَّهُ حَيَاةً طَيِّبَةً وَلَنَجْزِيَنَّهُمْ أَجْرَهُم بِأَحْسَنِ مَا كَانُواْ يَعْمَلُونَ﴾[٢١٣]

ژباړه: هر څوك چې ښه عمل وکړي، که هغه نارينه وي او که ښځه، په دې شرط چې مؤمن وي، پر هغه به مونږ په دنيا کې سپيڅلی ژوند تېر کړو او(په آخرت کې به) دغسې خلکو ته د هغو اجر له ډېرو ښه عملونو سره سم ورکړو.

ته ولې اندېښنه کوې، الله تعالی ستا لپاره حقونه ټاکلي. که دنيا له منځه ځي، الله تعالی ته تر دې آسانه ده چې خپله وعده دې پوره نه کړي. ټريليونونه وارې ډاډه اوسه چې: ﴿إِنَّ اللَّهَ لاَ يُخْلِفُ الْمِيعَادَ﴾[٢١٤]

ژباړه: بې له شکه الله عزوجل وعده خلافي نه کوي.

په حديث شريف کې راځي چې رسول الله ﷺ له معاذ رضي الله عنه څخه پوښتنه وکړه چې ما حقُّ العِبادِ على الله؟ يعنې په الله تعالی د بندګانو حق څه دی؟

پخپله رسول الله ﷺ ځواب ورکړ چې: پر الله تعالی د بندګانو حق دا دی چې کله يې دوی عبادت کوي، الله تعالی عذاب ورنه کړي.

له دې نه ښکاري چې له ايمان سره درد نشته، تشويش، اندېښنې او ځان ځپنه نشته، ناهيلي نشته.

ستا ټولې چارې د الله تعالی په واک کې دي، که ته پرې توکل وکړې او عبادت يې وکړې الله تعالی به دې چاره ساز شي.

٢١٣: النحل، ٩٧ آيت

٢١٤: آل عمران، ٩ آيت

﴿وَلِلَّهِ غَيْبُ ٱلسَّمَٰوَٰتِ وَٱلْأَرْضِ وَإِلَيْهِ يُرْجَعُ ٱلْأَمْرُ كُلُّهُۥ فَٱعْبُدْهُ وَتَوَكَّلْ عَلَيْهِ ۚ وَمَا رَبُّكَ بِغَٰفِلٍ عَمَّا تَعْمَلُونَ﴾[٢١٥]

ژباړه: د الله لپاره د اسمانونو او ځمکې غیب، هره چاره (هر څه) الله تعالی ته راجع کیږي (واک یې یوازې د رب عزوجل دی، نو ته اندېښنه پرېږده او یوازې) عبادت یې کوه او پر خپل خالق توکل کوه. الله تعالی ستاسې له کړنو ناخبره نه دی.

یوه قرآني قاعده در ښایم چې د هرې ستونزې څخه د وتلو حل لار ده! دا ایت ولیکه او په داسې ځای کې یې ولګوه چې هره ورځ دې پرې سترګې لګیږي او پام دې ورته راوړي.

﴿وَمَنْ يَتَّقِ اللَّهَ يَجْعَلْ لَهُ مَخْرَجًا ﴿٢﴾ وَيَرْزُقْهُ مِنْ حَيْثُ لَا يَحْتَسِبُ ۚ وَمَنْ يَتَوَكَّلْ عَلَى اللَّهِ فَهُوَ حَسْبُهُ ۚ إِنَّ اللَّهَ بَالِغُ أَمْرِهِ ۚ قَدْ جَعَلَ اللَّهُ لِكُلِّ شَيْءٍ قَدْرًا﴾[٢١٦]

ژباړه: څوک چې تقوا وکړي (هر ناروا کار د الله تعالی له وېرې پرېږدي) الله تعالی به ورته لار پرانیزي (هدایت به ورته وکړي، له ستونزو به د وتلو لار ورته برابره کړي). او هغه ته به په داسې ډول روزي ورکړي چې هغه لوري ته د هغه ګومان هم نه رسیږي. څوك چې په الله توکل وکړي هغه ورته کافي دی. الله د خپل کار پوره کوونکی دی. الله د هر شي لپاره یوه اندازه ټاکلې ده.

٢١٥: هود، ١٢٣ آیت

٢١٦: الطلاق، ٢-٣ آیت

درې مهم کارونه همېشه کوه

دا کارونه په دوامداره ډول خپل عادت کړه، هېڅکله یې مه پرېږده ورسره به له عذابونو بچ یې، نعمتونه به دې ډېر وي او همېشه به دې الله پاک هر ارمان او هر حاجت پوره کوي، ان شاء الله.

لومړی: شکر کول

هر نعمت چې الله پاک درکاوه شکر یې اداء کوه (شکر پرې وباسه).

ټول نعمتونه چې په ژوند کې همدا اوس هم لرې له امله یې الله پاک شکر اداء کړه، د هر نعمت په لیدو او هر حالت کې الحمدلله وایه.

که داسې ونه کړې نعمتونه ښایي له لاسه ورکړې یاکم شي.

﴿لَئِنْ شَكَرْتُمْ لَأَزِيدَنَّكُمْ﴾[217]

ژباړه: که شکر کوونکي شئ زه به یې تاسې ته زیات کړم (نعمتونه).

دویم: استغفار ویل یا توبه کول

که استغفار و نه وایې او توبه و نه باسې، الله پاک به دې په بیلابیلو عذابونو یا تکلیفونو او مشکلاتو اخته کړي. الله پاک فرمایي:

﴿وَمَا كَانَ اللَّهُ مُعَذِّبَهُمْ وَهُمْ يَسْتَغْفِرُونَ﴾[218]

ژباړه: او الله پاک دوی ته عذاب نه ورکوي (په داسې حال کې) کله چې دوی استغفار وایي (بخښنه غواړي).

استغفار ویلو سره مو په ژوند کې برکت راځي، الله پاک به مو له بیلابیلو مشکلاتو څخه لیرې کړي او الله پاک به ګڼ نعمتونه درکړي .

۲۱۷: ابراهیم، ۷ آیت

۲۱۸: الأنفال، ۳۳ آیت

دریم: دعا کول

څوک چې دعاء نه کوي الله پاک پرې غصه کیږي، الله پاک ستا پروا نه لري بلکې ته باید د الله پاک پروا ولرې. الله پاک فرمایلي:

﴿ادْعُونِي أَسْتَجِبْ لَكُمْ﴾[219]

ژباړه: تاسې دعاء کوئ زه یې درته قبلوم.

زیرۍ درکوم

له خالق پرته بل هېڅ داسې څه نشته چې همېشه ثابت پاتې شي.

هر شی پای مومي.

تر هرې شپې وروسته روڼ سهار حتما راځي او تر هرې تیارې وروسته روښنایي وي.

په دې ډاډه اوسه چې ستا خپګان، ستونزې او اوسنی ناوړه حالت چې ته یې لرې، حتما پای ته رسیږي.

بس صبر کوه، ځکه له هرې سختۍ سره اساني شته!

۲۱۹: غافر، ٦٠ آیت

لړليک